Dieter Wehnert

Die Mecklenburgische Seelenheilung

Ein Lehrer als Sänger und Zauberer

FRIELING

Von Dieter Wehnert erschien im Verlag *Frieling & Partner* bereits der Roman

„Das Geheimnis der ‚Orient Star' "
(1998, ISBN 3-8280-0314-1).

Die Deutsche Bibliothek – CIP-Einheitsaufnahme
Wehnert, Dieter :
Die Mecklenburgische Seelenheilung : Ein Lehrer als Sänger und Zauberer /
Dieter Wehnert. – Orig.-Ausg.,
1. Aufl. – Berlin: Frieling, 1999
ISBN 3-8280-0872-0

© Frieling & Partner GmbH Berlin
Hünefeldzeile 18, D-12247 Berlin-Steglitz
Telefon: 0 30 / 76 69 99-0

ISBN 3-8280-0872-0
1. Auflage 1999
Umschlaggestaltung: Michael Reichmuth/
Satz: Satz- und Verlagsservice Ulrich Bogun, Berlin

1.

Felix hatte sich ordnungsgemäß bei seinem Schulrat angemeldet. Alles, was er je in seinem Leben gemacht hatte, hatte er ordnungsgemäß gemacht – ordnungsgemäß, ordentlich, gewissenhaft. Niemand hätte ihm da je etwas nachsagen können. Also hatte er sich auch heute wieder ordnungsgemäß angemeldet. Und nun wartete er, bis man ihn vorlassen würde. Er hatte keine Ahnung, warum er so kurz nach den Sommerferien vorgeladen worden war und was sein Schulrat von ihm wollen könnte. Das neue Schuljahr war noch keine zwei Wochen alt. Draußen vor dem Fenster lag die Kreisstadt in gleißender Sonne. Wenn man die vielen Türme und Türmchen der Altstadt von der Höhe des achten Stockwerks des neuen Verwaltungsgebäudes aus betrachtete, konnte man meinen, daß die ganze Stadt aus Marzipan war, verspielt, verträumt, romantisch, zuckersüß. Alles hier schien aus Marzipan zu sein. Viele Menschen lebten davon.

Felix blickte unbekümmert über die Dächer der Stadt. Nach anfänglichem Grübeln hatte er aufgehört, darüber nachzudenken, was man nun denn schon wieder von ihm wollen könnte. Er wollte die Dinge einfach auf sich zukommen lassen. Und nun würde er ja ohnehin gleich alles erfahren. Er hatte sich während der letzten Tage durchaus alle möglichen Fragen gestellt, sich gewissenhaft geprüft, ob er da irgendwo etwas falsch gemacht haben könnte, eine kleine Nachlässigkeit vielleicht, ein Termin, der nicht eingehalten worden war, eine Elternbeschwerde, eine ungerechte Note. Er hatte auch seinen Schulleiter gefragt, worum es denn gehen könnte. Aber Herr Niebergall hatte auch keine Ahnung gehabt. Zumindest hatte sich das so angehört. Und so war er eben losgefahren von Plönstorf in das Herz der Verwaltung der Region, zu seinem Schulrat.

Die Sekretärin, die ihm vorher einen Platz in dem kleinen Wartezimmer mit den üblichen langweiligen Fünf-Prozent-Aquarellen angeboten hatte, kam endlich und bat ihn mitzukommen.

Als Felix das Büro seines Schulrats betrat, war dieser noch am Telephonieren, begrüßte ihn aber sogleich mit Gesten, zeigte auf einen Stuhl vor seinem Schreibtisch und bedeutete ihm, Platz zu nehmen.

„Keine Ursache, gerne geschehen. Auf Wiederhören!"
Der Hörer wurde aufgelegt.

Schulrat Rapp stand auf und begrüßte Felix mit Handschlag und einem zähneweißen Lächeln. Die beiden kannten sich von früheren Zeiten – nicht mehr sehr gut, fast nur flüchtig. Aber sie hätten sich immerhin bei einer Begegnung in der Stadt kurz begrüßt.

„Behalten Sie doch Platz, Herr Niesner."

Schulrat Rapp – Karolus Rapp –, den man im Kollegenkreis nur immer Rappy nannte und meistens noch hinzufügte „Don't worry, be Rappy", wenn man sich eine Geschichte über ihn erzählte, wirkte ein bißchen verkrampft. Sein gekünsteltes Lächeln zur Begrüßung gelang nur ohne herzliche Ausstrahlung. Felix wußte sofort, es würde um eine unangenehme Sache gehen. Aber noch immer hatte er keine Ahnung.

„Herr Niesner, ich hoffe, Sie hatten einen schönen Urlaub. Ich hoffe, Sie haben sich gut erholt und können jetzt wieder mit neuer Kraft an die Arbeit gehen. Wir alle wissen ja, wie schwer es heute ist, jeden Tag in der Schule seinen Mann zu stehen."

„Natürlich auch seine Frau, Herr Rapp. Heutzutage ist das wichtig."

„Wie? – Ach ja, natürlich." Rappy lächelte verkrampft.

Die Gesprächseröffnung war also wieder ganz pädagogisch. Locker, mit guten Wünschen für die gewesenen Ferien. Mut und Kraft für das, was kommen sollte. Ein kleines Scherzchen. Pädagogengesumse.

‚Es ist zum Kotzen.' Felix hatte es in seinem Leben schon zu oft über sich ergehen lassen müssen. Immer so ein bißchen positiv verstärken, erst mal ein bißchen aufbauen, loben, die Freuden des Lebens hervorkehren und dann erst – es soll dann vielleicht schon fast nebensächlich erscheinen – auf die Sache zugehen. Psychologische Gesprächsführung für die pädagogischen Sensibelchen. Felix hatte solcherlei Kinderquatsch aus der Psychologenkiste höchst selten mal bei seinen Schülern praktiziert. Er hatte es immer vorgezogen, direkt auf eine Sache zuzugehen. Vielleicht war er deshalb immer ein so beliebter Lehrer gewesen. Und jetzt mußte er sich mit seinen zweiundfünfzig Jahren dieses läppische Kleinkinder-Intro anhören. Aber er war geduldig, von Natur aus und auch aus Lebenserfahrung. Und natürlich hatten solcherlei Lebensregeln der Zivilisation auch ihren Sinn.

Rappy leitete mit dem üblichen Zur-Sache-kommen-Räuspern über.

„Herr Niesner, ich habe Sie hierher gebeten, weil ich mich mit Ihnen über Ihre Unterrichtsmethoden unterhalten muß."

Felix wurde stutzig. Unterrichtsmethoden, wenn es nur das ist, dann kann nichts Sonderliches anliegen. Felix schmunzelte in sich hinein. Rappy war ein bißchen blaß geworden. Das fiel ihm in diesem Moment auf.

„Ja, glauben Sie mir, ich weiß sehr wohl, daß Sie ein sehr erfolgreicher und guter Lehrer sind. Ihre Fortbildungen, die Sie zum Englischunterricht gehalten haben, fanden immer großen Anklang bei den Kollegen. Leider verstehe ich als Mathematiker nicht so viel von Fremdsprachen. Aber – "

Schulrat Rapp zögerte. Es entstand eine längere Pause. Warum blickte er nur so ernst in die Welt, so humorentrückt und drohend ernst?

„Nun ja, Ihr ganz persönliches Engagement für Englisch ist ja weit über die Grenzen unseres Bezirks bekannt."

Felix' Gesicht wurde starr. Die Halsadern traten hervor. Sein Hals rötete sich plötzlich. Felix fühlte das. Die Marzipantürmchen draußen vor dem Fenster begannen zu flimmern. Was kam da auf ihn zu?

„Nein, nein, ich wollte jetzt um Gottes willen nichts falsch machen. Verstehen Sie, ich … "

Schulrat Rapp sah deutlich, wie Felix tiefe Fältchen über der Nase zog. Da war auch so ein leichtes Beschlagen seiner Brillengläser zu bemerken. Sein Gesicht wurde deutlich rot.

„Nein, nein, Herr Niesner, glauben Sie mir, es geht nicht um irgendwelche Dinge von früher. Das wollen wir alles ruhen lassen. Das ist vorbei." Wieder war es still im Raum.

„Und?" fragte Felix mit starrer Miene. Er bemühte sich, teilnahmslos dreinzuschauen. Möglichst gleichgültig.

Herr Rapp bemühte sich sichtlich, taktvoll und pädagogisch seine Anliegen vorzutragen.

„Sehen Sie, ich hätte ja gar nichts gegen Ihre …" wieder eine kleine Pause.

Schulrat Rapp fiel es schwer, seine Sache herauszubringen, „na, sagen wir mal, besonderen Methoden im Englischunterricht. Aber – wenn solche Beschwerden kommen, dann – verstehen Sie bitte – ich muß diesen Dingen einfach nachgehen."

Felix saß schweigend da mit versteinertem Gesicht. Sein Blick war starr auf die Marzipantürmchen gerichtet. Schulrat Rapp wurde nervös. Ihm war die ganze Angelegenheit sichtlich unangenehm. Einen Moment lang dachte Felix, daß er sicherlich nicht zu beneiden sei.

„Was soll denn so besonders sein an meinem Englischunterricht?"

Vielleicht hatte Rappy auf diese Frage gewartet. Endlich ein Zeichen von Teilnahme am Gespräch. Das Terrain schien bereitet, und er konnte zur eigentlichen Sache kommen.

„Herr Niesner, Sie sind doch ein alter Hase. Sie wissen doch, worauf es ankommt im Leben und … "

„Weiß man das jemals?" Felix schmunzelte, versuchte es jedenfalls. Er spürte selbst, daß er sehr verkrampft wirken mußte.

Rappy sprudelte los.

„Na wenigstens in der Schule. – Ich will mich ja gar nicht einmischen in Ihre Methoden. Mir persönlich soll das doch alles recht sein. Aber – na, Sie wissen das doch. Wir machen Schule ja nicht für uns. Wir machen sie für unsere Schüler und leider auch für die Eltern. Und eben wegen dieser Eltern gibt es da auch bestimmte Rücksichten auf die Kollegen."

„Das verstehe ich nicht. Das müssen Sie mir schon genauer erklären. Das klingt ja ziemlich kompliziert."

Und dann ganz langsam und nachdenklich:

„Schule für Schüler und auch für die Eltern. Und wegen der Eltern bestimmte Rücksichten auf Kollegen. Nun machen Sie mich aber wirklich neugierig. Was ist denn so problematisch an meinem Unterricht?"

„Der Gesang, Herr Kollege, der Gesang", sagte Rappy mit Anlauf und entschlossen.

„Wie bitte?"

„Ja, ganz einfach, der Gesang."

Felix verstand nicht, wie er sich das als Problem, als Ärgernis vorstellen sollte.

„Moment. Ich verstehe überhaupt nichts. Gut, wir singen gelegentlich im Englischunterricht englische Lieder. Ganz gezielt ausgewählte englische Lieder. Lieder mit landeskundlichem Hintergrund, Lieder als spezielle phonetische und sprechmotorische Übungen. Sie verstehen schon: ‚The rain in Spain stays mainly in the plain.' Lieder zur Sicherung und Festigung von Wortschatz und idiomatischen Wendungen, Lieder ..."

Rappy unterbrach.

„Lieder zur Motivation und all so was. Sie brauchen mir das alles gar nicht zu erklären. Ich bin zwar Mathematiker, aber ich habe nachgelesen und weiß, welche besonderen Funktionen das Lied im Fremdsprachenunterricht haben kann. – Alles ganz toll. Und das klingt auch alles überzeugend."

Felix schaute Rappy fest und offen in die Augen. Was wollte der eigentlich von ihm? Er fühlte sich plötzlich unsicher.

„Na, Sie sollten sie mal sehen, die Kinder mit ihren Kulleraugen, wie sie erwartungsvoll jeder Englischstunde entgegenfiebern. ‚Singen wir heute wieder ein bißchen, Herr Niesner?' rufen sie schon auf dem Pausenhof. Was will man eigentlich mehr in der Schule?"

„Sehen Sie, Herr Niesner, da kommen wir auf den Punkt."

Nun wurde Rappy endgültig der durch und durch dienstbeflissene Schulrat.

„Was will man eigentlich mehr? Das mit Ihrem Gesang im Englischunterricht mag alles sehr schön sein. Ich zweifle auch nicht daran, daß das alles seine wichtigen pädagogischen Erträge hat. Freudbetonter Unterricht und all diese Dinge, die uns heute so am Herzen liegen."

„Sie sehen also, ich bin mal ganz ausnahmsweise nicht meiner Zeit voraus, sondern genau auf der Höhe der Zeit", sagte Felix mit einem sicheren Lächeln.

Rappy hatte sehr wohl bemerkt, daß in Felix' Feststellung peinliche Anspielungen auf frühere Auseinandersetzungen lagen. Er wirkte irgendwie unbehaglich. Felix merkte ihm an, daß ihm das Gespräch immer unangenehmer wurde. Und Felix spürte, daß Rappy eigentlich auf seiner Seite war. Aber da mußte es Dinge geben, die ihn zwangen, nach Kompromissen zu suchen, nach einem Ausgleich zwischen komplizierten Interessen.

„Herr Niesner, lassen Sie mich die Sache auf einen Punkt bringen. Sie sind ein erfolgreicher Englischlehrer. Sie haben so Ihre eigenen Methoden. Aber die sind ganz sicher auch wissenschaftlich reflektiert, abgesichert gewissermaßen. Man wird Ihnen fachlich nichts nachsagen können. Sie haben da mein vollstes Vertrauen."

Felix versuchte, zufrieden zu lächeln. Schließlich war es nicht immer so gewesen in seinem Leben. Endlich gab es da auch mal jemanden, der seine Arbeit, sein Leben für die Schule und sein Fach anerkennend zu würdigen wußte. Wo also lag das Problem?

„Ich freue mich, daß man auch von oben anerkennt, daß wir in unserer täglichen Arbeit nach den jeweils besten Wegen suchen und daß wir es uns keineswegs so leicht machen, wie man uns das so gerne nachsagt."

Rappy rang sichtlich um Formulierungen.

„Und trotzdem, Herr Niesner, ich kann es Ihnen einfach nicht ersparen, Ihnen mitzuteilen, daß wir mit Ihnen Probleme haben."

Rappy sagte das gequält. Er litt förmlich unter seinen Ausführungen. Irgendein Organ mußte ihm Schmerzen bereiten; der Magen vielleicht, der gegen seinen Pflichteifer rebellierte, oder die Blase, die ihm ihren Harndrang aufnötigte als Stellvertreterorgan für die Unbehaglichkeiten in seinem Gefühlscomputer, der sich nicht näher in seinem Körper lokalisieren ließ. Aber Rappy nahm – einen gewissen inneren Schwungradeffekt ausnutzend – einen neuen Anlauf:

„Herr Niesner, versuchen Sie zu verstehen, Sie haben Kollegen, Sie haben Eltern von Schülern, von denen viele auch selbst mal Englisch oder eine andere Fremdsprache gelernt haben und Sie haben das damals vollkommen anders gelernt, als sie das über ihre Kinder bei Ihnen erleben. Da gab es keine Eltern, die sich von ihren Kindern anhören mußten, daß sie heute im Englischunterricht wieder toll gesungen hätten."

„Ich weiß, da gab es nur endloses Auswendiglernen von Vokabeln, trockenes Büffeln. – GÜM!"

„Wie?"

„GÜM!" rief Felix laut. „Grammatik-Übersetzungs-Methode!"

„Na, sehen Sie. Und nun stellen Sie sich vor, wie Ihre Kollegen, die Sie fast täglich mit der Gitarre unterm Arm in den Unterricht gehen sehen, Ihren Unterricht einschätzen. Wie gesagt, ich will nichts sagen, das Sie als irgendwie wertend betrachten könnten. Aber Ihre Kollegen sind eben nicht so weit. Sie sehen das anders, vor allem …"

„Was vor allem?"

„Na, vor allem, wenn sie selbst Kinder an der Schule haben, die bei Ihnen im Unterricht sind."

„Aha", entfuhr es Felix, „daher weht also der Wind."

„Nein, nein, ich will da gar nichts gesagt haben."

Auf einmal übernahm Felix in ihrem Gespräch, das sich bisher so zäh und vorsichtig dahinentwickelt hatte, die Initiative.

„Um es auf den Punkt zu bringen: Es gibt also Leute, die glauben, daß man bei mir im Englischunterricht zu wenig Englisch lernt und zu viel singt?"

„So ist es."

„Und diese Leute, die es da gibt, sind sowohl Kollegen an unserer Schule als auch Eltern von Schülern?"

„So ist es." Rappy nickte mit übergroßer Deutlichkeit zustimmend.

„Wenn das aber so ist, dann kann ich den Urheber der Beschwerde ja unschwer ausmachen, und das kann ja nur jemand sein, der selbst Fremdsprachenlehrer ist und um die spezifischen Vorzüge meiner Gesangsmethode, wenn ich es mal so nennen darf, wissen müßte."

Rappy überlegte, bevor er antwortete.

„Vielleicht ist Ihre Methode durchaus umstritten, vielleicht gar nicht so allgemein anerkannt, wie Sie glauben."

„Wir wissen beide zu genau, daß jede Methode umstritten ist. Wir wissen auch, daß nicht jede Methode zu jedem Lehrer paßt."

„Wir wissen das."

Es entstand eine längere Gesprächspause.

„Und was möchten Sie jetzt von mir?"

Rappy hatte diese Frage wiederum erwartet. Sie war so eine Art Startschuß, um endlich seine konkreten Forderungen an Felix formulieren zu können.

„Herr Niesner, ich will mit Ihnen keine Methodendiskussion führen. Ich will Ihre Art, Unterricht zu gestalten, nicht kritisieren und nicht bewerten."

Immer formulierte er vorsichtig, dieser Rappy.

„Ich will Sie nur bitten, bei der Gestaltung Ihres Unterrichts auf die

Interessen, um es mal milde auszudrücken, Ihrer Kollegen und auch auf die Vorurteile der Eltern Rücksicht zu nehmen. Moderne Methoden hin oder her. Wir in der Schule haben auch das im Blick zu haben, was allgemein verstanden und anerkannt wird und was eben nicht. Ich möchte Sie daher bitten, Ihren Englischunterricht in Zukunft weniger gesanglich und mehr lernorientiert zu gestalten. Das ist alles."

Wieder entstand eine längere Gesprächspause. Der Tonfall war ein bißchen aggressiver geworden. Felix zwang sich zur Sachlichkeit und bemühte sich, seine Worte überlegt zu setzen.

„Ihre Bitte erschiene mir nicht unvernünftig, wenn ich sie als einzelnen Vorgang sehen könnte. Ich muß das aber – wenn ich mir das alles so zusammenreime – in einem größeren Zusammenhang sehen. Da gibt es – ich weiß genau, von wem Sie reden – einen Kollegen, der griesgrämig durch die Welt geht, der von seinem Fach – wir reden vom Englischunterricht – nichts versteht, bei seinen Schülern unbeliebt ist, nichts zuwege bringt, und der nun neidisch ist, weil ich beliebt bin bei den Schülern, auch bei seinem Sohn, weil ich Erfolg habe und weil mir meine Arbeit großen Spaß macht. Und an diesem Tatbestand, daß ich zu erfolgreich bin und dadurch ein zu großer Kontrast zu diesem anderen Kollegen, soll ich nun meinen Unterricht orientieren."

„Wir sind eben nicht allein auf der Welt."

„Wie wahr!"

„Wir können nicht immer nur uns selbst und unser Können und Vermögen sehen. Wir müssen aufeinander Rücksicht nehmen. Der eine ist eben nicht so gut wie der andere. Muß man ihn deswegen gleich auflaufen lassen, ihn durch zu große Kontraste – wie Sie es nennen – verstärkt der Elternkritik aussetzen?"

„Der allgegenwärtigen und allmächtigen Elternkritik."

Rappy ließ eine Pause entstehen.

„Niesner, Sie wissen ganz genau, welche Macht die Eltern heute haben. Ich halte es durchaus für legitim, einen anderen Kollegen auch mal davor zu schützen."

„Jaja, ich verstehe Sie schon, wir müssen uns gegenseitig zur Mittelmäßigkeit zwingen. Nach meinen Lebenserfahrungen vielleicht die wichtigste Tugend der Lehrer."

Rappys Gesicht wurde immer mißmutiger.

Er blieb eine Weile nachdenklich schweigend vor Felix sitzen.

„Ich kann verstehen, daß Sie das so sehen. Und sicherlich ist da auch was dran. Sehen Sie, als Schulrat sehe ich nicht so wie Sie nur den einzelnen Lehrer und seine Probleme. Ich sehe das Ganze. Und das muß eben in einer gewissen Harmonie sein. Da muß jeder mal Federn lassen. Verstehen Sie das denn nicht?"

Felix überlegte lange.

„Sie wollen also, daß ich meine Unterrichtsmethoden – meine Erfolgsmethoden, möchte ich mal sagen – mit Rücksicht auf andere unfähigere Kollegen überdenke."

„Sehen Sie es nicht so negativ. Denken Sie doch nur an Ihre Vergangenheit als Lehrer und Beamter. Da gab es auch Rücksichten."

Rappy wurde ungeduldig und scheinbar ein bißchen aggressiver.

„Welche denn, wenn ich mal ganz direkt fragen darf."

Rappy fühlte sich nicht ganz wohl. Das war ihm deutlich anzumerken. Aber er hatte nun mal die Vergangenheit ins Spiel gebracht, und da wollte er vielleicht konsequent sein.

„Naja, denken Sie nur mal an diese frühere Geschichte mit Ihrem Puppenspiel und den Ärger, den es damals gegeben hatte. Wissen Sie, das sind endlose Seiten in Ihrer Personalakte."

„Das ist jetzt über zwanzig Jahre her. Und außerdem wäre jede Schule glücklich, wenn ich heute noch die Arbeit leisten würde, die ihr damals verteufelt habt. Heute faselt die ganze Pädagogik vom unschätzbaren erzieherischen Wert solcher Aktivitäten. Damals verteufelt, heute in den Himmel gehoben."

„Immerhin hatte das damals unfaßbaren Wirbel verursacht."

„Vor vielen, vielen Jahren. Und ziemlich lächerlich."

„Personalakten vergessen nichts."

„Personalakten sind aber immer blind gegenüber dem Unrecht, das die Administration begangen hat, weil sie nur das konservieren, was man über den Beamten zu sagen hat, und nicht das, was die Administration verschuldet."

Rappy versuchte einzulenken.

„Lassen wir das. – Aber Sie müssen zugeben, daß Ihnen die Schuladministration auch entgegengekommen ist. Ich denke, daß das sehr fair war von ihrem Dienstherrn, daß er sie damals ganz unbürokratisch von Niewebüll nach Plönstorf versetzt hatte."

„Das lebt also alles ewig? Ist es eigentlich nicht genug, daß all diese Dinge an jedem Tag und in jeder Nacht in mir leben? Daß sie wie Dämonen in mir aufsteigen, mich quälen, zerfressen, meine Seele nicht zur Ruhe kommen lassen? Muß das alles auch bei euch in euren Scheißakten ewig leben?"

Felix hatte ein zornrotes Gesicht.

„Ich verstehe Ihre Erregung. Ich wollte dem Gespräch auch nicht diese Wendung geben. Sie wissen, warum ich Sie hergerufen habe."

„Ja, wegen der pädagogischen Methodenfreiheit, die keine ist."

Rappy ganz verbindlich.

„Ich möchte Sie bitten, darüber nachzudenken. Nicht mehr."

„Ich werde mich bemühen. Ich werde mich um mehr Mittelmäßigkeit bemühen. Ganz, wie es die ungeschriebenen Regeln unserer Schuladministration einfordern – der Kodex. Schließlich muß man ja das Ganze im Blick haben."

„Ich halte ihren Zynismus für ganz und gar unangebracht."

„Ich habe das auch gar nicht zynisch gemeint."

„Sie wissen also, was wir uns in Zukunft von Ihnen erwarten. Verstehen Sie, ich kann das nicht anordnen, wenn Sie gute Gründe haben, Ihre methodischen Wege zu rechtfertigen. Aber ich möchte Sie bitten, Ihre Methoden im Interesse des klassischen Vierecks Lehrer – Schüler – Eltern und Schule zu überdenken."

„Ganz wie Sie wünschen."

Felix kämpfte plötzlich gegen Tränen an. Man hatte ihm also wieder mal bestätigt, daß er in seinem langen Berufsleben alles richtig gemacht hatte und genau deshalb eben alles falsch. Er war der Versager mit Genius, nein, der Versager.

Rappy wollte noch etwas Verbindliches sagen. Aber Felix hatte ihm keine Möglichkeit mehr dazu gelassen. Er verabschiedete sich übereilt, stürzte aus dem Büro und wußte nicht mehr, wie er seinen Weg aus dem Gebäude gefunden hatte, den Gang entlang, mit dem Aufzug hinunter, durch alle möglichen Glasschwingtüren zum Parkplatz.

Lange Zeit konnte er nicht losfahren.

Man hatte es in feinen Zwischentönen und sanften Abstufungen, mit Vorbehalten und Hinweisen auf freie Entscheidung formuliert, aber die neue Botschaft war klar: Singen verboten.

2.

Felix hatte sich für den Nachmittag noch einen Besuch bei einem alten Freund vorgenommen. Er hatte sich bei ihm angemeldet; mit nur vager Zeitangabe, weil er nicht wußte, wie lange er bei seinem Schulrat zu tun haben würde. Und nun wollte er diesen Besuch trotz der Aufregungen des Gesprächs mit Rappy machen. Vielleicht sogar gerade wegen dieser Aufregungen, denn Albert konnte zuhören. Er war ein früherer Kollege aus Niewebüll. Sie hatten sich jahrelang aus den Augen verloren, dann aber die alte Freundschaft wieder aufgewärmt. Und fast immer, wenn Felix in der Kreisstadt zu tun gehabt hatte, hatte er auch die zusätzliche Fahrtstunde nach Schlutup auf sich genommen, bei Albert einen Kaffee getrunken, Neuigkeiten ausgetauscht. Manchmal hatten sie sogar in der Erinnerung an die alten Zeiten neue gemeinsame Urlaubsprojekte ausgeheckt, sie dann aber nie verwirklicht. Albert war Mathematiklehrer. Für ihn hatte es immer nur sein strenges mathematisches Konzept gegeben. Probleme, wie sie Felix in der Schule gehabt hatte, kannte er offenbar nicht. Aber er war immer ein geduldiger und verständiger Zuhörer gewesen; ab und zu auch ein guter Ratgeber.

Die Strecke nach Schlutup führte, nachdem Lübeck endlich geschafft war, durch kleinere Waldstücke. Felix kannte den Weg nicht auswendig, aber die Strecke war klar ausgeschildert, so daß er zuversichtlich war, seinen Freund diesmal ohne die üblichen, unnötigen Schleifen zu finden. Er hatte versucht, seinen Ärger mit dem Schulrat einfach wegzuschieben und sich ganz auf das Wiedersehen mit seinem Freund zu konzentrieren. Aber er konnte es nicht. Singen verboten! – „Wir haben all diese Dinge von früher nicht vergessen! Denken Sie daran, wie wir immer wieder Verständnis gehabt hatten für die Probleme, die wir für Sie zu lösen hatten."

Felix war niedergeschlagen. Er fühlte sich nervlich kaputt.

„Nein, ich kann nicht zu Albert. Er würde merken, daß ich innerlich aufgewühlt und am Ende bin, mir alle möglichen Fragen stellen, die ich nicht beantworten möchte. Jetzt nicht. Ich bin einfach nicht in der Verfassung. Ich kann nicht. Ich fühle mich so schrecklich am Ende."

Wieder fuhr er durch ein Waldstück. Schlutup geradeaus, sagte das große gelbe Straßenschild, das so herzlos in das dunkle Grün der Bäume gekleckst worden war. Rechts ging es ab nach Rostock und Schwerin. Was da für exotische Namen plötzlich auf den Wegweisern standen!

Felix mußte anhalten, warten bis Grün kam. Und dann kam Grün. Endlich. Aber Felix fuhr nicht geradeaus, er bog nach rechts ab, rechts nach Rostock oder Schwerin oder vielleicht in die ferne Türkei, wo es nach dem Dichterwort noch Kriege gab. Er wußte nicht, warum. Er wollte nur nicht nach Schlutup. So war er eben nach rechts abgebogen. Er fuhr durch sommerliche Waldlandschaft – ohne Ziel, einfach gemächlich drauflos. Bald schon trat der Wald auf beiden Seiten der Straße zurück, Sommerwiesen träumten um alte modernde Pfähle in Reih und Glied. Und da stand auf einmal vor einer alten knorrigen Eiche ein ungewöhnliches Schild: das Staatswappen von Mecklenburg-Vorpommern. Hätte er nur auch einen solch imposanten Stierkopf, er wäre gegen alle diese blödsinnigen Ideen gefeit. Augen zu, die Hörner in die richtige Position und durch. Mecklenburg, eine neue, fremde, stierköpfige Gegend hatte ihn aufgenommen, zumindest auf der Straße – einer neu angelegten, bestens ausgebauten und ungewöhnlich belebten Straße.

Felix fuhr nach den Eingebungen seiner Gliedmaßen: Kupplung linkes Bein, Bremse rechtes Bein, Rechtskurve, Linkskurve mit den Armen kräftig ins Steuer, dann wieder Ampel und Kupplung linkes Bein, Bremse rechtes Bein. Und alles durch den Schleier leicht wässriger Augen. Die Sonne hatte ihre volle Kraft des Tages erreicht. Es mußte wohl drei Uhr gewesen sein. Felix fuhr planlos, ziellos und doch irgendwie zielstrebig nicht nach Schlutup, sondern in Neuland. Obwohl die Grenzen schon seit drei Jahren gefallen waren, hatte er bisher nie den Weg ins naheliegende Mecklenburgische gesucht. Er war in seinen Ferien immer nur nach England gefahren, ab und zu mal nach Italien, weil Barbara es so geliebt hatte. Meistens aber war ihr Urlaubsziel England gewesen. Und nun, August 1993, strebte er unerwartet ins Mecklenburgische, in eine in diesem Jahr noch fremde und völlig andersartige, fast exot-europäische Welt.

Felix steuerte seinen Wagen mechanisch durch Orte, deren Namen er nie gehört hatte: Selmsdorf, Schönberg, dann ging es wiederum bei einer Ampel nach links ab nach Grevesmühlen. Die Straße war schlechter geworden. Felix suchte sich einen Platz zum Anhalten. Er wollte ein Stückchen laufen. Er mußte immer laufen, wenn er intensiv nachdenken mußte. Aber an Parkbuchten zum Anhalten hatten die Straßenbauer nicht gedacht. Und dann kam kurz nach Grevesmühlen doch ein kleines Hinweisschildchen, das auf heidnische Grabdenkmäler aufmerksam machte. Hier fand Felix endlich – einige Meter abseits der Straße und gänzlich eingesäumt von Hochwald – ein freies Parkfleckchen.

Eine gammlige Verkaufsbude hatte schon geschlossen oder vielleicht an diesem Tag gar nicht geöffnet. Felix jedenfalls war allein auf diesem idyllischen Platz. Ringsum herrliche, schon weit im Leben stehende Laubbäume. Vogelgezwitscher selbst um diese Tageszeit – Morgengezwitscher am Nachmittag. Draußen auf der Straße huschten die Autos in einer nicht endenden Schlange vorbei. Man hörte sie nur, man konnte sie nicht sehen.

Felix hatte kaum ein Auge und erst recht kein Ohr für die Welt, die ihn umgab, obwohl er sonst solcherlei Stimmungen gierig in sich einsog.

‚Den ganzen Quatsch von vor über zwanzig Jahren mußte dieser Rappy mir auftischen. Dinge, die längst vorbei sind, vergessen, und dann noch zu ihrem Vorteil vergessen. Sie hatten sich doch jedesmal mit ihrem pädagogischen Kinderquatsch blamiert. Aber so ist das. Da war doch mal was. Und das bleibt dann eben hängen, ein Leben lang. Was es in Wirklichkeit war, wird nicht mehr hinterfragt. Nur eben das „Da war doch mal was" bleibt – für alle Zeiten.‘

Immer noch war Felix in seinen Gedanken bei dieser Unterhaltung mit Rappy. Er sprach mit sich, nein, mit Rappy, gab sich selbst Antworten und Gegenrede. Und wieder Antworten. Aber neben den hastig flimmernden Gedanken gab es auch den Körper. Der mußte jetzt tätig sein, um die Hyperaktivität des Geistes abzufedern, bioautomatisch gewissermaßen. Da gab es einen kleinen Waldweg. Den ging der Körper, manchmal schneller werdend, wenn der Geist Aggressivität signalisierte, manchmal langsam, wenn Nachdenklichkeit die Hast verdrängte. Und dann – nach zwei oder drei Kilometern unwillentlich gesteuerten Laufens – stand dieser Körper wieder vor dem Wagen, agierte vor sich hin, während der Geist erregte Zwiesprache hielt. Der Körper öffnete den Kofferraum, zog da eine Gitarre hervor und setzte sich auf die einzige Bank des Parkplatzes. Da stimmte sich eine Gitarre durch – immer noch ganz bioautomatisch – bis die Akkorde feinstimmig sauber klangen. Aber nun konnten Körper und Geist nicht länger getrennte Wege gehen. Singen verboten! Das, was seinen Schülern so große Freude machte, was sie im Unterricht begeisterte und was durchaus auch beachtliche Erfolge in der Sprechfertigkeit zeigte, verboten – alles verboten! Wieder mal verboten. Warum nicht? Felix sang vor sich hin. Zuerst leise, fast nur so in sich hinein. Er sang mit Hingabe und nach innen gekehrter Freude, aber langsam eben immer lauter werdend: schallend, hallend, donnernd, dröhnend, felserweichend. Er sang, als müßte er sich in diese Welt hinein freisingen.

Felix wußte selbst nicht, ob es die Inspirationen seines Urlaubs im landsknechtbesetzten Tänzelfest-Kaufbeuren waren oder seine Stimmung, die nach kräftigen, kraftmeierischen, aggressiven Liedern verlangten. Jedenfalls fing er an, deftige Landsknechtslieder zu singen, mit gewaltiger, voluminöser Stimme und kämpferischen, sturmesgewagten Texten, Texten von Weite, Atmen und Freisein, von Stürmen, die irgendwer irgendwo wagend besteht. Felix konnte singen. Wenn er sang, schwiegen die Menschen und zwitscherten die Vögel. Wenn er sang, waren alle um ihn still, hörten mitgerissen zu, verlangten nach weiteren Genüssen. Er konnte alles in seine Lieder legen: Poesie, Faszination, Staunen, Freude, Lachen, Weinen, Schmerz und Bitterkeit. In seinem Gesang lagen magische Kräfte.

Immer noch war er allein. Er ging zum Kofferraum, den er noch gar nicht wieder verschlossen hatte. Da entdeckte er seine Neuerwerbung aus dem letzten Urlaub. Er hatte zu Hause – in den Turbulenzen des Schuljahresanfangs – noch nicht die Zeit gefunden, seine Urlaubsklamotten auszupacken. Sie waren mit ihm jeden Tag zur Schule gefahren und wieder zurück. Und da lag dieses tolle Mitbringsel vom Tänzelfest in Kaufbeuren, das er einem Bierzeltbekannten abgegaunert hatte: eine komplette Landsknechtstracht, farbenfroh, mit leuchtenden rotgelben Streifen, Pluderhosen und Pluderhemd, mit Büffellederwams und breitrandigem eleganten Hut mit großer flatternder Feder. Dazu noch Stiefel, Gürteltasche, Musketenfüllhorn und allerlei Zubehör zum zeitgenössischen Outfit. Vor allem noch eine bunte Seidentuchfahne, eine von denen, die die Landsknechte bei den bunten Festumzügen mit elegantem Schmiß wie Ballettröckchen um ihre Körper wölkten, dann wieder hoch in die Luft schnellen ließen, wo sich die Tücher – wie Zauberei – von selbst entfalteten, langsam wieder zu Boden schwebten und von den Landsknechten, ohne aus dem Schritt zu kommen, treffsicher gegriffen wurden. Zeisigähnliche Farbenpracht, Bändergeflatter, Federrauschen, Zirkuswunderwelt.

Felix konnte gar nicht anders. Alles lief von selbst ab, ohne mit dem Kopf gesteuert zu werden. Er zog sich aus. Jacke, Krawatte, Hemd, Hose, alles flog in den Kofferraum. Felix schlüpfte in sein Landsknechtsoutfit. Ein neuer Mensch entstand, ein Mensch aus anderer Zeit. Felix mußte – innerlich angetrieben – aus seiner Gegenwart mit Rappy und all seinem Quatsch raus. Er brauchte ein neues Selbst, eine andere Identität, jedenfalls für den Augenblick.

Und so stand er nun allein auf diesem Parkplatz bei Grevesmühlen in der Nähe der Asterixsteine aus heidnischer Zeit als Frundsbergscher Landsknecht mit seiner Gitarre und sang drauflos. Er sang in den Wald, er sang dem Zeisig auf dem Eichbaum vor, der so bunt war wie er selbst, übertönte das hartnäckige Krächzen des Eichelhähers in der Nähe, sang in den Himmel über ihm zur Sonne hinauf, nahm nichts mehr von all dem wahr, was ihn umgab, nichts mehr von dem, was ihm die Seele zuschnürte. Er sang.

„Und unser liebe Fraue vom kalten Bronnen bescher uns arme Landsknecht ein warme Sonnen. Daß wir nit erfrieren, wohl in des Wirtes Haus, ziehen wir mit vollem Säckel und leerem wieder raus. Die Trommel, die Trommel, taramtaramtamtam…"

Und Felix vergaß alles um sich herum, sich selbst sogar, war eins mit sich und den herrlichen, sich schon langsam in den Herbst hinein verfärbenden Bäumen, legte seine Seele frei.

Er hatte nicht bemerkt, wie andere Autos in die kleine beschauliche Rastanlage eingefahren waren. Touristen vielleicht, die die heidnischen Asterixgräber besichtigen wollten oder einfach nur eine kleine Pinkelpause im Wald brauchten. Die Leute blieben vor Felix stehen. Sie konnten nicht anders, sie mußten stehenbleiben und zuhören. Was Felix da bot, war ein erlesener Kunstgenuß, etwas, was man kaum mehr wo zu hören bekam, vor allem nicht im Norden Deutschlands.

‚Es schlägt ein fremder Fink im Land, radibimmel, radibammel, radibumm. Die Luft, die riecht wie angebrannt, der Tilly, der geht um. Es klingt so fein radibimbumbam in maiorem dei glo-o-ri-i-am, die Pfei-fe und die Trum.'

Manchmal, wenn Felix zwischen zwei Liedern mit einer Akkordfolge überleitete, klatschten die Leute Beifall, wollten mehr hören, konnten nicht genug kriegen. Und sie warfen Münzen in Felix' Gitarrenkasten, den er vor sich hatte liegen lassen.

„Toll, diese Lieder. Das ergreift. Das packt. Das geht ans Herz. Großartig!"

„Alles geht so wunderschön zusammen, diese Lieder, diese Tracht und diese feste Eisenstimme. In dieser phantastischen Waldkulisse ist das einfach wunderbar!"

Felix achtete nicht auf die Bemerkungen seiner Zuhörer. Sie gehörten nicht zu seinem Hader mit sich. Er sang für sich selbst. Das war alles. Frei werden von Rappys unsinnigem Gerede. Manchmal dachte er beim Singen an seine Schüler. Er sah ihre Gesichter vor sich, ihre leuchtenden Augen, ihre Freude und Begeisterung, wenn sie im Unterricht ein neues Lied erarbeiteten mit lautem Sprechen, mit Leisesprechen, mit Schnellsprechen, mit Langsamsprechen, mit Ohnesprechen, mit Wortauslassungen, Wortabwandlungen, Bewegungen zur Textillustration, mit Oberstimme und Unterstimme und dann auch wieder ohne Stimme – ja, auch ohne Stimme. Das waren seine fragwürdigen Methoden. Aber das war ja nun vorbei. Singen verboten! Seine Seele brauchte Luft.

„Vom Barette schwankt die Feder, wiegt und biegt im Winde sich! Unser Wams von Büffelleder ist zerfetzt von Hieb und Stich! Stich und Hie-i-i-ib und ein Lie- i-i-ib muß ein, ja muß ein Landsknecht ha-a-a-aben!"

Die Leute klatschten. Niemals hatte Felix erlebt, daß Passanten den Straßensängern in Lübeck jemals zugejubelt hätten. Meistens konnte er beobachten, daß sie schnell und mit mürrischem Gesicht vorbeihuschten, sich ihrer Neugier und Beachtung vielleicht sogar schämten, eilig, geschäftig und zielstrebig ihren Besorgungen nachgingen.

Die Leute hier auf dem Parkplatz standen vor ihm und konnten nicht genug bekommen. Nach zwei Stunden hatte die Anteilnahme zahlreicher Parkplatzbesucher an Felix' Weltschmerz und Verdruß ganze einhundertsiebenunddreißig Mark eingebracht. Einhundertsiebenunddreißig Mark, die Felix gar nicht ersingen wollte, die ein reines Mißverständnis waren, ein Mißverständnis allerdings, das vielen Leuten offensichtlich große Freude gebracht hatte. Felix aber stand nach wie vor ratlos da, verzagt und verzweifelt, nur eben um einhundertsiebenunddreißig Mark reicher.

Der Abend kündigte sich an. Felix war wieder allein auf dem Rastplatz. Er war hungrig geworden. Das Singen hatte angestrengt. Er verwandelte sich wieder, spürte Wehmut, als er mit jedem Kleidungsstück, das er ablegte, mehr aus seiner Rolle als Frundsbergscher Landknecht schlüpfte, bis schließlich das triste, bekümmerte Leben des Lehrers und Versagers Felix Niesner wieder gänzlich von ihm Besitz ergiffen hatte.

Aber seine Gedanken schweiften ab, flogen in die Weite, zogen mit den Wolken, mit den faszinierenden Traumgebilden am mecklenburgischen Himmel. Das war eine zu tolle und zu ungewöhnliche Erfahrung. Nie in seinem Leben wäre er jemals auf den Gedanken gekommen, sich auf die Straße zu stellen, zu singen und dafür womöglich noch Geld zu erbitten. Jetzt hatte sich alles von selbst ergeben. Einhundertsiebenunddreißig Mark ohne Bitten.

Als er vom Rastplatz wieder auf die Straße einbog, war er – einer inneren Eingebung folgend und automatisch gewissermaßen – nicht nach rechts in Richtung Heimat abgebogen, sondern nach links in Richtung Wismar.

Und so fuhr er drauflos, planlos, ziellos, aber durchaus innerlich erleichtert, nachdem er sich wenigstens die oberste Schmerzschicht von seiner Zwiebelseele weggesungen hatte.

3.

Für Felix war Wismar die erste Begegnung mit dem Osten. Und sie war so grauenhaft, daß er sich in einem Kulturschock glaubte. Er hatte sich bisher nie in seinem Leben eine Vorstellung vom Osten Deutschlands gemacht. Den Osten hatte es für ihn allenfalls als Resultat historischer Entwicklungen gegeben. In seinem Leben war er irgendwie verdrängt. Er war all die Jahre zu sehr in den Angelegenheiten seines Berufs gefangen gewesen, hatte sich nie sonderlich um dieses ewige Ost-West-Gerangel der Politiker gekümmert, die Existenz dieser zwei Blöcke eher resigniert zur Kenntnis genommen. In seinen Urlauben war er immer in westliche Länder gereist: nach Italien Barbara zuliebe und seinetwegen nach England.

In Wismar erlebte er nun eine neue, andere Welt. Eine Stadt von unfaßbarer Heruntergekommenheit, fast schon eine Ruinenstadt. Abgewirtschaftete Gebäude mit morschem und nur ganz selten mal kümmerlich geflicktem Mauerwerk, mit Fenstern in den Häusern, deren verwitterte Holzrahmen kaum mehr die Glasscheiben zusammenhalten konnten. Zertrümmertes Glas durch Pappkartons oder Sperrholzplatten und manchmal sogar durch milchtrübe Folien ersetzt. Haustüren schienen das Flickwerk verschiedener Jahrzehnte in sich zu vereinigen. Da gab es Holzfüllungen, die von Obst- oder Gemüsekisten entliehen waren, mit schwarzen Aufdrucken aus allen möglichen Ländern. Überall hilflose, fast verzweifelte Improvisationen, die der Mangel diktiert hatte. Nicht genutzte Hausöffnungen – vormals ehrwürdige Einfahrten, kunstvolle Tore zu den Hinterhöfen von früheren Patriziergebäuden – hatte man mit Brettern von Munitionskisten vernagelt. Felix glotzte verdutzt die Aufschriften in kyrillischen Buchstaben an. So wie die Buchstaben schien die ganze Stadt Teil eines völlig anderen Kulturkreises – eines anderen Erdteils – zu sein. Da gab es Straßenzüge, die eher an Shantytowns in Kapstadt oder Nairobi erinnerten, an Plätze jedenfalls, die nicht in Mitteleuropa lagen.

Bürgersteige kaum begehbar. Da und dort herausgerissene Pflastersteine, aufragende Kanten von gesprungenen Betonplatten, Löcher in den Straßen, die so tief waren, daß das Wasser längst gewesener Regenfälle noch immer nicht aufgesogen oder verdunstet war. Dazwischen machten winzige Autos mit abscheulichem Gestank und schmerzendem Lärm aufdringlich auf sich aufmerksam.

An den Gebäuden Überbleibsel von Firmenschildern und -beschriftungen aus prä-schwarz-rot-goldenen Zeiten. Dazwischen immer wieder vorweggenommene Reichstagsverpackungen – Häuser, die eingerüstet und über den Gerüsten mit Folien verhängt worden waren. Sanierer waren an allen Ecken und Enden am Werk. Vereinzelt fielen in den trostlosen rötlichschwarzen oder schwarzrötlichen Backsteinhäuserzeilen sanierte Gebäude auf, Häuser mit Farbe und Stil, mit rechtem Winkel und gefälligem Stuck, mit neuen mehrfachverglasten Fenstern in exotisch-deplazierten Plastikrahmen, mit neuen Türeinfassungen und durch und durch auf alt gemachtem, neuen sterilen Design. Wären ihre nach altem Glanz herausgeputzten Fassaden nicht längst wieder besprüht gewesen mit Sprüchen wie ‚Wessi's raus‘, hätte sie Felix gar nicht als Gebäude dieser Stadt einordnen können. So aber fügten sie sich in die neue Zeit als Boten für Kommendes.

Für den Augenblick aber überwog noch unbeschreibliche Trostlosigkeit. Es roch nach Braunkohle. Man hatte das Gefühl, daß alles in dieser Stadt mit Ruß überstreuselt war. Und es roch und hörte sich nach Zweitaktern, nach Trabis, nach Wartburgs, nach Armut, Mangel, Mißwirtschaft und Bankrott an. Das alles stürzte so fürchterlich über Felix herein, daß er in diesem Moment nicht glauben wollte, nur wenige Autokilometer von Lübeck entfernt zu sein.

Aufdringlicher Glanz und Glamour dort und gnadenlos herzlose Verwahrlosung hier, und beides auf nur wenigen Quadratkilometern. Kontrastreicher hätten zwei entgegengesetzte Übertreibungen nicht sein können – für Felix eine erdrückende Erfahrung.

Aber es gab in dieser Stadt in jeder Straße, auf Schritt und Tritt, Spuren einer glanzvollen Vergangenheit: backsteinisch norddeutsche Architektur, die Andeutung gepflegter Siedlungsplanung, ehrwürdig machtheischende Kirchenüberbleibsel.

Sie vor allem, die majestätischen Patrizierbauten erzählten die gleichen Geschichten wie drüben in Lübeck.

Felix schlenderte ziellos durch die Straßen. Er ging hinunter zum alten Hafen, an klotzigen Speichern vorbei. Er schaute eine Weile hinaus auf den kleinen Fetzen Ostsee, den man von hier erahnen konnte, trottete wieder zurück in die Stadt.

Seine Betroffenheit über die Wismarschen Wahrnehmungen lenkte ihn ab von den Erlebnissen des Tages. Er war in eine so fremde Welt eingetaucht, mußte alle diese neuen Eindrücke aufnehmen, in sich einsaugen: ein Dachgiebel von der Bürde schwerer Zeiten gefährlich gekrümmt, eine vom Wind schiefgelegte Dachgaube, eine herunterhängende Dachrinne, morsches Ziegelgemäuer, ein tiefes Loch im Straßenasphalt. Überall staatlich verordnete Verwahrlosung eines bourgeoisen Vermächtnisses und verzweifelte Mangelimprovisation aus Heimatliebe als Gegenwehr.

Dann aber überflimmerte doch die neu erfahrene Rolle als singender Frundsberg'scher Landsknecht seine Meditationen. Was hatte ihm das Leben da so unerwartet geboten? Die Melodien stiegen ihm nochmals im Kopf hoch. Er sah sich selbst als strahlenden Landsknecht in buntem flatterndem Outfit in der Sonne stehen und die alten, sommerfreudig grünen Eichen ansingen. Was war das doch für eine neue Lust. Und dann noch die Menschen, die Beifall klatschten, begeistert waren und ihm Geld in seinen Gitarrenkasten warfen, der nur rein zufällig vor ihm am Boden gelegen hatte. Was für ein herrliches Mißverständnis. Mensch, was ist diese Welt schön! Und dazu noch diese imposanten Melodien, die auch ihm selbst zu Herzen gegangen waren.

Felix spazierte in Gedanken versunken die Gassen entlang, bis ihn der endende Tag vor ein kleines Hotel getragen hatte. Und dann hatte er nur den einen einzigen Wunsch: er mußte etwas essen, er mußte zwei oder drei Gläser Bier haben, und er mußte schlafen.

Am nächsten Morgen versprach die Sonne einen glänzenden Tag über Wismar. Das Frühstück im Hotel war köstlich. Felix genoß es ohne einen Gedanken an verrinnende Zeit. Eine andere Art von Leben hatte ihn erfaßt. Ohne lange Überlegungen, ohne Vorsatz oder Planung, ohne Zögern oder Zweifeln holte er seine Klamotten aus dem Auto, ging damit auf sein Zimmer, zog sich um – schlüpfte gewissermaßen in seine neue Arbeitskleidung, verwandelte seine Persönlichkeit in einer Zeitmaschine – und stapfte, als würde er es jeden Tag tun, zielstrebig zum Marktplatz. Dort stellte er sich vor den trefflich renovierten "Alten Schweden", hängte sich seine Gitarre um, legte seinen Instrumentenkasten vor sich auf den Bürgersteig, stimmte die Saiten ein bißchen durch, machte sich die Kehle frei und begann zu singen: herzzerreißend, mitreißend, hinreißend, lieblich dahinschmelzend, weinerlich, schmutzig und derb, ganz wie es ihm seine Stimmung eingegeben hatte.

In die sommerliche Wärme mischte sich eine angenehme Brise von der Ostsee herauf. Der Marktplatz strahlte die Atmosphäre aus, die Felix für seine Lieder brauchte – historisches Ambiente. Sein Herz zersprang, und er genoß seine eigenen Lieder.

Und der Funke sprang über. Schneller als es Felix geahnt hatte. Die Leute blieben stehen, einzelne zuerst, dann immer mehr. Sie hörten ihm zu, stellten ihre Taschen auf den Boden, klatschten Beifall, erbaten Zugaben und Wiederholungen einzelner Lieder. Kinder traten ganz nah zu ihm und betasteten seine Landknechtskleidung, griffen nach den bunten Bändern, die von seiner Gitarre flatterten. Und die Leute gaben reichlich Münzen und sogar Scheine. Einzelne sangen die Refrains der Lieder mit oder klopften mit den Füßen den Takt.

„Als Adam grub und Eva spann, ky-ri-e eleis, wo war denn da der Edelmann, ky-ri-e eleis? Spieß voran, drauf und dran, setzt aufs Klosterdach den roten Hahn!"

Eine Schulklasse kam vorbei. Die Jugendlichen blieben stehen und hörten zu. Es war gewiß nicht ihre Musik, die Felix da sang. Aber sie stutzten und staunten. Ihr Lehrer wollte sie antreiben weiterzugehen. Seine Schüler wollten nicht. Sie blieben stehen und hörten zu. Schließlich blieb auch der Lehrer stehen – ein sich hilflos und redlich abmühender Lehrer. Felix dachte an sein eigenes Lehrerleben. Noch gestern war er selbst Lehrer gewesen. Nun schien es ihm, als müßte es schon vor endlosen Zeiten gewesen sein. Aber es war noch gestern. Noch gestern war er in diesem anderen Leben. Und morgen würde er es wieder sein. Nicht daran denken.

„Spieß voran, drauf und dran, setzt aufs Klosterdach den roten Hahn."

Der Geschäftsführer des „Alten Schweden" war aus dem Lokal gekommen. Er schien verärgert, wollte Felix vielleicht sogar vertreiben, weil er befürchtete, daß durch seine Schau die Gäste von seinem Restaurant ferngehalten werden könnten. Aber er konnte nicht anders, er mußte Felix zuhören, wenigstens abwarten, bis er sein Lied zu Ende gesungen hatte. Was war das für eine Darbietung! Es war Show, Musical, Konzert, Militärparade und levitiertes Hochamt zugleich.

„Bei Weinsberg setzt es Brand und Stank, heia oho! Gar mancher über die Klinge sprang ..., " tönte es vollmundig und mit Eisen in der Stimme über den ganzen Platz. Felix hätte sich keine bessere Kulisse aussuchen können. Im großen Karree des Marktplatzes war eine Akustik wie in einem Konzertsaal, und die Kulisse des Marktplatzes war Bauernkriege, Dreißigjähriger Krieg und Schwedenhändel zugleich.

Als Felix eine kleine Pause einlegte, bestürmten ihn die Leute. Da drängte sich auch der Wirt des „Alten Schweden" vor und sprach ihn an. Felix erkannte unverwechselbar den Württemberger:

„Hanoi, des isch ja phänomenal, was d'r do singat. Kommat d'r heit Middäg zu mir ins Lokal. Krieget d'r a Essa ummasonscht, wenn d'r a bißle singat."

Natürlich nahm Felix an, sang, daß es durch das Gemäuer des Lokals hallte, sang, daß man das Gefühl hatte, daß sogar die eindrucksvollen historischen Schiffsmodelle unter der Decke mitschwangen.

Nach einem erfolgreichen Vormittag speiste er fürstlich im "Alten Schweden", sang weiter seine historischen Landsknechtslieder, markige, beißend wilde, sanft süße, wunderschöne. Die Leute im Lokal wollten ihn nicht gehen lassen. Von draußen drängten Menschen ins Lokal, wollten einen Platz in der Nähe des Sängers, applaudierten.

Der Wirt mußte Gäste fortschicken, weil alle Plätze besetzt waren. Aber die Leute gingen nicht. Sie setzten sich auf die Stufen am Eingang, hörten zu, zückten Feuerzeuge und baten um immer weitere Darbietungen.

Am Nachmittag wollte Felix gehen. Aber der Wirt ließ ihn nicht los. „Mensch, bleibat do. Essat'r und trinkat'r so viel d'r wend, aber bleibat do. Des Lokal is no nia so guat ganga. Dir kennat au bei mir wohna. Bleibat do."

Und Felix blieb da. Zwei Tage, drei Tage, eine Woche. Jeden Tag bescherte er dem Wirt ein volles Lokal, machte Menschen glücklich, erfreute ihre Herzen, rührte sie zu Tränen, ebnete Wege, um Herzen sprechen zu lassen. So einfach war das also. Felix mußte sein Repertoire erweitern. Er erinnerte sich an phantastische irische Söldnerlieder und natürlich an Lieder der italienischen Soldateska. Das alles baute er zu einem musikalisch-historischen Bilderbogen zusammen, der – einmal durchgesungen – fast zwei Stunden dauerte.

‚Al a mi presente al vostra signori' und ‚Though we've had our troubles now and then.'

Und Felix bezog sein Publikum ein, forderte die Leute auf mitzusingen, zu klatschen, Töne bis zum Abwinken auszuhalten, eine Ober- oder Unterstimme zu summen. Es war eine Lust zu leben!

Aber nach einer Woche wurde Felix das Leben in Wismar zu bedrängend. Nicht, daß er seine eigenen Lieder nicht mehr hätte hören können. Nein, Felix war ein repetitiver Mensch. Er konnte Lieder hundertfach singen, ohne das als langweilig zu empfinden. Er konnte Bücher, die ihm gefallen hatten, immer wieder lesen, und er konnte sich liebgewonnene Filme viel öfter ansehen als andere Menschen. Und so konnte er auch seine Lieder vielmals mit immer der gleichen Hingabe und Freude singen, ohne ihrer überdrüssig zu werden.

Auch Geld hatte er reichlich eingenommen. In einer Woche mehr als er als Lehrer im Monat verdiente. Was die Leute da in seinen Gitarrenkasten geworfen hatten, war unfaßbar. Er hätte also ruhig in Wismar bleiben können. Aber vielleicht war es der innere Antrieb des Stars, der er inzwischen in dieser Stadt geworden war, der ihm sagte, daß man sich selbst nicht kaputtsingen dürfte, daß man sich rar machen mußte, um erfolgreich zu bleiben, und vielleicht gab es all diese Beweggründe in ihm überhaupt nicht. Vielleicht gab es nur Unruhe in ihm, fruchtbare Unruhe. Er mußte weg.

„Es klingt so fein radibimm, bumm, bamm, in maiorem dei gloriam. Die Pfeife und die Trumm!"

Felix hatte es noch einmal mit leidenschaftlicher Hingabe gesungen – eisern, markig, lieblich und süß – in allen Modulationen, die das Lied hergegeben hatte. Und Felix mußte gegen seine Tränen ankämpfen bei so viel rührender Begeisterung seiner Zuhörer. Aber er war entschlossen, dies war sein letzter Tag in Wismar.

In den frühen Abendstunden setzte er sich in seinen Wagen und fuhr los – Richtung Insel Poel. Er wanderte ein bißchen auf der Insel herum, stapfte durch den Friedhof des Inselortes und dann einfach querfeldein. Er mußte nachdenken, und nachdenken konnte er immer nur auf langen Spaziergängen. Der Körper mußte seine Beschäftigung haben, eine Beschäftigung, die den Geist nicht brauchte, ihn gewissermaßen freisetzte für andere Bewegungen. Aber immer mußte er zum Denken auch seinen Körper bewegen. Er brauchte die ganzheitliche Unruhe in sich.

Was hatte er da gemacht als erwachsener Mensch mit über fünfzig? Er war einfach abgehauen. Ein langes Leben war er ein korrekter, wenn auch kein unauffälliger Beamter gewesen. Ein langes Leben hatte er sich an die Spielregeln seines Lehrerdaseins gehalten, peinlich darauf geachtet, daß die wenigen Krankmeldungen, die es bisher gegeben hatte, termingerecht abgegeben wurden, alle Termine, alle Formulare, alle Vorschriften, alles, alles, alles. Und immer alles peinlich korrekt – wenn auch nicht ganz unauffällig!

Und jetzt dieses Ausrasten wegen eines im Grunde unwichtigen Vorfalls. Was sollte das alles? Wenn jemandem seine Methoden nicht paßten, was sollte es. Man konnte ja auch weniger singen. Manche Leute haben Fremdsprachen ganz ohne Singen gelernt. Wenn da wirklich ein anderer Kollege so drunter leiden sollte, dann könnte man doch tatsächlich Rücksicht nehmen, könnte man sich kollegial verständigen. Für einen Mann seines Alters war das doch alles eine Bagatelle. Warum also dieses Ausrasten? Warum einfach abhauen? Warum dieses Abtauchen?

Felix wurde mehr und mehr klar, einen Fehler gemacht zu haben. Er sah den Möwen zu. Er beneidete sie. War es nicht eine Unverschämtheit, so unbeschwert, so spielerisch, so leicht leben zu können, einfach dahinzusegeln nach Lust und spontaner Eingebung – dahinzusegeln, mit dem Wind spielen, im Wind, am Wind, vor dem Wind, gegen den Wind – nichts weiter.

,Man könnte versuchen, das alles schnell zu korrigieren. Man könnte den Schulrat anrufen, ihm erklären. Aber was erklären? Welcher deutsche Beamte würde das verstehen? Einfach vom Dienst wegbleiben, nichts sagen, verschwinden – über Tage verschwinden, unauffindbar sein. Aber man könnte es ja versuchen.'

Felix könnte seinen Rektor anrufen, ihm erklären, daß ihn diese per-

fiden Anschuldigungen so aus der Bahn geworfen hätten, daß er einfach
… Der Schulrat würde es vielleicht verstehen. Schließlich hatte er sich
ja bemüht, Felix sein Anliegen ganz menschlich, ganz pädagogisch na-
hezubringen. Aber gerade das war ja das Widerliche gewesen, ganz pädagogisch.

Und dann faßte Felix einen Entschluß. Er wollte seinen Schulrat und
seinen Schulleiter anrufen, privat, denn es war schon spät und lange
nach Dienstschluß. Er hatte sich vorgenommen, ihnen alles zu erklären.
Dann würde sich schon …

Felix suchte nach einer Telephonzelle. Aber die in Kirchdorf war aufgebrochen worden. So fuhr er weiter zur nächsten. Die war auch aufgebrochen worden. Er fuhr zur nächsten – Neubukow -, die war auch aufgebrochen worden. Die nächste auch, und die nächste auch. Felix
konnte nicht wissen, daß um diese Zeit, im Jahr 1993, in der ehemaligen
DDR alle öffentlichen Telephonzellen allabendlich aufgebrochen und
ausgeraubt worden waren. Das war eben so.

Der Versuch, seinen Schulleiter oder Schulrat anzurufen, war an diesem Abend vergeblich geblieben. Aber er hatte ihn bis nach Kühlungsborn an die Ostsee geführt, zum Hotel ‚Schweriner Hof‘. Und da mußte
es dann doch noch ein Abendessen geben, dazu Bier und ein Bett zum
Vergessen von Rappy, von Niebergall, von Gott und der Welt.

4

Erstes Telephonat

„Hallo, Niebergall, da sind Sie ja. Ich hatte schon versucht, Sie heute vormittag anzurufen. Gut, daß Sie anrufen. Gibt's was neues von Niesner?"

Schulrat Rapp war gleich zur Sache gekommen. Andere Fragen der Schulorganisation interessierten ihn nicht mehr. Er wirkte nervös. Auch seine burschikose Sprechweise konnte darüber nicht hinwegtäuschen. Schulrat Rapp lebte in großer Sorge. Er bangte und wartete darauf, daß Herr Niebergall, der Schulleiter der Realschule Plönstorf, endlich dieses erlösende ‚Wir haben ihn' melden würde. Aber es gab kein ‚Wir haben ihn'.

„Ich bedauere. Es fehlt jede Spur von ihm. Meine Sekretärin geht jeden Tag zweimal zu seiner Wohnung, klingelt, wartet, klingelt, wartet. Nichts."

„Wo steckt der bloß?"

„Sie wissen, daß ich auch täglich mehrmals an seiner Wohnung vorbeifahre. Es öffnet niemand, nun schon seit einer Woche. Abends brennt in seiner Wohnung kein Licht."

Schulrat Rapp machte eine längere Pause. Dann seine üblichen, alles abtastenden Fragen:

„Auch kein Telephon?" fragte er beschwörend.

„Kein Telephon. – Ah, es klingelt ganz normal. Das Telephon wurde also nicht abgemeldet. Alles normal, nur keiner nimmt ab."

„Er ist also nicht zu Hause? – Zeitung?"

„Die Nachbarin nimmt die Zeitungen mit in ihre Wohnung. Das macht sie immer, wenn Niesner nicht da ist. Sie wundert sich auch, daß er nicht nach Hause kommt, jetzt, während des Schuljahres. – Ah – außerdem…"

„Was außerdem?" Schulrat Rapp hatte es eilig.

„Außerdem hinterläßt er immer eine Nachricht bei der Nachbarin, wenn er verreist."

„Auto? Haben sie sein Auto mal gesehen?"

„Nein. "

„Die Kollegen?"

„Niemand."

„Aber Sie müssen doch wissen, wo er sonst so ist. Seine Ostindische Gesellschaft?"

Pause.

„Verzeihen Sie, Herr Rapp, Ostindische Gesellschaft?"

„Naja, jeder Mensch hat doch irgendeinen Club. Einen Verein. Sauna, Sport, Hühnerzüchter, Brieftaubenfanatiker, 'ne Musikband. Was, wo jemand mehr oder weniger regelmäßig hingeht – zur Entspannung, Hobby oder so. Ich nenne das halt so salopp Ostindische Gesellschaft."

„Niesner lebt sehr zurückgezogen seit ... Naja, Sie wissen das doch alles."

„Schon klar."

„Er lebt eigentlich nur für seinen Englisch- und für seinen Geschichtsunterricht. – Und für seine Schüler natürlich."

„Mensch, das weiß ich doch alles." Schulrat Rapp war ungeduldig.

„Um ehrlich zu sein, ich habe ein bißchen Angst", sagte er nach längerer Pause. „Ich denke ständig daran. Er wird sich doch nichts angetan haben wegen dieser läppischen Lappalie."

Schulleiter Niebergall zögerte ein bißchen, als wäre das, was er sagen wollte, doch zu abwegig.

„Ich habe schon daran gedacht, von der Polizei seine Wohnung öffnen zu lassen. – Naja, Sie wissen ja, wenn jemand so alleine lebt. Da kann doch ... Naja, man liest solche Dinge ja ständig in der Zeitung. ‚Mann lag drei Wochen tot in seiner Wohnung!'"

„Niebergall, wo denken Sie hin? Das ist doch abwegig. – Ich denke, da muß man gewichtigere Gründe haben."

„Vielleicht. Jedenfalls ist er verschwunden. Und wir müssen das alles ja auch mal dienstrechtlich betrachten. Menschlichkeit hin oder her. Das will ich gar nicht unter den Tisch fallen lassen. Aber ich brauche eine Vertretung für ihn. Ich kann nicht all diese Stunden ausfallen lassen. Auch nicht auf Dauer den anderen Kollegen aufbrummen. Mir ist das schon peinlich. Wenn ich vom Fach wäre, würde ich selbst seine Stunden vertreten."

„Ich weiß, alte Garde."

Schulleiter Niebergall wurde emotional, energisch sogar – für einen Mathematiklehrer ziemlich ungewöhnlich:

„Niesner ist nicht da. Ich kann ihn nicht herzaubern. Aber mein Betrieb muß weiterlaufen. So ist das nun mal in einer Schule."

„Mensch, Niebergall. Machen wir da keine Sache draus. Ich mache mir die größten Vorwürfe. Ich habe mich bemüht, ihm das alles so schonend und verständlich wie möglich beizubringen. Wenn der sich was angetan hat, wegen einer solchen Lappalie."

„Ja, ich verstehe Sie. Klar ist das alles eine Lappalie. Aber Sie wissen ja, Männer über fünfzig. Da wird das Leben ganz schön kompliziert. Da werden die Leute sensibel wie kleine Kinder."

„Klar weiß ich das. Raten Sie mal, wie alt ich bin, Niebergall."

„Ja, und denken Sie mal dran, was man dem Mann so alles angetan hat. Da ist vielleicht jetzt ein Faß übergelaufen."

„Niebergall, was glauben Sie, was ich mir für Vorwürfe mache. Aber so ein Sensibelchen ist dieser Niesner doch auch wieder nicht."

„Das Faß, Herr Rapp, das Faß!"

„Ach, hören Sie doch auf. Klar gab es Irrtümer, es gab Unrecht. Man hat ihm von seiten der Schuladministration ganz schön mitgespielt. Klar!"

„Und da hat der durchgedreht. Ist einfach abgehauen. Verschwunden. Und ich stehe jetzt da und weiß nicht, wie ich seinen Unterricht vertreten lassen soll. Und Sie schicken mir keinen Ersatz."

„Niebergall, hören Sie auf. Ich kann das noch nicht weitermelden. Wenn ich das nach oben melde, machen die 'ne Staatssache draus. Und wenn dann der Niesner wieder auftaucht, gibt's endlose Probleme. Wir müssen noch ein bißchen abwarten. Ich kann Ihnen nur sagen, wenn der Niesner wieder auftaucht, stifte ich mehr als eine Kerze in der Kirche."

Niebergall ließ wieder eine Pause entstehen.

„Er war ein Superlehrer", meinte er dann.

„Wieso sagen Sie ‚war' ? Er ist ein Superlehrer."

„Die Schüler fragen nach ihm. Ein Schüler hat mir heute erklärt, daß das an unserer Schule immer so sei: die guten Lehrer verschwinden, werden abgesägt, hat er gesagt, die Scheißtypen, hat er gesagt, bleiben. Damit meinen die Schüler diesen Klüger."

„Verstehe schon. Die Scheißtypen sind auch meistens in der richtigen politischen Partei. Was will man da machen? Ich mußte den Niesner ja auch nur wegen diesem Klüger kommen lassen. Ich weiß, daß der 'ne Flasche ist. Aber wir müssen eben auch den Flaschen ihre Chancen lassen."

„Niesner hatte da seine eigene Theorie. Er sagte immer, der Schulbetrieb sei so organisiert, daß sich die Lehrer gegenseitig zur Mittelmäßigkeit erziehen oder disziplinieren."

„Hat er mir auch gesagt. Typisch Niesner. Die Sache auf den Punkt bringen, das war immer seine Stärke. – Aber ich muß zugeben: so ist es. Ha, Mittelmäßigkeit, wenn's reicht."

Schulrat Rapp würgte ein Lächeln in den Hörer.

„Der Konkurrenzdruck gegenüber den Eltern läßt keine Profilierung einzelner zu. So hatte er sich immer ausgedrückt."

„Ich weiß gar nicht, ob das wirklich so ist. Aber es genügt ja, wenn sich die Lehrer selbst so sehen."

Niebergall war kein Mann des Philosophierens. Er war Schulleiter.

„Was mach' ich mit meinen Stunden? Ich brauche eine Vertretung."

„Ich weiß, aber Niebergall, hören Sie, ich kann noch keinen Ersatz anfordern. Das würde alles zu kompliziert machen, wenn Niesner wieder auftaucht. Sie wissen schon, Dienststrafverfahren und alles solche Scherze. Wir müssen die Sache noch auf kleiner Flamme lassen, um Niesner nicht wieder unnötig in Schwierigkeiten zu bringen. Er hat es verdient. Ich sage Ihnen nur, mehr als eine Kerze, wenn er wieder auftaucht."

„Haben Sie keine mobile Reserve?"

„Nein, leider. Außerdem, wenn ich ihnen eine mobile Reserve schikke, wird das alles zu offiziell. Können Sie sich nicht schulintern behelfen? – Irgendwie müssen wir diesem Niesner seine Chance lassen. Er hat's verdient."

„Ich werde versuchen, seine Stunden mitführen zu lassen. Aber es wird immer schwieriger. Die Kollegen fragen, und auch die Eltern fragen."

Schulrat Rapp schien verzweifelt.

„Mensch, dieser Niesner muß her. Er wird sich doch nichts angetan haben wegen dieser Lappalie."

„Vielleicht sollten wir sein Verschwinden der Polizei melden. – Ich will hier nicht den Teufel an die Wand malen. Aber er könnte ja auch tot in seiner Wohnung liegen."

„Mensch, Niebergall, hören Sie auf! Lassen Sie bitte die Polizei aus dem Spiel. – Vorläufig jedenfalls."

„Sobald ich etwas weiß, rufe ich wieder an. Ich werd' mich mal genauer um seine ‚Ostindischen Gesellschaften' kümmern, wie Sie es nennen."

„Tun sie das, Niebergall. Und – Sie können mich immer anrufen. Sie verstehen."

„Natürlich."

„Gut, hoffen wir. Mehr können wir nicht tun."

„Auf Wiederhören."

„Ja, auf Wiederhören."

5.

Der Abend im ‚Schweriner Hof' war gemütlich und entspannend. Felix hatte nach einem überreichen Mahl noch einen kleinen Spaziergang gemacht, die Strandpromenade hinauf und hinunter und noch einmal hinauf. Keinen Gedanken an die Realschule Plönstorf.

Er genoß die Einsamkeit an der Ostsee. Wenn man von der Helligkeit der Promenadenbeleuchtung hinaus auf das Meer in die Nacht blickte, war zunächst alles nur schwarz. Dann aber, nachdem sich das Auge an die Dunkelheit gewöhnt hatte, sah man draußen die Horizontlinie als scharfe schwarze Kante. Schwarz, noch schwärzer als die Nacht, die noch ein bißchen Licht von Abertausenden von Sternen bezog. Es war ein Abend zum Träumen, zum Einssein mit dem All. Da und dort mal eine Sternschnuppe. Je länger man in den Himmel blickte, desto mehr Sterne entdeckte man: helle, rötlich flimmernde, andere neonweiß und wieder andere nur zarte Lichtpünktchen in unfaßbarer Unendlichkeit. Und dann entdeckte das Auge im Dunkel des ewigen Alls hinter all diesem Wundergeflimmer von Sternen einen hellen krummen Flußlauf, der sich irgendwo – weit weg – über dem Meer verflüchtigte – die Milchstraße. Was für eine Welt!

Am Strand spielte der weiße Schaumrand der ausrollenden Brandung ‚Fang mich' mit seinen sandpatinierten Schuhspitzen. Immer wieder schob er sich gischtend und quirlend die Ufersandbank herauf, löste sich dort langsam gurgelnd in nichts auf, tauchte irgendwie unter und kam nach wenigen Augenblicken langsam und berechenbar von draußen herein, um sich schnell wieder im dunklen Sand des Strandes aufzulösen. Fang mich! Immer das gleiche Spiel. Die Luft war frisch, roch würzig. Der Wind strich warm und nur sachte vom Wasser her. Man mochte sich nicht trennen von dieser wohltuenden zeitlosen Gleichgültigkeit des abendlichen Strandes.

Felix war immer wieder ein Stückchen gegangen. Schon mehrmals wollte er zurück ins Hotel. Dann war er aber noch ein Weilchen geblieben, und immer wieder ein Weilchen, weil er dachte, das wirkliche Leben zu versäumen, wenn er diese Momente am Strand nicht ganz und gar auskostete, immer wieder ein bißchen die Schuhspitzen den gurgelnden Brandungsausläufern anbot, um zu sehen, ob sie ihn diesmal erwischen würden. Fang mich!

Aber dann war Felix doch in die Bar des Hotels gegangen, um sich dort ein Bier nach dem anderen zu genehmigen – ausnahmsweise. Eigentlich war er nie jemand, der zu großzügig Geld ausgab. Aber bei diesen Einnahmen und bei diesen erfrischenden Aufregungen der letzten Tage mußte das schon einmal sein. Er brauchte einfach sein Bier zum Nachdenken, zum Meditieren, den tieferen Sinn des Lebens im weißen Schaum seines Bierglases zu ergründen. In der Bar machten junge Musiker aus Tschechien Wiener Kaffeehausmusik – ein gewagtes Vorhaben im spröden Norden Deutschlands. Entsprechend dünn besetzt waren die Plätze in der Bar. Zwischendurch wurde es auch mal südamerikanisch. Felix genoß die Musik. Was wollte er mehr? Er hätte wirklich mit sich und der Welt zufrieden sein können, wenn da nicht ab und zu mal dieser Stachel seines Auf-und-Davons von Plönstorf gewesen wäre.

Er hatte sich wieder mal – aber diesmal eben ganz felsenfest – vorgenommen, an diesem Abend mit sich ins Reine zu kommen. Er mußte sich einen Weg überlegen, wie er seine Abwesenheit vom Dienst erklären konnte. Was würde er sagen? Was würden sie sagen – sein Schulleiter Niebergall, sein Schulrat Rappy, seine Kollegen, seine Schüler. Was sollte er seinen Schülern sagen? Sie vor allem würden sofort die richtigen Fragen stellen. Hatte das Ganze überhaupt schon größere Kreise gezogen? Würde man ihn, der sich sein ganzes Leben nie etwas hat zuschulden kommen lassen, schon längst vom Dienst suspendiert haben, gefeuert, rausgeschmissen! Es war eigenartig. Felix gingen all diese Gedanken ohne große Kümmernisse durch den Kopf. Wie hatte er sich früher wegen Kleinigkeiten aufregen können! Wie hatten sie ihn früher Nächte nicht schlafen lassen, aus dem Gleichgewicht gebracht, umgehauen. Dieser Vorfall jetzt berührte ihn überhaupt nicht mehr. Es war für ihn fast schon wie der Fall eines Kollegen und nicht der seine.

Die Ereignisse der letzten Tage flimmerten ihm im Kopf herum. Sie waren ihm wichtiger als sein Leben als Lehrer. Wie konnte es sein, daß ihm dieses Singen auf der Straße so sehr die Seele geöffnet hatte, daß ihm die meisten seiner früheren Schicksalsschläge wie aus einem anderen Leben vorkamen?

Felix nahm einen letzten Schluck aus seinem Glas, bestellte noch eines und summte die Melodie der Barband mit. ‚Perfidia'! Was für eine tolle Melodie, und wie gut die Jungs das arrangierten. Felix wußte nicht, ob er hörbar mitsummte oder nur so in sich hinein. Wenn das innere Hören, das innere Feeling für die Musik mit ihm durchgingen, war das alles möglich. Sie spielten eine ganz andere Art von Musik als die, die er in den letzten Tagen geboten hatte. Diese historischen Landsknechtslieder waren nur so eine eher zufällige Eingebung gewesen, eine Art Erinnerung an seinen letzten Urlaub in Süddeutschland, an das Tänzelfest in Kaufbeuren mit seinem Landsknechtstrara. Aber sie strömten ihm aus dem Herzen. Und sie sprangen so auf die Leute über, packten sie, rissen sie mit. Das wiederum entfachte alle seine musikalischen Leidenschaften. Wie glücklich konnte man in diesem Leben sein! Es stimmte schon, was die Philosophen so alles meinten. ‚Das Leben in der Kunst ist wie ein zweites Leben neben der realen Existenz', dachte Felix in sein Glas hinein. ‚Aber wie beschissen konnte doch das andere, das erste Leben sein!'

„Alles war schon beschissen von Anfang an."

Diesmal bemerkte Felix, daß er den Satz tatsächlich laut hörbar vor sich hingesagt hatte. Aber niemand schien darauf zu achten. Die Bar war erfüllt von ‚Perfidia', schummrigem Licht, Dämmerschoppenatmosphäre und Gemütlichkeit. ‚Ja, alles war beschissen gewesen von Anfang an, von den ersten Anfängen meines Berufslebens.' Die Erinnerungen an diesen schrecklichen Anfang stürzten über ihn herein: Dienstag, 1. Oktober 1957. Die rührige, umtriebige Wärme des Sommers war bereits vorüber. Es war kühl an diesem Morgen. Aber der Himmel war strahlend blau, wolkenlos, versprach einen herrlichen Herbsttag. Alles deutete jedenfalls darauf hin. Der Fön, der berüchtigte Fallwind des Voralpenlandes, versprach spätsommerliche Wetterfreuden. Augsburg lag in gleißender Sonnenkühle. Vom großen Gangfenster im obersten Stock der Schwäbischen Rentenanstalt konnte man die kupfergrün und golden leuchtenden Zwiebeln, Spitzen und Kuppeln der Türme der Stadt bewundern, besser als sonstwo.

Felix betrachtete das Panorama wohlgefällig. Er hatte einen Blick für die altehrwürdige Architektur seiner Stadt. Über Generationen gehütete

Schönheit der Altstadt – das hatte seinem Denken stets eine historische Dimension gegeben, ihm das Gefühl vermittelt, daß auch sein Leben in die Zeitläufe der Geschichte eingebunden war. Eigentlich wäre es der richtige Tag für eine Wanderung in den Wäldern der Umgebung gewesen, vielleicht für eine Radtour in den Lechauen.

Felix stand abseits einer Gruppe von sechs jungen Männern. Sie waren ihm alle fremd, schienen sich aber auch untereinander fremd zu sein. Felix fühlte sich nicht zugehörig. Er blickte zum Fenster hinaus und kehrte den anderen den Rücken zu. Ein Anflug von überheblicher Feindseligkeit begann sich in ihm zu regen. Er glaubte, dies auch in den Gesichtern der anderen zu bemerken. Alle warteten in großer Anspannung. Man spürte beinahe anfaßbar eine allgemeine Unsicherheit, sogar ein bißchen Angst. Unter den Männern der Gruppe gab es keine Unterhaltung. Nicht einmal die sonst üblichen nichtssagenden Verbindlichkeiten gingen hin und her.

Endlich öffnete sich eine der vielen Bürotüren. Sie wurden alle namentlich hereingerufen, stolzierten folgsam im Gänsemarsch durch ein Vorzimmer und gelangten von dort in ein neu und vornehm eingerichtetes Direktorenzimmer.

„Meine Herren", begann ein älterer Mann mit zittriger Stimme, nachdem er die Männer weitschweifig begrüßt hatte, „Sie stehen heute am Anfang ihrer beruflichen Laufbahn, und ich habe die große Ehre, Sie zu Regierungsinspektoranwärtern des Freistaates Bayern ernennen zu dürfen. Lassen Sie mich kurz überprüfen, ob Sie entsprechend unserer Vorladung alle persönlich anwesend sind."

Die Tür ging auf, und noch jemand kam herein. Der junge Mann mußte sehr in Eile gekommen sein, denn er war völlig außer Atem. Der Herr mit der zittrigen Stimme und den nicht weniger zittrigen Händen verlas die Namen der Anwesenden. Eine Sekretärin ließ sich die Personalausweise zeigen und mühte sich noch mit anderen Formalitäten ab. Die Anwesenden begannen, sich schüchtern schmunzelnd über die Sprache des Direktors zu amüsieren. Er sprach in perfektem Hamburger Platt mit anstößigem ‚st', eine für die Gegend höchst exotische – eben anstößige – Sprechweise. Die jungen Männer hatten Mühe, ihn zu verstehen.

„Meine Herren, als Beamte des Freistaates Bayern haben Sie einen

Diensteid abzulegen. Ich darf Ihnen die Eidesformel in Halbsätzen verlesen. Ich bitte Sie, mir diese jeweils nachzusprechen. Auch möchte ich darauf hinweisen, daß ein solcher Eid mit gebührendem Respekt und mit Hochachtung abzulegen ist."

Dieser Hinweis war überflüssig. Die jungen Männer standen ehrfürchtig, erwartungsvoll, sogar ängstlich im Halbkreis um den Direktor. Und nun begann er in feierlichem Tonfall zu lesen:

„Ich schwöre Treue dem Grundgesetz der Bundesrepublik Deutschland und der Verfassung des Freistaates Bayern", er machte eine Pause, und die acht jungen Männer sprachen ihm nach. Dann fuhr er fort: „Gehorsam den Gesetzen", die Gruppe wiederholte abermals. „Und gewissenhafte Erfüllung meiner Amtspflichten", fuhr der Direktor Hamburgisch intoniert fort. Und wieder sprachen die Herren alles nach. Sie sprachen alles nach, was der Direktor vorsagte.

„So wahr mir Gott helfe", endete er schließlich. Und folgsam endeten die jungen Männer.

Danach hatte jeder der Herren die Ableistung seines Diensteides schriftlich zu bestätigen. Schließlich wurden sie nach kurzen Glückwünschen ihres neuen Direktors an einzelne diensteifrige untere Chargen weitergereicht und auf die verschiedenen Abteilungen des Hauses verteilt.

Die Schwäbische Rentenanstalt war ein riesiger moderner Hochbau am Rande der Altstadt. In der schwierigen Zeit des Wiederaufbaus der Stadt nach dem Zweiten Weltkrieg galt er als eine architektonische Errungenschaft. Der Gebäudekomplex war im Grundriß eines Trapezes erstellt, so daß man von den Büros der Innenseite eines jeden Gebäudetraktes in einen häßlichen Lichthof und in die Büros des gegenüberliegenden Gebäudekomplexes blickte. In den vier Eckteilen befanden sich großzügig angelegte Treppenaufgänge. Zu beiden Seiten der langen düsteren Gänge gab es scheinbar zahllose, aber eben doch gezählte und sogar mit Nummern versehene Türen in die Büroräume. An jeder Tür ein Schildchen mit der Zimmernummer und den Namen der dahintersitzenden Bediensteten.

Felix mußte unweigerlich an eine Strafanstalt denken. Aber er versuchte, solche Gedanken schnell zu verscheuchen. Er stand an der

Schwelle eines neuen Lebensabschnittes mit den ernsthaftesten Absichten, sein Leben mutig und entschlossen in die Hand zu nehmen, eine Karriere zu beginnen.

Ein Herr mittleren Alters hatte ihn im Amtszimmer des Direktors in Empfang genommen. Er führte ihn nun hinunter in den fünften Stock. Felix folgte, schweigend, hilflos, unsicher. Der Fremde bemühte sich um ein Gespräch. Aber Felix war zu benommen von seiner neuen Umgebung, die nun seine Welt werden sollte. Sie erreichten schließlich das Zimmer 517. Der Herr ging voraus. Er stellte Felix einem weiteren Herrn mittleren Alters vor. Und der Name dieses Mannes, dieses neuen Kollegen, prägte sich ihm als erster Name im Hause ein, weil der Mann eine weiß leuchtende Glatze hatte.

„Hier ist Ihr neuer Arbeitsplatz für die Anfangszeit. Sie werden sechs Monate bei uns bleiben."

Der Fremde wies Felix einen der drei Schreibtische im Zimmer zu.

„Sie werden im Laufe ihrer dreijährigen Ausbildung durch alle Abteilungen unseres Hauses kommen. Ein entsprechender Plan liegt bereits auf ihrem Schreibtisch. In unsere Abteilung werden Sie in diesen drei Jahren insgesamt viermal kommen. Wir werden also lange miteinander auskommen müssen."

Felix stutzte. Warum hatte er ‚auskommen' gesagt. In diesem Wort lag Bedrohliches.

„Aber da habe ich gar keine Sorgen. Wir sind alle recht verträgliche Menschen. Unsere Abteilung ist die Rentenabteilung. Wir sind die Gruppe sieben. In unserem Hause gibt es dreißig solcher Gruppen. Jede Gruppe ist ein Team von jeweils sieben Mitarbeitern. Der Leiter der Gruppe ist immer ein Inspektor, also das, was Sie werden wollen. Aber das werden Sie alles so mit der Zeit noch mitbekommen. Übrigens, wir möchten Ihnen sehr herzlich zu Ihrer Ernennung gratulieren."

Die beiden Herren reichten Felix freundlich die Hand. Felix bedankte sich unsicher. Er konnte zu diesem Zeitpunkt noch nicht verstehen, was es für die Herren bedeutete, ihn als ganz jungen Mann dazu zu beglückwünschen, daß sie ihn ausbilden durften. Er hatte keine Ahnung, daß sie ihn mit der Aussicht ausbildeten, daß er ihnen einmal ihre Aufstiegschancen wegnehmen könnte. Denn die beiden Herren waren Angestellte, er sollte Beamter werden, was im Hause allgemein als schwerwiegender Standesunterschied betrachtet wurde. Aber was verstand Felix von solchem Zeug?

„Wir bearbeiten Rentenanträge", fuhr der Fremde – er war der Leiter der Gruppe – fort. „Wir sind zuständig für alle Antragsteller mit der Namensanfangsbuchstabengruppe Kein bis Kuk. Wenn sie bei uns eine Akte in die Hand bekommen, müssen sie immer zuerst die Zuständigkeit prüfen. Das ist ganz wichtig, denn schließlich wollen wir nicht anderen die Arbeit wegnehmen, wo wir doch selber mehr als genug haben."

Der Fremde – er hieß Max Mößbauer – begann, Felix mit einer Flut von Informationen zu überschütten. Felix – Hals über Kopf hineingeworfen in eine neue Welt, weg von Homer, Shakespeare, Lessing und all den schöngeistigen Faxen seines Gymnasiums und hin zu Kriegsdienstentschädigungszeiten, Ausfallzeiten, Pflichthalbdeckung und Beitragseinzugsverfahren – verstand nichts, bemühte sich zu verstehen, verstand aber absolut nichts. Ihm wurde schwindlig. Zwischendurch glaubte er, den Erklärungen des Fremden folgen zu können. Dann nickte er zustimmend, dann wieder nur aus Höflichkeit, dann fast nur noch automatisch.

„Ich glaube, ich rede für den Anfang zu viel", meinte der Fremde. Er forderte Felix auf, zuerst einmal Platz zu nehmen.

„Ach ja, auf ihrem Schreibtisch stehen eine Menge Bücher. Sie gehören Ihnen. Sie müssen mir nur auf diesem Beleg die Aushändigung bestätigen. Sie brauchen alle diese Bücher während Ihrer Ausbildungszeit."

Felix warf einen flüchtigen Blick auf den Schreibtisch. Die aneinandergereihten Buchrücken mochten eine Länge von eineinhalb Metern gehabt haben. Es waren überwiegend Bücher mit rotem Einband: Gesetzeswerke, Verordnungen, Erlasse, Kommentare, Verfügungen. Alles in allem kein ermutigender Anblick.

Felix unterschrieb die Empfangsbestätigung. Und nun sprudelte der Fremde weiter: „Wie gesagt, wir bearbeiten hier Rentenanträge. Ältere Menschen, die das 65. Lebensjahr erreicht haben, haben unter bestimmten Bedingungen Anspruch auf ein Altersruhegeld. Aber natürlich nur unter bestimmten Bedingungen."

Felix versuchte herauszufinden, an welchen seiner früheren Lehrer ihn dieser Mann erinnerte: Physik vielleicht, Chemie oder eventuell Mathematik.

„Sie müssen zum Beispiel über einen bestimmten Zeitraum Beiträge zur Rentenversicherung entrichtet haben, also eine Wartezeit erfüllen. Diese beträgt 180 Monate. Ob diese Wartezeit erfüllt ist, überprüfen wir anhand von Versicherungskarten."

180 Monate, das schien Felix gar nicht so viel zu sein. Aber er rechnete nach. Es waren 15 Jahre, tatsächlich 15 Jahre.

Der Fremde nahm einen Stapel von braunen altkartonierten Karten zur Hand. Felix fiel auf, daß sie in altdeutscher Schrift bedruckt waren.

„Das sind solche Karten. Auf der Rückseite sind Marken geklebt, immer für eine Woche eine Marke. Aber es gibt auch Doppelmarken. Da muß man sehr gut aufpassen. Hier zum Beispiel."

Der Fremde redete unaufhörlich. Felix bemühte sich zu folgen. Aber es schien zwecklos. Je länger der Fremde redete, desto gewisser kam in Felix das Gefühl auf, soeben in eine unheimliche Welt voller Schrecken eingetaucht zu sein. Schon an diesem ersten Tag kam ihm der Gedanke, vielleicht einen falschen Berufsweg eingeschlagen zu haben. Aber er verscheuchte derlei Gedanken augenblicklich. Zuhören, dachte er, aufmerksam zuhören, genau aufpassen. Mit dem Sichhineinvertiefen würde auch das Interesse an der Sache kommen – bestimmt.

Beitragszeit, Ausfallzeit, Ersatzzeit, Pflichthalbdeckung, Anwartschaft, allgemeine und persönliche Bemessungsgrundlage, Wartezeit, Berufsunfähigkeitsrente, Altersruhegeld, Witwen- und Witwerrente... Das alles wirbelte wie toll durch den Raum. Wer sollte das so plötzlich verstehen. Aber es gab Zeit. Die Zeit würde helfen. Die Zeit würde alles, alles weisen.

Während der Fremde redete, blickte Felix verstohlen zum Fenster hinaus. Er bemerkte das herrliche Panorama des Westteils der Stadt. So hatte er sie noch nie gesehen. Und ganz hinten am scharf gezeichneten Horizont dieses klaren sonnigen Herbsttages sah man weit jenseits der Bebauungsgrenze der Stadt sogar noch herrliche Wälder. Ganz nah schienen bei diesem Wetter die Hügel und Wälder des Wertachtales. Vor allem aber sah man auf die Schienenanlagen im Einfahrtsbereich des

Hauptbahnhofs. Lautlos wie hinter den Scheiben eines Aquariums rauschte ein Schnellzug davon, ab in Richtung Norden – nach Nürnberg, Würzburg, Hannover oder gar bis Hamburg.

Der Zug fesselte Felix. Geistesabwesend folgte sein Blick den Waggons. Da war auch ein Speisewagen in der Mitte des Zuges. Der Fremde mußte bemerkt haben, daß Felix seinen Ausführungen nicht mehr zugehört hatte. Er brach seinen Vortrag plötzlich ab:

„Wissen Sie was. Jetzt setzen Sie sich erst mal hin und schmökern ein bißchen in diesem Buch. Das ist die Reichsversicherungsordnung, oder wie wir sagen, die RVO, gewissermaßen die Bibel des Hauses."

Er griff nach dem dicksten Buch auf dem Schreibtisch und legte es Felix hin. Nun ergriff Felix Besitz von seinem Schreibtisch. Man muß seinen eigenen festen Platz haben in einem solchen Bienenhaus! Einen Platz, wo man hingehört, der ein bißchen eigene Welt ist. Und dann flog er zum erstenmal über einige Zeilen dieser RVO. Noch ahnte er nicht, daß sie ihm jede nur erdenkliche Höllenqual bereiten würde, daß sie ihn für die nächsten Jahre restlos vereinnahmen würde, bis an die Grenzen dessen, was ein Mensch ertragen kann, demütigen würde, bis in die tiefsten Träume verfolgen würde. In seinem ganzen späteren Leben würde es nichts mehr geben, das er je so herzhaft und ehrlich verfluchen würde wie dieses Gesetzeswerk der RVO, das – wie es ihm schien – nur von den erbärmlichsten Schwachköpfen und jämmerlichsten Krämerseelen erdacht sein konnte.

Felix vertiefte sich in die Lektüre. Aber er reihte nur Wörter zu Sätzen und Sätze zu Absätzen und Absätze zu Paragraphen. Da war kein Sinn, kein verständlicher Gedanke. Felix las manchen vielleicht doch verständlichen Textfetzen mehrmals, glaubte endlich zu verstehen und verlor sich wieder in Wortgestrüpp.

So hatte es angefangen, damals, 1957. Und jetzt, 1993, saß er da im ‚Schweriner Hof' in Kühlungsborn, im Osten. In einem Teil der Welt, den er sein ganzes Leben nur als DDR und damit als unzugängliche Region betrachtet hatte, als terra incognita, als weißen Fleck auf der Karte, als Wüste, die man nicht betreten konnte, nicht durfte, aber auch nicht zu betreten brauchte. So sah sie also aus, diese terra incognita. Und über allem ‚Perfidia' und ‚Mechico'.

Felix war sich im Zweifel, ob er noch ein Bier bestellen sollte. Er hatte schon eine absolut ausreichende Menge getrunken, um gut schlafen zu können. Aber die Musik baute ihn auf, verführte ihn zu tiefer Lebensbehaglichkeit, machte ihn besoffen. Am liebsten wäre er zu den Barmusikern gegangen und hätte mitgespielt. Dann aber ließ er es mit einem letzten Bierchen gut sein.

‚Gut', sagte er zu sich. ‚Gut, morgen werde ich zurückfahren. Morgen werde ich bei Rappy alles in Ordnung bringen. Ich werde ihm sagen, daß mich seine Kritik meiner Unterrichtsmethoden so aus der Fassung gebracht hatte, daß ich – na so eine Art Kurzschluß. Ja, Kurzschluß werde ich sagen. Ich werde verbindlich sein, verständnisvoll und einsichtig. Einsichtig vor allem. Nicht devot – um keinen Preis. Aber einsichtig. Wieder mal nachgeben. Warum nicht? Ich werde ihm sagen, daß ich mir das alles überlegt hätte, daß man ja auch Rücksicht nehmen müßte.'

Felix redete oder dachte sich in einen langen Dialog hinein. Er würde Rappy um Entschuldigung bitten und dann wieder seinen Dienst antreten. Wenn sie ihn nicht schon in Abwesenheit gefeuert haben. Was hatte er da bloß gemacht? Wer weiß, was seinem Schulleiter inzwischen alles eingefallen war. Dieser Niebergall war ein unberechenbarer Mensch, sympathisch zwar irgendwie, aber ein hoffnungslos vorauseilend gehorsamer. Er würde kein Verständnis für Felix haben. Aber Rappy, Rappy würde verstehen.

6.

Der Morgen in Kühlungsborn war des vorausgegangenen Abends würdig. Die helle Augustsonne überstrahlte die Ostsee, ließ sie ruhig daliegen, mit kleinen schwabbelnden Wellen und vor allem tief, tief blau mit nur schmalen schwarzen Schlieren dazwischen. Draußen zogen unmerklich weiße Schiffe dahin. Es waren Fähren nach Skandinavien, die da folgsam Kurs hielten. Felix stand lange auf dem Balkon seines Zimmers, träumte in den Morgen, versuchte, das Leben zu verstehen. Im Kopf spürte er noch ein bißchen das Bier des Abends. Er hatte keine Kopfschmerzen. Er fühlte sich wohl. Aber er spürte, daß er ein bißchen zu viel getrunken hatte. Der Kaffee würde das alles in Ordnung bringen.

Auch vom Frühstücksraum des Hotels hatte man einen herrlichen Panoramablick auf das Meer. Es war immer Felix' Lebenstraum gewesen, irgendwo mit Meerblick zu wohnen, am Tisch zu sitzen und jeden Tag schon beim Frühstück durch ein großes Fenster das Meer zu sehen. Das Meer im Sommer, das Meer im Frühling, das Meer im Winter. Bei Sturm, Gewitter, Sonnenschein, Nebel – immer. Jetzt, nachdem er sich einen entsprechenden Platz an einem der zahlreichen Frühstückstische gesucht hatte, genoß er diesen Blick, sog alles ein, was das Auge aufnehmen konnte, als müßte er es später aus der Erinnerung malen.

Felix bediente sich genügsam am Buffet. Am Nebentisch unterhielt sich ein Ehepaar; er schon ein bißchen in den Jahren, sie attraktiv, sehr modisch gekleidet, mit wachen Blicken und vielleicht deutlich jünger als ihr Partner.

„Manche Leute haben hier im Osten schnell gelernt. Dieses Hotel ist doch super. Und dieses Frühstück mit allen Schikanen. Da kann man nicht meckern. Und das alles zu einem vernünftigen Preis. Es wird schon werden", meinte der ältere Herr. Er redete ein bißchen schulmeisterlich auf seine Partnerin ein. Die übte sich im Schweigen, sog genüßlich einen kräftigen Schluck aus ihrer Tasse.

„Nicht mehr grau in grau. Und ‚Warten Sie!‘. ‚Bleiben Sie stehen. Sie werden plaziert!‘ Kein ‚Bitte‘, kein ‚Danke.‘ Nur sozialistische brüderliche Schroffheit. Nur Befehle. Nur dümmliche Primitivität. Nein, man hat hier wirklich schnell gelernt. Das gefällt mir."

Felix verstand nichts von dem, was der Mann da so daherredete. Auch seine Partnerin schien an seinen Ausführungen nicht sonderlich interessiert zu sein. Vielleicht war sie wie Felix aus dem Westen und verstand überhaupt nicht, wovon der Mann sprach. Felix beschloß, sich auf seinen Tisch und sein Frühstück zu konzentrieren, nicht darauf zu achten, was der Raum noch alles an Leben hervorbrachte. Er genoß sein Frühstück, ließ den Kaffee seine leichte Bierschwere vertreiben, ein bißchen Wachheit in den Tag einschleusen. Und da gab es ja auch noch andere Dinge: verschiedene Wurst- und Käsesorten, Müslivariationen, die die Wahl schwer werden ließen, Marmeladen, Konfitüren, alles mögliche. Da meldete sich plötzlich auch eine alte Lebensgewohnheit an, zuerst nur vage und schüchtern. Sie ließ Felix zunächst nur mal so den Federhalter neben seine Tasse legen. Aber dann auf einmal ergriff sie ganz und gar Besitz von ihm. Er formulierte Zweizeiler zu allem, was er gerade aß. Das war bei Felix der sichtbarste Ausdruck äußersten Wohlbehagens.

,Der Landsknecht kämpfet frohen Mutes,

Ißt er am Morgen schon was Gutes.'

Felix kritzelte auf seiner Serviette herum. Der Spruch gefiel ihm noch nicht so gut. Das war viel zu allgemein. Das mußte noch mehr in die Einzelheiten gehen. Wieder einen Schluck aus seiner Tasse.

,Umwölkt man sich mit Kaffeenebel,

Scheint nicht so scharf der Türkensäbel.'

reimte es sich spontan. Das gefiel ihm schon ein bißchen besser, empfand er aber noch nicht als Optimum. Zwischen den Brötchenbissen schrieb er das Verslein wieder auf seine Serviette. Er mußte seine Schöpfungen sehen, um sie verbessern zu können. Und so fand er auch schnell eine Variante, die ihm eher gefiel:

,Umwölkt man sich mit Kaffeenebel,

Tut nicht so weh der Türkensäbel.'

Ja, das war schon besser. Felix mußte sich den Spruch halblaut vorgesagt haben, vielleicht um ihn auch klanglich zu überprüfen. Die Dame am Nebentisch mußte das bemerkt haben. Zumindest schien sie neugierig zu sein auf das, was Felix auf seine Serviette gekritzelt hatte. Aber Felix war erst am Anfang. Wenn er einmal beim Frühstück mit

Zweizeilern begonnen hatte, konnte die Sache lange dauern. Kaum hatte er sich eine Schnitte mit Marmelade gestrichen, kritzelte der Stift wieder:

‚Besonders für die Kürassiere
Taugt Butterbrot mit Konfitüre.‘

Felix schmunzelte still vor sich hin. Er war kurz aufgestanden, um sich auf einem Tellerchen etwas Käse zu holen. Als er sich wieder seinem Tisch zuwandte, war ihm so, als hätte er gesehen, daß die Dame vom Nebentisch einen Blick auf seine Serviette geworfen hatte. Aber kaum am Tisch, quoll es schon wieder aus ihm hervor:

‚Es bläst sich das Attackenflötchen
Besonders leicht nach Käsebrötchen.‘

Der Blick zur Ostsee, der herrliche blaue Himmel, die Atmosphäre dieses behaglichen Frühstücksraums, der Genuß der Köstlichkeiten vom Buffet, das alles beflügelte Felix so sehr, daß es nur so aus ihm herausquoll:

‚Nach dem Genuß von Fischpasteten
Läßt Feindes Weib sich besser kneten.‘

Vielleicht nicht ganz so gut für den Morgen, dachte er. Da sollte man doch mehr die professionellen Angelegenheiten der Landsknechte im Blick haben. Felix suchte nach einer weiteren Serviette.

‚Nach dem Genuß von Fischpastetchen
Der Fähnrich schultert das Musketchen.‘

Felix überlegte, ob er sich noch ein Ei vom Buffet nehmen sollte. Aber da war die Frage, ein gekochtes oder ein Spiegelei aus der großen Warmhaltepfanne. Doch dann schrieben sich wieder Servietten und Bierdeckel voll:

‚Ißt der Landsknecht Ei von Hühner,
Wird beim Kampf er immer kühner.‘

Das schien ihm nicht so gut gelungen. Es war zu zweideutig, zu intellektuell für das derbe Landsknechtsvolk. Er ging nun doch noch einmal zum Buffet, um sich einen Orangensaft zu holen. Als er sich sein Glas einschenkte, flüsterte er versonnen vor sich hin:

‚Am Morgen ein Orangensaft
Gibt dem Obristen Mut und Kraft.‘

„Wieso am Morgen?" fragte die Dame vom Nebentisch ernst. Felix hatte nicht bemerkt, daß sie auch zum Buffet gegangen war. Er blickte sie verdattert an. „Ja, Mut und Kraft ist doch eher eine Sache für den Abend?"

Felix schmunzelte.

„Nicht bei den Landsknechten, gnädige Frau", entgegnete er. „Die brauchten Mut und Kraft zum Kampf, zum Sacco di Roma, zum Sturm bei Geldern, bei Rain am Lech, meinetwegen auch ... Naja, warten Sie mal:

„Ein Müsli kräftig eingezogen
Hilft sehr beim Kampf mit Pfeil und Bogen.' Jaja, eher so was."

Die beiden blickten sich an und lachten herzhaft.

„Oder vielleicht", fuhr Felix fort,

„Mit Frühstücksmüsli in den Backen
Stapft man gelassen zur Attacken."

„Nicht schlecht", meinte die Dame schließlich, „vielleicht aber auch – Moment mal."

Die Dame blickte zur Decke und rezitierte wie ein kleines unschuldiges Mädchen:

„Ein Spiegelei mit Speck darin
Erfreut die Marketenderin."

Felix mußte hellauf lachen.

„Das muß ich mir merken. Das muß gleich auf meine Serviette."

Die beiden lachten. Aber der Begleiter der Dame drehte sich um und blickte ein bißchen griesgrämig zu ihnen herüber. Ihr Lachen erstarrte. Sie ging zu ihrem Tisch zurück, zuvor aber mußte sie Felix nochmals zwischen zwei Käsescheiben mit der Gabel in der Hand zwei bescheidene Zeilen offerieren:

„Zu großer Mut beim Schwerterkampf
Nimmt Manneskraft, bringt Wadenkrampf! – Naja, nicht so gut!"

meinte die Dame und verschwand.

Felix konzentrierte sich wieder auf den Blick durch die große Panoramascheibe. Er rechnete nach, wie lange er wohl brauchen würde von Kühlungsborn bis Lübeck. Da leistete der Mann am Nebentisch unerwartete Hilfe.

„Das Autofahren ist zur Katastrophe geworden", redete er plötzlich zu Felix herüber. „Man steht fast nur in Staus oder fährt so stop and go. Stundenlang."

„Schrecklich", meinte Felix eher teilnahmslos.

„Bis Wismar braucht man heute bis zu zwei Stunden. Und dann rüber nach Lübeck. Da kann man schon bald einen halben Tag rechnen."

Der Mann sprach unverfälschtes Norddeutsch. Aber er war kein Lübecker, das hörte Felix genau. Er hatte ein feines Gefühl für kleinste Ausspracheunterschiede. Er hatte das in jahrelangem Umgang mit Schülern trainiert. Der Mann mußte ein Mecklenburger sein, einer, der vielleicht schon vor Jahren seine Heimat verlassen hatte und nun wieder mal sehen wollte. Seine Partnerin hatte ruhig am Tisch gesessen und aus ihrem Krabbencocktail gelöffelt.

„Kann man das essen?" fragte ihr Partner ganz übergangslos und blickte angewidert in die Cocktailschale.

Die Dame blickte nicht auf. Mehr in ihr Cocktailglas redete sie vor sich hin:

„Krevetten, Scampis, Krabbentiere
Macht kühn sogar die Flibustiere."

„Was?" fragte der Mann mürrisch.

Nach dem Frühstück packte Felix seine Sachen ins Auto. Er wollte eigentlich losfahren. Aber da war die Ostsee, die Strandpromenade, dieser phantastische Sonnenschein. So überredete er sich noch zu einem kleinen Spaziergang zur inneren Sammlung vor seiner Fahrt zu Rappy. Das brauchte eben doch seinen Anlauf.

Und dann handelte wieder mal das Leben mit ihm. Er war wehrlos. Eine geheimnisvolle magische Kraft erledigte alles von selbst. Er lebte nicht. Er wurde gelebt. Felix war das Werkzeug. Er machte nichts geschehen, mit ihm geschah. Und er wußte nicht wie und warum. Eine innere Magie trieb ihn an. Sein Spaziergang war nur kurz ausgefallen, bis vor zum Steg, wo die vielen Menschen Sonne und Meer genossen. Dann wieder zurück zum Auto. Wieder geschah alles von selbst. Auf dem Parkplatz hinter dem Hotel zog er seine Landsknechtskleidung an, packte seinen Gitarrenkoffer, lief wieder zum Steg, wo sich die vielen Menschen drängelten. Er lief nicht selbst, er wurde gelaufen. Irgend etwas lief ihn, machte ihn laufen, zwang ihn zu laufen. Er konnte sich nicht wehren gegen dieses Gelaufenwerden. Schnell hatte er einen schönen Platz gefunden, einen Platz, wo er nicht in die Ostsee hinaussingen mußte, sondern gegen eine Häuserfront. Hier würde seine Stimme widerhallen, zur Geltung kommen, der Welt zeigen, wie Orpheus die Felsen zum Weinen gebracht hatte, damals, vor … Und dann fing er an, ohne langes Tonsuchen, ohne einstimmendes Intro, einfach drauflos. Die Macht der Musik machte alles mit ihm:

„Leben blüht in Sehnsucht nach Glück.

Leben glüht in Liebe und Haß, Freud und Leid.

Wie kann ein Herz, das brennt wie Feuer,

Vergehen im Flug der Zeit?

Leben glüht."

Die Häuserfront vor ihm gab seinen Gesang zurück – mit wundersamen Echoeffekten und schallverstärkt. Die Menge horchte auf. Und wie an jedem Tag blieben auch hier die Menschen stehen, lauschten zuerst vorsichtig, konnten dann nicht mehr weitergehen, merkten auf, genossen seinen Gesang, die Poesie seiner Sprache, die flatternden Bänder an seiner Gitarre, die wiegenden Federn an seinem Hut, die Farben seiner Landsknechtskleidung, die rauschende Ostsee hinter ihm, Licht, Sonne, die Musik, die ganze Pracht dieser Erde. Die Menschen strömten herbei, als ginge es um eine politische Kundgebung, um eine Wallfahrt vielleicht. Und Felix enttäuschte die Menschen nicht.

„Der Sohn zog in die Welt hinaus, die Wolken trieben im Morgenwind. Der Sohn zog in die Welt hinaus, er kehrte nicht nach Haus. Er ritt auf stolzem Pferde vorbei an Wald und Ried. Hell glänzte rings die Erde, ein Vöglein sang sein Lied."

Die Menschen waren begeistert. Und sie gaben. Felix war das Geld nicht wichtig. Er war kein Straßensänger zum Gelderwerb. Geld, was war das? Geld steckte in seinem Wams, in allen Taschen seiner Tracht, in seinem Gitarrenkoffer. Geld lag überall in seinem Auto, im Handschuhfach, auf den Sitzpolstern, im Aschenbecher, in der Schaltkonsole, unter dem Sitz, vor dem Sitz, hinter dem Sitz, überall Geld, Geld, Geld. Was war Geld? Felix sang zur Befreiung seiner Seele. Die Musik öffnete sein Herz.

Aber die Leute gaben, weil sie glaubten, daß sie mußten. Und sie gaben reichlich.

Felix entdeckte in der Menge auch seine Frühstückstischnachbarn. Das schöne Wetter mußte sie zu einem Spaziergang veranlaßt haben, ehe sie nach Lübeck aufbrechen wollten. Der Mann lauschte andächtig, Felix mußte ihn aus irgendwelchen Gründen zu Tränen rühren. Sie lächelte verschmitzt, schien angestrengt nachzudenken. Felix glaubte zu bemerken, daß sie etwas aufschrieb. Sie standen für die Dauer einiger Lieder da, dann kam die Frau zu seinem Gitarrenkasten, schaute ihn lächelnd an, warf einige Münzen in seinen Koffer und ein kleines Zettelchen. Felix nickte, bedankte sich mit einem Lächeln, sang weiter.

Und so war aus der Fahrt nach Lübeck wieder nichts geworden. Felix hatte sogar vergessen, daß er dorthin fahren wollte. Vergessen oder verdrängt, weggeschoben, aufgeschoben, aus seinem Kopf gestrichen, vertilgt, gelöscht, deleted.

Wieder war er am Spätnachmittag abgefahren, wieder war er an einen Scheideweg gekommen, an eine Abzweigung, die ihn vor die Wahl gestellt hatte: Sollte er nach rechts abbiegen in Richtung Wismar und dann weiter nach Lübeck oder nach links, in Richtung Bad Doberan und dann weiter nach Rostock. Und Felix war nach Bad Doberan abgebogen. Ohne langes Überlegen, ohne Zögern, einfach Bad Doberan, automatisch, selbstverständlich Bad Doberan.

Er fuhr mit seinem Wagen durch ein herrliches Waldstück; frische, feuchte, moderdampfende Luft stieg aus dem weichen Moosboden. Das konnte man sehen, fühlen, spüren, auch wenn man nur hinter einer Windschutzscheibe am Steuer saß. Felix konnte sich nicht satt sehen an den alten mächtigen Bäumen, deren Kronen die Straße überspannten, nur spärlich da und dort die Sonne durchließen.

Dieses Fleckchen Welt war zu schade zum Vorbeifahren. Felix mußte anhalten, eine Pause einlegen, sich einen kleinen Spaziergang von der Straße weg durch diesen wunderschönen Wald genehmigen. Atemholen, angenehme Feuchtigkeit ganz tief in die Lungen ziehen, die Menschenwelt und ihren Krimskrams hinter sich lassen. Atmen, frei sein.

Felix hatte mit seinem alten Leben auch seine gewohnte Lebensroutine abgelegt. Früher war sein Leben nach der Uhr abgelaufen. Er hatte immer eine klare Vorstellung, wie spät es war, was er in den nächsten Stunden tun, wie der Tag ablaufen würde. Aber jetzt hatte er das Gefühl für Zeit verloren. Er wußte nicht, wie lange er durch den Wald gewandert war. Aber er mußte weit gegangen sein, denn als er sich wieder seinem Parkplatz näherte, war es schon ein bißchen dämmrig. Der Tag hatte seine Helle zwar noch nicht abgegeben. Aber er versprach baldige Dunkelheit. Felix wollte einsteigen und zügig weiterfahren, um bald ein Hotelzimmer zu finden. Als er zur Straßenseite hin die Fahrertür seines Wagens erreichte, packten ihn Schrecken, Angst, Entsetzen. Er wollte nicht wahrnehmen, was seine Augen da plötzlich in diese friedliche Welt hinein sehen sollten. Das konnte und durfte nicht gesehen werden, nicht in diesem so friedvollen Waldparadies. Er spürte, wie er eine Gänsehaut bekam. Seine Hände zitterten. Er fühlte sich so machtlos.

Vor ihm auf der Straße lag ein überfahrenes Wildschwein. Das Schwein war tot. Nein, noch nicht. Es zuckte, streckte die Läufe verkrampft von sich, wehrte sich, aus diesem Leben zu gehen. Aber der Tod hatte längst danach gegriffen. Es mußte schon eine Weile vor seinem Eintreffen passiert sein. Ein gewaltiges Tier, eine Muttersau. Um sie herum schwirrten sechs junge Wildschweine, keine Frischlinge mehr. Sie waren schon schwarz gefärbt, aber sie waren noch klein. Es war jämmerlich, wie sie ihre Mutter beweinten, sie anstießen, aufforderten, doch wieder aufzustehen, mit ihnen im Wald zu verschwinden, zu spielen, für sie zu sorgen, für sie da zu sein. Eines der sechs Jungen war ein bißchen kleiner als die anderen, ein bißchen zurückgeblieben. Das war nicht ungewöhnlich bei einem Wurf von sechs Säuen. Da gab es immer eine, die sich nicht durchsetzen konnte im Kampf um die Zitzen, die weniger abbekam als die Geschwister im immerwährenden ‚struggle for life.' Aber diese Zurückgebliebenen sind meist besondere Wesen. Entweder einem früheren Tod preisgegeben als die anderen oder gezwungen, für sich andere und intelligentere Überlebensstrategien zu entwerfen.

Das aber registrierte Felix nur in einem Nebenstrang seines Gehirns. Er stand wie versteinert bei seinem Wagen und wußte nicht, was er tun sollte. Das war alles zum Heulen, er weinte vielleicht. Aber das Leben hatte ihn nicht aufgefordert, etwas zu tun. Es geschah um ihn, und es geschah alles viel schneller, als er es mitverfolgen konnte. Jäger kamen und räumten die Muttersau weg, warfen sie in einen kleinen Anhänger, setzten ihre Gewehre an und begannen, die Jungen zu erschießen. Sie hatten leichtes Spiel, denn die Jungen scharten sich um den Anhänger, in dem ihre tote Mutter lag. Sie schrien und quiekten herzzerreißend. Man konnte ihren Schmerz mitfühlen, denn die Sprache des Schmerzes ist nicht einfach nur eine menschliche Sprache. Sie ist artübergreifend.

Felix mußte wegsehen. Er öffnete die Tür seines Wagens. Er wollte einsteigen, losfahren. Da plötzlich sprang das kleinste der Jungen in seinen Wagen und legte sich vor den Fahrersitz. Die Jäger vermuteten, daß das Junge im Wald verschwunden war. Deshalb bestiegen sie ohne Zeitverzug ihren Wagen und fuhren los. Und nun stand Felix da mit einem jungen Wildschwein im Wagen. Er versuchte, das Tier aus dem Wagen herauszulocken. Aber ohne Erfolg. Das Schweinchen lag vor seinem Fahrersitz und bewegte sich nicht. Felix hatte Angst, das Tier zu berühren. Es versuchte, das Tier mit einem Stöckchen irgendwie aus seinem Wagen zu bugsieren. Aber das ging nicht. Schließlich faßte er das junge Schweinchen an, zerrte an seinen Läufen, die sich ganz zart anfühlten – zart und sanft. Aber auch so konnte er das Vieh nicht loswerden. Er wollte mutig sein, faßte vorsichtig nach dem Rückenfell. Da bewegte sich das Schwein von selbst. Es sprang auf den Fahrersitz, hüpfte hinüber zum Beifahrersitz und von dort wieder hinunter auf die Fußmatte. Felix ging um seinen Wagen herum, öffnete die Beifahrertür und versuchte wiederum, das Tier aus dem Wagen zu zerren. Aber da gab es keine Chance. Wieder hüpfte das Tier auf den Sitz, von dort hinüber zum Fahrersitz, von dort hinunter auf die Fußmatte. Und so ging das einige Male hin und her. Einmal hatte er es sogar geschafft, das Tier aus dem Wagen zu treiben. Aber das Tier war klug. Es rannte um das Auto herum und sprang auf der anderen Seite wieder hinein, legte sich auf die Fußmatte, blieb klein eingeringelt still. Das Schwein war um nichts in der Welt aus dem Auto zu bekommen. Und Felix fand das Schwein irgendwie interessant.

Was sollte er tun? Das Schweinchen würde irgendwann einmal Hunger bekommen.

Felix hatte keine Ahnung, ob es noch von der Mutter säugte oder ob es schon selbst im Wald etwas finden würde. Sollte er im Wald bleiben und abwarten? Abwarten, bis das Tier vor Hunger seinen Platz im Wagen räumen würde? Aber wann bekommt ein junges Wildschwein nach so tragischen Schicksalsschlägen Hunger? Was sollte er tun? Er redete mit dem Schwein.

„Mensch, Vieh, versteh doch, du kannst nicht hierbleiben. Du mußt raus, raus in den Wald. Natürlich tust du mir leid. Deine arme Mama tot. Was soll aus dir werden? Die Jäger wissen schon, warum sie deine Geschwister erschossen haben. Du hast keine Chance zum Überleben. Es tut mir weh. Aber mußt du mir solche Scherereien machen? Ich verstehe schon. So ist die Welt. Jeder macht jedem Scherereien. Jeder mischt sich bei jedem in seine Angelegenheiten."

Felix hatte das Gefühl, daß das Tier zuhören würde, wenn er redete. Es horchte auf wie ein Mensch, spitzte die Ohren, drehte den Kopf der Stimme zu.

„Komm, wir gehen spazieren. Wir gehen zusammen in den Wald. Vielleicht finden wir ein Plätzchen für dich. Vielleicht findest du was zu fressen in diesem herrlichen Waldboden. Da muß es doch … Ach, was weiß ich, was du kleines Wildschweinchen zu fressen brauchst."

Das Schweinchen blickte zu Felix auf. Es schien sogar irgendwie verständig. Nicht gerade verständig, aber irgendwie interessiert. Und durch nichts dazu zu bewegen, den Wagen zu verlassen. Felix war ratlos. Schließlich fuhr er die letzten Kilometer bis Bad Doberan, nahm sich in einem Hotel mitten in der Stadt ein Zimmer, parkte seinen Wagen mit dem Wildschweinjungen auf dem Hotelparkplatz auf der Rückseite des Hotels und ließ – selbst hungrig und ungeduldig – in seinem Auto Schwein Schwein sein.

Auch nach dem Abendessen im Hotel war das arme Schweinchen nicht dazu zu bewegen, aus dem Auto zu hüpfen. Es blieb störrisch wie ein Esel auf der Fußmatte der Beifahrerseite. Alle Versuche, das Tier aus dem Auto herauszubringen, waren vergeblich. Wenn Felix nur in die Nähe des Tieres kam, schnappte es nach seiner Hand, seinem Ärmel und grunzte und quiekte so gotterbärmlich, daß Felix befürchtete, die Leute aus der Umgebung würden alarmiert werden. So ließ er wiederum Schwein Schwein sein und ließ lieber den Tag in einer der umliegenden Kneipen ausklingen.

Aber die Sache beschäftigte ihn. Er überlegte, ob er einen Förster oder Jäger befragen sollte. Aber diese würden ihm gewiß dazu raten, das Tier zu erschießen. Das wollte er auf keinen Fall. Das Tier gefiel ihm. Aber es mußte doch Hunger haben? Was fraßen junge Wildschweine? Er würde vielleicht am späteren Abend nochmals zurück in den Wald fahren. Vielleicht würde sich die Sache dann dort von selbst erledigen. Schweine haben eine feine Nase, können sensibel riechen, erinnerte sich Felix. Das Tier würde die gute Waldluft riechen, würde Futter wittern und schnell aus dem Auto verschwinden.

Aber nichts von alledem. Felix fuhr in den Wald. Er öffnete sogar alle vier Türen seines Wagens. Das Schwein blieb liegen. Felix entfernte sich ein Stück von seinem Wagen. Er wartete, er pinkelte, er beobachtete den Sternenhimmel: Orion, Cassiopeia, Stier, Widder, Drachen, großer Bär, großer Hund. Da gab es kein Wildschwein, das er hätte um Rat fragen können. Er ging auf und ab. Das Schwein blieb in seinem Wagen, grunzte ab und zu, quiekte zwischendurch, hauptsächlich aber schlief es.

Und so fuhr Felix wieder zu seinem Hotel zurück, ließ das Schwein liegen, wo es lag, und ging in sein Zimmer. Nachts stand er mehrmals auf, ging hinaus in die Nacht zu seinem Wagen, um zu sehen, ob noch alles in Ordnung war. Und jedesmal war alles in Ordnung. Das Schweinchen schlief. Felix redete mit ihm. Manchmal blickte es dann treuherzig auf, grunzte ein bißchen, drehte den Kopf und schlief weiter. Und Felix hatte das Schwein irgendwie ins Herz geschlossen. Er begann zu ahnen, daß er nun neben Rappy und Niebergall eine neue Sorge haben würde, Amanda.

Er wußte selbst nicht, wie ihm dieser Name eingefallen war. Aber er nannte sein Wildschweinjunges Amanda. Der Name paßte. Und Amanda hörte schneller, als er es sich träumen ließ, – noch in dieser Nacht – auf ihren Namen.

Der nächste Morgen war spannend. Felix hatte sich am Frühstücksbuffet mit einigen Leckerbissen für Amanda ausgestattet. Ein Brötchen in die rechte Tasche, Brot und ein gekochtes Ei in die linke, etwas Käse in eine Serviette gewickelt und sogar ein Glas Milch. So ging er zu seinem Wagen.

„Guten Morgen, Amanda. Ich hab dir was mitgebracht." Amanda blickte kurz auf, grunzte, quiekte. Sie streckte sich sogar ganz menschlich. Sie war ein schönes Tier. Ein glänzendes schwarzborstiges Fell ließ nur einen kleinen Spalt für treuherzige, kleine dunkle Augen auf. Felix wollte ihr seine Frühstücksbeute geben. Amanda schnappte, beroch dann aber doch die Sachen und schubste sie schließlich mit ihrer überlangen Keilschnauze aus dem Wagen. Felix wußte keinen Rat. Er fuhr wieder mit ihr in den Wald. Und dort bewegte sich Amanda endlich. Sie sprang mit einem kurzen Satz aus dem Auto und setzte sich vor Felix' Schuhe. Sie blickte auf zu ihm, er verstand. Sie wollte ein bißchen laufen. Und so liefen sie in die morgendliche Waldfrische. Amanda hielt Körperkontakt. Man hätte meinen können, sie wäre ein Hund. Sie entfernte sich nie mehr als höchstens eine Handbreite von Felix, schnupperte den Boden ab, wühlte da und dort auch mal das Laub auf, schnappte ab und zu nach etwas, das schnell in ihrem Maul verschwand. Und dann mußte da auch noch ein Geschäft erledigt werden. Aber alles geschah ganz dicht an Felix' Seite.

Felix hatte immer gehofft, daß das Schwein durch ein Geräusch aufgescheucht werden könnte, eine Witterung aufnehmen würde und schließlich verschwinden würde. Aber Amanda blieb seine Amanda. Er mochte vielleicht eine Stunde im Wald gewesen sein. Er hatte die frische Luft genossen. Die Morgenfeuchte tat gut in den Lungen nach der trockenen Teppichbodenluft des Hotels. Ab und zu redete Felix mit Amanda. Und Amanda bestätigte alles mit einem leisen Grunzen. Sie schaute ihn an, als wären sie die dicksten Freunde.

‚Was ist das nur? Hat sie mich als ihre Muttersau angenommen? Wie war das denn mit dieser Prägung bei den Tieren? Warum geht sie mir nicht von der Seite? Was sieht sie in mir?'

Felix ging zurück zum Auto. Er wollte die Fahrertür nur ein bißchen öffnen. So wenig, daß nur er einsteigen konnte. Er würde sich in seinen Wagen setzen und losfahren. Was könnte er anderes tun? Aber Amanda ließ ihm keine Chance. Als die Tür nur einen kleinen Spalt geöffnet war, fuhr sie mit ihrer langen Schnauze in diesen Spalt hinein, schob die Tür auf und sprang wie ein Terrier auf den Fahrersitz, von dort hinüber auf den Beifahrersitz und hinunter auf die Fußmatte. Ein kurzes Grunzen

und Quieken. Amanda ringelte sich ein, legte den Kopf auf ihre Vorder-
läufe und schloß die Augen. Sie lag da wie ein Kätzchen. Felix mußte
sich wohl oder übel auf ein gemeinsames Leben mit Amanda einrichten,
denn der Gedanke, Amanda einem Jäger oder Fleischer zu übereignen,
war so vollkommen außerhalb seiner Vorstellungswelt, daß er ihn nie er-
wogen hätte.

7

Zweites Telephonat

„Hallo, Herr Niebergall! Endlich erwische ich Sie. Ich versuche es schon ziemlich lange. Herr Rapp möchte Sie dringend sprechen. Ich stelle das Gespräch durch."

„Ja, ist gut. Vielen Dank."

Ein leichtes Knacksen im Hörer.

„Hallo, Niebergall. Da sind Sie ja endlich."

Schulrat Rapp sprach seine Schulleiter nie mit ‚Herr' an. Es war eine Marotte von ihm, ‚seine Leute' direkt mit dem Familiennamen anzusprechen. Alle seine Schulleiter schmunzelten darüber. Neulinge in der Mannschaft hatten dies zunächst immer als Frechheit empfunden, bei den Älteren nachgefragt, woher er denn solche Umgangsformen hätte. Besonders die ausgeprägt sozialspinnigen Newcomer hatten eine solche Anrede als geradezu unzumutbar und ‚impertinent' kritisiert. Aber die Kollegen belehrten und beschwichtigten. Rappy sei prima. Das müsse man einfach als seine persönliche Eigenart hinnehmen. Nein, er sei wirklich prima. Nein, er war nie beim Militär gewesen. Außerdem sei auch dort eine solche Anrede heute ziemlich ungewöhnlich. Schulrat Rapp selbst hatte solche Kritik an seinem Führungsstil nie gekümmert.

„Niebergall, sagen Sie, wissen Sie immer noch nichts von Niesner?"

„Nein, nichts. Niemand weiß, wo er ist. Niemand hat ihn je gesehen in den letzten zwei Wochen. Kein Licht in der Wohnung am Abend, kein Auto. Keine Ostindische Gesellschaft, wie Sie es nennen."

Schulrat Rapp war besorgt. Man konnte das durch den Hörer fühlen, spüren, riechen.

„Niebergall, ich mache mir große Sorgen. Sollte man was unternehmen? Ich meine, rein dienstlich ist es nicht unsere Aufgabe, einen Mann, der privat verschwunden ist, polizeilich suchen zu lassen."

„Nein, das ist es nicht."

„Was sagen Sie? Ah, ja. – Es ist nicht unsere Aufgabe. Aber es gibt da vielleicht Zusammenhänge. Ich meine, er ist verschwunden, nachdem er von mir – na, sagen wir mal eine kritische Stellungnahme zu seiner Unterrichtsführung angehört hatte."

„Ich verstehe das alles. Andererseits muß das doch jeder abkönnen. Da kann man doch nicht gleich durchdrehen. Verschwinden. Was soll das?"

„Aber wissen Sie … "

„Wenn ich ehrlich sein soll, Sie wissen, daß ich großes Verständnis für diesen Niesner habe. Er ist ein guter Kollege und ein guter Lehrer. Aber in was für eine Situation bringt der mich? Bei anderen würde man auch sagen: Rausgeschmissen gehört der. Über zwei Wochen keine Krankmeldung, keine Entschuldigung, keine Nachricht. Was sagt denn unser Beamtengesetz dazu? Und überhaupt, wenn das jeder machen würde."

„Hören Sie, Niebergall, so sehr ich sie verstehen kann. Ich – in jedem anderen Fall würde ich auch so reagieren. Aber bei Niesner liegt das alles ein bißchen anders."

„Wieso anders? Wie soll ich meine Stunden abdecken? Da muß doch mal eine Lösung her. So kann das doch nicht … Dann heißt es wieder groß in der Presse, daß in den Schulen zuviel Unterricht ausfällt."

„Niebergall, das weiß ich alles. Aber der Fall liegt anders. Nach all dem, was dieser Mann durchgemacht hat, hat er einmal eine faire Behandlung von uns verdient. Verstehen Sie – einmal."

„Man hat ihn immer fair behandelt. Immer korrekt, niemals gegen irgendwelche Vorschriften."

„Vorschriften. Was reden Sie von Vorschriften, wenn es um pädagogische Fragen geht."

„Na gut, ich bin Schulleiter, ich muß sehen, daß hier der Laden läuft. Und sie . .."

Niebergall machte eine Pause. Er zögerte, wußte nicht, ob er seinem Chef das sagen sollte.

„Was und Sie, Niebergall?"

„Naja, ich wollte sagen, Sie sind doch sonst nicht so nachsichtig. Sie legen Wert darauf, daß in der Schule alles rund läuft ."

„Ich weiß, Niebergall. Aber Sie müssen verstehen. Man hat diesem Niesner schon einmal einVerbot erteilt. Ein Verbot, das eine riesengroße Dummheit und Sauerei war. Heute wären wir froh – von Lörrach bis Emden und von Flensburg bis Mittenwald –, wenn es in der Schule noch einen Lehrer gäbe, der das machen würde, was wir damals dem Niesner einfach verboten hatten. Und jetzt … "

„Sie meinen das mit dem Theater. – Ich habe davon gehört. Das war aber damals nicht an unserer Schule. Und das waren andere Zeitumstände."

„Es war nicht einfach nur Theater. Es war Pädagogik vom Feinsten. Die Art von Pädagogik, die wir heute in der Schule bräuchten. Die Zeitumstände geben im Nachhinein diesem Niesner recht, nicht uns."

„Na gut. Und was jetzt?"

"Na, Sie wissen doch selbst, daß es bei diesem Hinweis auf die Einschränkung des Singens in seinem Unterricht nur um diesen Klüger ging."

„Klüger ist eine unfähige Flasche, um es mal ganz deutlich zu sagen."

„Wissen wir, Niebergall, wissen wir. Aber Flasche hin oder her. Er ist in der richtigen Partei. Nur seinetwegen sollte dieser Niesner ein bißchen Profil und Format abspecken. Um … "

„Um den Unterschied nicht zu deutlich werden zu lassen. Aber dieser Unterschied wird immer riesengroß bleiben."

„Niebergall, wir müssen uns noch ein paar Tage gedulden. Ich hoffe, daß er auftaucht, unser Niesner."

Schulleiter Niebergall holte hörbar tief Luft. Dann meinte er in fast jammerndem Tonfall:

„Wie konnte der uns nur in solche Schwierigkeiten bringen? Bisher fehlt jede Spur von ihm. Schon die dritte Woche. Und ich weiß nicht, wo ich meine Stunden hernehmen soll."

„Wir müssen eben improvisieren. Wir sind das dem Niesner schuldig. Wir müssen ihm noch etwas Zeit lassen. Wenn ich das nach oben melde, gibt's ein Riesentrara. Die schmeißen den sofort raus. Jetzt, bei diesem Lehrerüberschuß sowieso."

„Ich verstehe, das wollen wir alle nicht. Aber … "

„Was aber?"

„Aber so geht's ja auch nicht."

„Diese Woche noch, Niebergall. Nur diese Woche noch."

Schulleiter Niebergall zögerte, als müßte er sich alles nochmals überlegen. „Vielleicht – na, Sie wissen schon – vielleicht sollte ich doch mal mit der Polizei sprechen. Ich weiß, daß Sie davon nichts wissen wollen, aber wir wissen alle nichts. Vielleicht ist ihm was zugestoßen. Vielleicht liegt er in seiner Wohnung – ah, tot meine ich."

„Niebergall!" Schulrat Rapp rief das ganz laut ins Telephon, „Was reden Sie da? Schrecklich. – Aber leider muß man in diese Richtung denken. Schließlich, und so könnte man das ebenfalls sehen, hätte sich ein Mann wie Niesner in jedem andern Fall abgemeldet, krank gemeldet oder so."

Schulleiter Niebergall zögerte wieder ein bißchen.

„Wissen Sie was, ich kenne hier den Chef unserer Polizeidienststelle. Ich werde mal mit ihm reden – ganz inoffiziell."

Rappy antwortete unerwartet schnell.

„Ja, machen Sie das. Aber bitte, ganz inoffiziell. Wenn das amtlich läuft, was meinen Sie, in was wir da reinkommen können."

„Alles klar."

„Gut, Niebergall, alles klar. Melden Sie sich sofort, wenn Sie etwas wissen. Sie haben ja auch meine private Telephonnummer."

„Alles klar. Sie können sich auf mich verlassen."

„Weiß ich, Niebergall. Weiß ich."

8.

Rostock war ein voller Erfolg. So jedenfalls hätte es Felix nennen müssen, wenn er seine Sängertour als Künstlertournee zum Gelderwerb aufgefaßt hätte. So gesehen wäre es sogar ein Riesenerfolg gewesen. Aber Felix interessierte die finanzielle Seite seines Unternehmens nicht. Es war ein Singen ohne bewußte klare Zwecke. Ein unbestimmtes Gefühl, diesen Weg gehen zu müssen, ohne zu wissen, was am Ende wohl stehen würde. Seine Sängertour war vielleicht ein vages Medium, um sich selbst zu erfahren, um über sich selbst ein bißchen mehr zu wissen. Irgendwas in ihm schien da zu gären, und Felix spürte, daß er die Zügel locker halten sollte, den Dingen ihren freien Lauf lassen mußte. Seine Innenwelt brauchte eine gründliche Durchlüftung, eine Befreiung von den allzu engen Fesseln der Außenwelt.

Vielleicht aber stimmte diese vage Vermutung gar nicht, vielleicht war das auch nicht der Sinn seines neuen Lebens. Felix fühlte sich zu dieser Sängertournee innerlich getrieben, ohne zu wissen, was er tat und warum er es tat. Es war ein willenloses Ausrasten aus einer Lebensroutine, die sein Leben bisher vielleicht zu sehr bestimmt und beherrscht hatte.

Es gab zwar noch dieses Pflichtbewußtsein, das ihm ein schlechtes Gewissen aufnötigte – in seinem Verstand. Aber dieser Verstand war machtlos. Andere Kräfte in ihm hatten das Ruder übernommen und trieben ihn unbekannten Ufern zu.

Die Menschen jedenfalls, die ihm in der Rostocker Fußgängerzone zuhörten, hatten keine Ahnung von Felix' inneren Motiven seines Singens. Für sie war er ein Straßensänger – einer von ganz unerhört extravaganter Qualität, einer, dem man zuhören mußte, ob man wollte oder nicht. Und die Menschen hörten zu.

Zuerst war es wieder nur ein kleines Grüppchen, das ihn da umstand, als er seine Weisen aus dem Dreißigjährigen Krieg trällerte, fast schon so wie üblich: schmerzend und süß, herb und verführerisch, tief bewegend und erzählend vom ‚bitteren Sterben und vom Lieb zu Hause, das weinet, wenn er stürbe‘; vom ‚Wams aus Büffelleder‘ und von ‚Spieß und Speer und rotem Hahn auf dem Klosterdach.‘ Schmetterlingen gleich spielten die bunten Bänder an seiner Gitarre im leichten Lüftchen, das vom Wasser her wehte, und in eleganten Schwüngen bat der Federbusch an seinem Hut um gefällige Beachtung. Wehmütig klang es da zu sanften Moll-Akkorden über den Platz:

„Der Trommler schlägt Parade, die seid'nen Fahnen weh'n. Jetzt heißt's auf Glück und Gnade ins Feld spazierengeh'n."

Felix klopfte auf dem Gitarrenkorpus dumpf und angsteinflößend den Takt mit, als er fortfuhr:

„Die Trommel, die Trommel, der Mann, der Mann, der Mann. Heiwiediwiediwamm, frisch, voran, frisch voran!"

Und dann ganz langgezogen in schmerzendem Moll:

„Landsknecht voran!"

Die Menschen lasen den Text von Felix' Lippen ergriffen mit, spürten sogar Angst, Beklemmung und Spannung vor der bevorstehenden Attacke. Sie klatschten unaufhörlich, wenn Felix einmal eine kleine Pause machte, um Luft zu holen oder um die Saiten ein bißchen nachzustimmen. Sie baten um Zugaben und Fortsetzung. Und sie warfen reichlich in seinen Gitarrenkasten.

Amanda war seine große zusätzliche Attraktion geworden. Sie saß dicht neben ihm, lehnte mit ihrer Seite an seinen Landsknechtsstiefeln, schaute wach und neugierig in die Menge. Sie brauchte immer diesen Körperkontakt. Sie mußte Felix fühlen. Und Felix hatte sich inzwischen so an Amanda gewöhnt, daß er ebenfalls an irgendeiner Stelle seines Körpers nach den rauhen Borsten seines jungen Wildschweines verlangte. Amanda war ihrem Wesen nach mehr treues Hündchen als freies, unabhängiges wildes Wildschwein.

Und Amanda war gelehrig. Was hatte sie alles gelernt in den letzten Tagen! Wenn Felix irgendwo als Straßensänger stand und trällerte, saß sie neben ihm, guckte mit wachen Augen in die Menge und beobachtete alles ganz genau. Wenn jemand eine Münze oder einen Zehnmarkschein in den Gitarrenkasten geworfen hatte, grunzte sie laut vernehmlich in die Menge. Die Leute horchten auf, lachten, amüsierten sich. Manche hielten Amandas Grunzen für zufällig. Sie probierten aus, ob sie wirklich ein ‚Dankeschön' grunzte, indem sie nochmals eine Münze in Felix' Gitarrenkasten warfen. Und tatsächlich. Das Spiel hätte sich belie-

big wiederholen lassen. Wann immer jemand etwas in Felix'
Gitarrenkasten warf, grunzte Amanda ihr 'Dankeschön'. Aber das war
längst nicht alles. Amanda zählte aufmerksam mit. Wenn jemand mehrere Münzen einwarf, grunzte sie für jede Münze einmal. Und das sogar
so, daß man das Gefühl hatte, daß es genau in den Takt des Liedes paßte,
das Felix gerade sang. Auch das erschien den Leuten so unfaßbar, daß
sie es wieder und wieder ausprobierten.

„Hast du mal fünf Zehnpfennigmünzen? Das gibt es doch gar nicht",
sagte eine Frau zu ihrem Mann. Sie wollte es wieder und wieder ausprobieren.

Aber das gab es. Bei fünf Zehnpfennigmünzen grunzte Amanda fünf-
mal, bei mehreren entsprechend öfter. Und Amanda machte keine Fehler. Die Leute probierten das mit Begeisterung immer wieder aus.
Amanda war sogar noch wesentlich gelehriger. Bei jedem Schein, den
die Leute in Felix' Gitarrenkasten warfen, grunzte und quiekte sie, ging
mit den Vorderläufen hoch und drehte sich einmal mit tänzerisch leichten Schritten um sich selbst. Die Leute standen da, wollten es nicht glauben, lachten, amüsierten sich, klatschten Beifall. Immer mehr Leute
blieben vor Felix stehen, lauschten seiner Musik und freuten sich über
Amandas kunstvolle Beiträge. Inzwischen war ein richtiger Volksauf-
lauf entstanden. Die Menschen blockierten die Fußgängerzone.

Einmal beschimpfte ein Passant Felix als Tierquäler. Aber der hatte
nicht mit Amanda gerechnet. Die sprang auf den jungen Mann zu und
stieß ihn ins Bein, daß er so erschrak, daß er eilends davonrannte.

Felix hatte aufgehört, seinen Gitarrenkasten von Zeit zu Zeit auszu-
leeren, wie das Straßenmusikanten üblicherweise tun. Was war schon
Geld gegen das, was er jetzt tun konnte: singen zur Freude der Menschen ohne staatliche Aufsicht, ohne dienstliche Abmahnung, ohne Bil-
ligung oder Mißbilligung irgenwelcher Behördenpopanze oder kindisch
neidischer Kollegen. Was war das für ein neues Leben.

„Die Rose blüht, der Dorn, der sticht, das steht in jedem Krug. Wer
gleich bezahlt, vergißt es nicht, des Zögerns ist genug.

Die Luther'schen, die müssen ran, mit Haus und Hof mit Maus und
Mann. Denselben gilt de-e-er Zug."

Und wieder grunzte Amanda ohne aufzuhören.

Kleine Kinder standen vor Felix, hörten ihm mit offenem Mund zu, bewegten sich im Takt der Lieder oder dirigierten, als führten sie als Tambomajore einen holsteinischen Spielmannszug an. Und über alldem lachte die Sonne, wehte ein leichtes lindes Lüftchen vom Hafen her. Über alldem füllte sich Felix' Gitarrenkasten.

Passanten fragten Felix, für welche Wohlfahrtsorganisation er denn sänge. Sie konnten nicht verstehen, daß jemand eine solche Menge Geld einfach so vor sich auf der Straße liegen ließ.

„Ich singe für mich", erklärte Felix „ja, ganz allein für mich. Und natürlich auch für Amanda."

Amanda grunzte zustimmend.

„Ein falsches Wort geht um im Land. So mancher, welcher zu ihm stand, den fraß die bi-itt're Noooot."

Irgendwann am frühen Nachmittag war Felix' Gitarrenkasten voll. Er war nicht nur randvoll, da war auch noch eine Anhäufung entstanden, die so hoch war, daß sich der Kasten nicht schließen ließ. Einzelne Münzen – Messing, Kupfer, Silber – lagen auf der Straße. Felix beschloß, genügend für seine Seele getan zu haben. Er klappte seinen Gitarrenkasten zu, stopfte all das restliche Geld in seine Taschen, hängte die Gitarre um und tippelte mit Amanda davon. Sie schleppten sich beide mühsam die Treppe hinunter zum großen Parkplatz vor der Hafenmole. Felix konnte seinen Gitarrenkasten kaum tragen. Das Gewicht ging ins Kreuz. Er spürte leichte Schmerzen im Rücken. Und er befürchtete, daß die Verschlüsse nicht halten könnten, denn von den vier Klappverschlüssen waren zwei ohnehin nur noch mit kräftigem Druck zu spannen. Es wäre schade gewesen, wenn all das viele Geld sich plötzlich über das Straßenpflaster verflüchtigt hätte. Aber die Verschlüsse hielten.

Kurze Zeit später hatten sie den Wagen erreicht. Felix fuhr mit Amanda davon – in einem Auto, das vor Geld bald überquoll. Überall lag Geld herum, auf den Fußmatten, auf den Sitzen, im Kofferraum, auf jeder Ablage. Es war schon gefährlich geworden, zu stark zu bremsen, denn dann schoben sich die Münzen wie in einem Spielautomaten mit Geldtreppen nach vorn und unter die Pedale.

Amanda lag auf ihrer Fußmatte auf der Beifahrerseite und schlief. Sie war offenbar erschöpft vom vielen Grunzen und von der Konzentration des Mitzählens. Sie mußte sich ziemlich verausgabt haben. Aber sie wußte, daß es nun in den Wald gehen würde, daß nun sie der Akteur sein würde und Felix die Rolle des Beobachters und Begleiters zukommen würde.

9.

Drittes Telephonat:

„Hallo, Herr Rapp. Es ist ja ziemlich schwierig, Sie anzurufen. Ihre Sekretärin hat schon mehrmals versucht durchzustellen."

„Niebergall, Mensch, was gibt's? – Jaja, es ist heute wieder mal viel los. Montag ist immer der Tag der endlosen Krankmeldungen. Ich hoffe, Sie verstehen."

Schulrat Rapp zögerte einen Augenblick. Vielleicht gab es da noch eine innere Weigerung, sich nach den neuesten Nachrichten zu erkundigen. Seine Vorahnungen sagten ihm bereits, daß es keine erfreulichen sein würden. Dann – nach einem inneren Anlauf, wie Schulleiter Niebergall fühlen konnte – fragte er aber doch:

„Niebergall, gibt's Nachrichten von Niesner?"

Und Schulleiter Niebergall schien die Sache auch ein bißchen spannend machen zu wollen. Er zierte sich.

„Ah – von Niesner selbst nicht, leider. Aber..."

„Was denn? Schießen Sie los", fragte Schulrat Rapp forsch und ungeduldig.

„Nun, ich hatte mich mit dem hiesigen Polizeichef getroffen – ganz privat natürlich –, hab' ihm die Lage geschildert, unsere Sorgen und Befürchtungen. So, wie wir das in unserem..."

„Ja und? Was ist los?" Rappy war ungeduldig.

Niebergall übte sich in kommunikativer Umständlichkeit.

„Ich will Sie nicht lange auf die Folter spannen. – Aber – aber – die Sache sollte keine größeren Kreise ziehen. – Das soll alles möglichst vertraulich behandelt werden. Das Ganze war zwar legal, aber trotzdem problematisch. – Wissen Sie, es liegt ja keine Straftat vor. Auch kein Verdacht auf eine Straftat. Auch keine Anzeige."

„Mensch Niebergall, machen Sie die Sache nicht so spannend. Was ist los?"

Rappy schien immer nervöser zu werden.

„Er bat mich um äußerste Zurückhaltung."

„Jaja, schon gut. – Das läßt ja Schlimmes ahnen?"

„Also, man hat die Wohnung geöffnet, nachdem ich versichert hatte, daß uns keine näheren Angehörigen von Niesner bekannt sind. Das stimmt doch auch, oder?"

„Natürlich stimmt das, sonst hätten wir uns doch schon mal erkundigt. – Und?"

„Fehlanzeige. Die Wohnung sieht ganz normal bewohnt aus. Keine Anzeichen von Auszug, keine Abreisevorkehrungen, keine hinterlassene Nachricht. Alles ganz normal. Bißchen verstaubt. Eine Kaffeetasse steht noch im Spülbecken in der Küche. Das war alles. Kein Niesner weit und breit."

„Mensch, Niebergall, ich bin irgendwie erleichtert. Unsere schlimmste Befürchtung ist demnach nicht eingetreten."

Rappy schnaufte laut hörbar in den Hörer.

„Nein, die nicht", meinte Schulleiter Niebergall ernst. „Ich fühlte mich auch sehr erleichtert. Anfangs. Aber wenn man die Sache genauer überlegt, sind wir keinen Schritt weiter. Er ist weg. – Und … "

„Was und?"

„Naja, er kann immer noch tot sein, irgendwo."

„Gab's denn keine Hinweise, wo er sein könnte?"

Niebergall machte eine kurze Pause. Vielleicht mußte er sich eine Zigarette anzünden. Schulrat Rapp wartete. Man hörte die Ungeduld.

„Einen kleinen Hinweis vielleicht. Die Polizei jedenfalls wird darauf ein Augenmerk haben. Richtig fahnden kann sie ja nicht. Immerhin liegt keine Straftat vor. Auf seinem Schreibtisch liegen zwei Bücher; eines über das Tänzelfest in Kaufbeuren – das ist so ein historisches Landsknechtsfest – und eines über das Allgäu."

„Allgäu? Was ist das denn?"

„Na die Gegend da ganz unten in Bayern, wo der Käse herkommt und diese seltsame lilafarbene Kuh in der Werbung."

„Ach, die kommt auch irgendwo her?"

Schulrat Rapp wurde ein bißchen zurückhaltend und einsilbig. Er schien ratlos und verzweifelt.

„Wie ist die Stimmung an der Schule? Was machen die Kollegen?"

„Hm, die Kollegen interessieren sich für die ganze Sache herzlich wenig. Sie wissen doch, wie Lehrer sind. Die haben nur ihren Kram im Kopf: Sauna, Tennis, Kegelabend, Kirchenchor, irgendwelche Meisterschaften – ihre Ostindischen Gesellschaften eben. Niesner interessiert die nur wegen der Vertretungsstunden. Sonst nicht. Paar Ausnahmen vielleicht."

„Typisch! – Und die Eltern?"

„Ich höre wenig. Die Vogelhäuschentucke hat sich erkundigt. Das würde Niesner überraschen. Aber das ist alles."

„Vogelhäuschentucke?"

Schulleiter Niebergall winkte ab. Schon bedauerte er, das überhaupt erwähnt zu haben.

„Ach, wissen Sie, das ist unsere Abgeordnete von der SPD. Sie hatte mal Ärger mit Niesner wegen dieses Vogelhäuschens. Seitdem nennt er sie immer Vogelhäuschentucke. Das ist aber noch eine seiner wohlwollenden Titulierungen. Er hat auch noch andere Ausdrücke für sie. Ist nicht so wichtig. Wahrscheinlich hat sie auch nur wegen ihres Sohnes nach Niesner gefragt. Ihr Sohn hatte Niesner regelrecht angebetet. Für ihn war der Niesner fast so eine Vaterfigur. Der Junge ist aber nicht mehr an der Schule. Alles schon paar Jahre her."

Schulrat Rapp schien die Sache nicht weiter zu interessieren.

„Was machen wir, Niebergall?"

„Wissen Sie, in dieser Woche fallen keine Vertretungsstunden an. Wir haben Wandertag und zwei besondere Sportveranstaltungen – unser neues Profil. Aber das wissen Sie ja."

„Ja klar. Gibt also keine Probleme mit Vertretung?"

„Diese Woche nicht."

„In Ordnung. Dann geben wir ihm nochmals eine Chance. Wissen sie, mir geht immer diese Theatergeschichte von damals durch den Kopf. Ich habe da auch ein bißchen in den Akten geschnüffelt. Alles ganz schön lächerlich und aus heutiger Sicht höchst blamabel. Dem Mann ist wirklich schon übel mitgespielt worden – von der Schuladministration und vom Schicksal. Vielen Dank, Niebergall, und guten Wochenanfang."

„Danke, ebenfalls."

10.

Felix war schon 33 Jahre alt, als er Lehrer geworden war. Das war damals das Erreichen eines großen Ziels nach langer Irrfahrt gewesen. Endlich hatte er einen Beruf, der ihn von ganzem Herzen erfüllte. Endlich. Sein erster Beruf als Verwaltungsbeamter bei der Schwäbischen Rentenanstalt in Augsburg war ein Fehlschlag gewesen, ein leidvoller, hoffnungsloser Umweg. Eigentlich hatte er das schon am ersten Tag seiner Ausbildung zum Regierungsinspektor gespürt – vielleicht mehr instinktiv gefühlt. Aber er war in einer Zeit aufgewachsen, zu der man den jungen Menschen noch eingehämmert hatte, daß man einen einmal eingeschlagenen Weg auch gehen müßte, daß man im Leben kämpfen und sich durchboxen müßte, hart gegen sich sein müßte, standhaft, mannhaft, unverzagt. Und so hatte er sich durch die Jahre gequält, seine Inspektorenprüfung gemacht, versucht, als Verwaltungsbeamter seine Zukunft zu suchen, jeden Tag unglücklicher werdend, jeden Tag sein Leben als wertloser betrachtend und schließlich an der Welt verzweifelnd.

Und dann hatte er das Ruder noch einmal herumgerissen. Er hatte alles hingeworfen und seine neue Berufswahl nach seinen innersten Neigungen getroffen. Er war Lehrer geworden. Nie hätte er sich als Inspektor träumen lassen, daß dieses Lehrerstudium ein so leichter Weg sein würde. Er hatte es als ein Studium empfunden, das diesen Namen kaum verdiente. Oder hatten die paar Jahre, die er in Verzweiflung älter geworden war, als es seine Kommilitonen waren, so reif gemacht, daß ihm das alles leicht – zu leicht – gefallen war? Er hatte sein Studium genossen nach den acht Folterjahren in der Schwäbischen Rentenanstalt. Und nun war er endlich am Ziel. Endlich. Sein zweiter Beruf war wie eine große Befreiung, wie helles Licht nach bitteren Jahren verzagender Dunkelheit.

Felix hatte Barbara geheiratet, und sie hatten schon zwei Kinder, zwei nette Jungen. Vielleicht hatte auch das dazu beigetragen, daß er sich vom ersten Tage an so voller Schwung in seinen neuen Beruf gestürzt hatte.

Und schon in den ersten Monaten seines Lehrerdaseins in Niewebüll, nach kurzer Zeit des sich Hineintastens in die Welt der Schule, hatte Felix eine neue Leidenschaft entdeckt: die Faszination Sprache. Was konnte man allein mit Sprache alles machen, mit Wörtern, die man so oder so setzte, mit Fragen, Wendungen und Antworten: aufrütteln, provozieren, Neugierde erwecken, begeistern, motivieren, Mut machen, Selbstvertrauen geben, gerecht sein, verletzen, zerstören, beleidigen, beruhigen, trösten, Kinderherzen staunen, lachen, weinen machen, Glück und Unglück verteilen. Das alles konnte man allein mit Worten.

Felix genoß besonders seine Englischstunden. Der Unterricht war Leben für ihn, Leben mit seinen Schülern, mit ihren Mühen, ihrer Begeisterungsfähigkeit, ihren Freuden, ihrem Lachen und mit ihrer fast unbeschränkten Neugierde und Abenteuerlust. Mit ihnen zusammen eine fremde Sprache wie eine neue Welt aufzuschließen, das war für Felix von Anfang an eine magische Faszination.

Aber es war nicht nur die fremde Sprache, die Felix als Herausforderung entdeckt hatte. Es war auch die Muttersprache. Felix hatte sich nie vorstellen können, daß die Beherrschung der Muttersprache für so viele Kinder unerreichbar zu sein schien. Er entwickelte ein neues Hören, ein Hören nicht auf das, was seine Schüler sagten, sondern auf das, wie sie es sagten. Und tatsächlich hatte beinahe jeder zweite Schüler einen kleineren oder auch größeren Sprechfehler. Manche dieser Sprechfehler bemerkte man gar nicht, wenn man dafür kein besonderes Ohr entwickelt hatte. Sie waren nur persönliche Besonderheiten, individuelle Eigenarten wie buschige oder dünne Augenbrauen, wie die Haare über der Nasenwurzel, wie eine Warze irgendwo im Gesicht oder wie nicht ganz den Normwünschen entsprechend anliegende Ohren. Aber so, wie solcherlei Besonderheiten zu schwerwiegenden Lebenskümmernissen werden konnten, zu Schwachstellen, die man zu verstecken oder zu kaschieren versuchte, so konnten Menschen auch unter Sprechfehlern viel mehr leiden als man vermutete. Und Felix hatte rasch entdeckt, daß manche Schüler ihre Sprechfehler auch in die fremde Sprache mit hinübernahmen. Das vor allem hatte ihn nach Methoden suchen lassen, solche verfestigten Angewohnheiten abzutrainieren. Er erprobte alle möglichen Kunststücke: Reime, Schüttelverse, Zungenbrecher. Die hilfreichste Methode schien aber das Singen zu sein.

Bis er schließlich noch ein neues Feld entdeckt hatte, das Theater.

Nicht das richtige Bühnentheater mit Schülern als Laienspielern, mit Stars und Statisten und mit denen vorn, die immer vorn sind, und mit denen im Schatten, die immer im Schatten stehen. Das war nicht sein Konzept gewesen. Er hatte eine neue Kunst entdeckt, die alle Schüler in gleicher Weise zum Team gehörig machte, gleichgültig, welche Aufgaben sie ausführten. Felix hatte die Marionettenbühne als beinahe universelles pädagogisches Instrument entdeckt.

Er begann, mit seinen Schülern Figuren zu basteln. Das war mühevoll und schwierig. Aber es war auch interessant und machte Spaß. Da entstanden – von einigen Schülern mit Hingabe gestaltet – menschliche Bildnisse, markige Charakterköpfe, Apostelgesichter, böse Frauen und Hexen, zierliche, grazile hübsche Mädchen, elegante Damen und Burschen in Trachten und historischen Gewändern. Viele seiner Schüler legten ihre Seele in ihre Figuren. Und die Mütter zu Hause nähten mehr oder weniger begeistert die Kleider für eine junge Lady mit elegantem Ballkleid und schwungvollem Hut, einen Gentleman mit Frack und Zylinder, einen Bauernburschen, einen Landsknecht, eine Nonne, einen Bäcker, einen Edelmann.

Manche Schüler waren handwerklich sehr ungeschickt. Manche zeigten ihre besonderen Begabungen in anderen Bereichen. Sie malten Kulissen für die Stücke, schöne Gemälde und einfältige Landschaften, kindlich empfundene Bauernstuben, ehrwürdige Salons, sogar mittelalterliche Straßenzüge. Da wurden Phantasien hineingelegt, ästhetische Gefühle ausgelebt, Fernsehwelten kopiert, Abbildungen aus den Geschichtsbüchern verzweifelt oder kunstvoll nachgestaltet.

Möbel mußten gebastelt werden: Tische, Stühle, Sessel, Schränke und Kommoden. Es gab sogar einen kleinen Kachelofen und ein Klavier. Bäume wurden ‚gebaut‘, dorische Säulen, ein Traktor und ein Eselskarren.

Und da gab es die technisch begabten Schüler, die mit Beleuchtung in vielen Variationen experimentierten, mit Vätern spezielle Scheinwerfer bauten, in die sich farbige Transparentscheiben einschieben ließen. Da wurde mit Farbeffekten und Farbmischungen herumprobiert, Hell-dunkel-Ausleuchtungen wurden erprobt.

Und dann wurde an dem Stück gearbeitet. Es gab nie ein fertiges Manuskript. Man diskutierte zusammen über das, was man spielen wollte, entwickelte die einzelnen Szenen, übte, änderte, konzipierte neu, wühlte sich von Szene zu Szene zu einer durchgängigen Handlung. Oft dauerte es Monate, bis endlich der Inhalt eines Stückes stand. Der war manchmal nur dürftig. Aber war das wesentlich? Mit dem Inhalt ergaben sich die handelnden Figuren, und zu den Figuren gehörten die Sprechrollen hinter der Bühne – kleine Rollen, große Rollen, wichtige Rollen, Nebenrollen. Aber was machte das schon aus, wenn man die Spieler gar nicht sah, wenn sie hinter einem Brett versteckt waren. Mancher Schüler konnte seine eigene Puppe führen und gleichzeitig seine Rolle sprechen. Andere teilten sich ihre Aufgaben, der eine führte die Figur, der andere sprach die Rolle. Und wenn so eine Figur von rechts auftreten und dann links abgehen mußte, führten sogar viele Schülerhände eine einzige Figur.

Tausend kleine Erfindungen wurden von pfiffigen Schülern, findigen Vätern, engagierten Müttern gemacht, bis ein Stück endlich so weit entwickelt war, daß man es spielen konnte, bis alles für eine Aufführung stimmte. Das komplizierte Zusammenspiel – vom Bühnenumbau beim Szenenwechsel bis zur Beleuchtungseinstellung, von der Positionierung der Figuren und der Rollensprecher, zwischen Geräuschemachern und Toneinspielern bis hin zu denjenigen, die den Vorhang zu öffnen und zu schließen hatten – erforderte konzentrierte, feinste Abstimmung. Es war ein aufregendes Gewusel auf engstem Raum hinter der Bühne, knisternde Stimmung. Das, was da aus dem Bühnenbild, aus diesen verdammten 1,20 Metern Länge und 1,10 Metern Höhe an optischer und akustischer Wahrnehmung, an Stimmung und Faszination herauskam, das allein war der verdichtete gemeinsame Inhalt des Lebens geworden.

Natürlich hätten diese umfassenden Arbeiten niemals in Unterrichtsstunden erledigt werden können. Dazu war der Weg von der Idee eines Stückes über die technische und künstlerische Gestaltung der Figuren, der Kulissen, der zahlreichen Requisiten, der Texterstellung und der Tonbandschnitte viel zu langwierig und zu kompliziert. In welchem Fach hätte man alle diese Aktivitäten entwickeln können? Hier im Theater waren die Schulfächer zusammengefaßt. Hier brauchte man Inhalte aus dem Unterricht in Technisch Werken, Kunsterziehung, Handarbeit und Deutsch ebenso wie aus Musik, Geschichte, Englisch. Wie hätte so ein Stück jemals im regulären Unterricht entstehen können? Der Apparat Schule war hierzu viel zu träge.

Felix arbeitete mit seinen Schülern in der Freizeit. Er hatte nie Schwierigkeiten, seine Schüler für seine Stücke zusammenzubekommen. Er hatte immer zu viele. Zweimal in der Woche trafen sie sich in der Schule und werkelten an ihrem Thema. An den Abenden kamen manchmal auch Väter und Mütter zu Felix nach Hause, um mit ihm Einzelheiten von technischen oder gestalterischen Lösungen zu besprechen.

„Sie haben meiner Tochter gesagt, aus diesem Holzgerippe soll ein Freiherr von Münchhausen werden, ein Benediktiner, ein Landsknecht, eine Schankwirtin aus der Zeit der Bauernkriege. Und aus diesem Gestell soll eine Lady beim Pferderennen von Ascot gemacht werden. Wie soll das denn gehen? Wie sollen die denn ausgesehen haben?"

Dann wurden zusammen mit den Eltern Bücher gewälzt, die Mode der Zeit rekonstruiert, Modellzeichnungen gefertigt, Schnittmuster entworfen. Väter kamen zu Felix und machten Vorschläge für technische Bühnenverbesserungen. Maler, Tischler, Elektroniker boten ihre Dienste an. Das Spiel der Schüler wurde auch zum Projekt für viele Eltern, Freizeitbastler, Hobbykünstler.

Wenn es dann – meistens zu einem besonderen Fest oder zum Schuljahresende – endlich zur eigentlichen Aufführung kam, saßen viele Eltern voller Stolz unter den Zuschauern und freuten sich über ihre Kinder, die professionelles Theater gestalteten. Auch Publikum aus der Gemeinde war zahlreich herbeigeströmt. Gelegentlich waren auch mal Kollegen gekommen.

Über die Jahre waren interessante Schülerstücke entstanden, nicht unbedingt literarische Werke, aber Stücke, in die die Kinder ihre Phantasien hineingelegt hatten, ihre eigenen Welten, ihre Lebensträume. Da gab es die Geschichte des alten Kapitäns, der sein Leben lang auf Schatzsuche war, die herrlichsten Schätze dieser Erde auf irgendwelchen Palmeninseln gefunden hatte, sie dann aber immer wieder tolpatschig verloren hatte. Da gab es das Spiel von neuen unbekannten Abenteuern des Freiherrn von Münchhausen, die traurige und doch glückhafte Geschichte vom armen Jonas im Wal, die wilde Tragödie von den armen Bauern während der Bauernkriege, die eine Inspiration aus dem Geschichtsunterricht war, die Geschichte von den Bremer Stadtmusikanten im Jahr 2000 und die Auszüge aus My Fair Lady auf Nordfriesisch.

Für die Schüler waren das bedeutende Kunstwerke – ihre Werke. Für Felix waren es Kunstwerke in einem zweifachen Sinne: Kunstwerke als Theaterstücke, die in Bild und Sprache selbständig von den Schülern inszeniert wurden, und Kunstwerke als pädagogische Arbeiten. Es war eine Leistung, wenn da zwanzig Schüler ein ganzes Jahr in ihrer Freizeit für ein Stück gearbeitet hatten, ohne den Druck der Noten im Kreuz, ohne Zwang, ohne Wettbewerb, ohne das ewige Ich-bin-besser-als-du.

Felix war bei allen Aufführungen mit in diese geschäftige Betriebsamkeit hinter der Bühne eingebunden. Er war da gar nicht mehr der Lehrer. Er war einer, der wie alle schnell dort Hand anlegte, wo es brannte, wo eine Figur heruntergefallen war und schleunigst zum Auftritt wieder entwirrt werden mußte. Und auch er bekam von seinen Schülern einen bösen Blick, wenn er in der Aufregung was verbockt hatte, was ein anderer wieder durch Improvisieren geradebiegen mußte. Auch dieses Improvisieren hatten sie über die Dauer der Proben gelernt. Theater, Theater!

Befreiend dann die Stunde danach, wenn eine Aufführung so richtig geklappt hatte, wenn alles lief, wie man sich das vorgestellt hatte. Das war ein Gefühl. Dann saßen sie immer noch zusammen und besprachen Verbesserungen. Seine Schüler paßten genau auf. Felix mußte nie kritisieren. Er brauchte nie selbst nachzubesprechen, auf Fehler hinweisen, Dinge besonders erwähnen, die nicht so geklappt hatten. Das besorgten die Schüler selbst. Sie wußten immer selbst, wo es diesmal nicht so ‚super' war. Und sie wußten dies auch dann, wenn das Publikum eine Aufführung als sensationell gewürdigt hatte.

Von Jahr zu Jahr entwickelte Felix seine Bühne weiter. Da gab es so viele Dinge, die anfangs zu primitiv waren. Mal mußte eine neue, platzsparendere Beleuchtung entwickelt werden, dann waren die Mikrofone für die Spieler ein Problem und mußten wegen der ständigen Übersteuerungen verändert werden. Die Technik wurde mehr, komplizierter und kostspieliger. Aber die spielerischen Möglichkeiten steigerten sich ständig. Nach vier Jahren hatte Felix – wenn auch mit enormen privaten Kosten – eine Bühne entwickelt, die es sowohl von der elektronischen Ausstattung als auch von der Sicherheitskonstruktion mit jeder professionellen Puppenbühne hätte aufnehmen können. Und seine Bühne hatte noch eine wichtige pädagogische Neuerung – man konnte auf ihr geschlossen und offen spielen.

Schon bei seinen ersten Theaterversuchen hatte sich Felix besonders auf das Rollensprechen konzentriert. Dies war ja der Anlaß gewesen, sich überhaupt mit dem Theater zu befassen. Anfangs hatte Felix beobachten können, daß Schüler ihr Sprachverhalten änderten, wenn sie nicht als sie selber sprachen. Klaus, der Schwierigkeiten hatte, ein sauberes „S" zu sprechen, sprach es in der Rolle des Schatzsuchers Jack plötzlich korrekt. Und Sigrid konnte als Gastwirtstochter Anneliese auf einmal das R aussprechen. Ganz so einfach waren die Wunder aber meistens nicht.

Hatten die Schüler größere Sprechschwierigkeiten, bedurfte es langer intensiver Arbeit, um ihnen wirklich zu helfen. Und diese Hilfe war auf der Marionettenbühne leicht zu geben, weil man hier nicht nur in eine Rolle schlüpfte, sondern sich außerdem beim Sprechen noch hinter einer Bühne unsichtbar machen konnte. Da ließen sich auf einmal Dinge sagen und aussprechen, die von Angesicht zu Angesicht von einer inneren unbestimmten Nervosität nicht zugelassen wurden. Das war Felix' Therapie. Und sie funktionierte in überraschend vielen Fällen.

Aber alles war eine fast übermenschliche Geduldsarbeit.

„Ja, das war gut so. Noch mal, Claudia."

Und Claudia wiederholte ihren Satz. Einmal, zweimal, dreimal, sooft es Felix haben wollte. Und Claudia verstand, worum es ging und war dankbar. Sie waren ihm alle dankbar für die endlosen Stunden, die er mit ihnen übte, übte und übte. Sie verstanden alle.

Diesmal war Sally dran. Sie spielten als Theaterstück, was sie in der Wirklichkeit selbst taten. Sie spielten Auszüge aus 'My Fair Lady'. Sie lernten sprechen.

Professor Higgins lehrte Eliza Doolittle, wie man wunderbar spricht. Lange, lange, lange und gnadenlos.

„Probier's noch mal, Sally. Ich spreche es dir vor: Vom schwarzen Moos verkrustet zäh steh'n Blumentöpfe dicht an dicht. Der Rost zerfrißt Zaunnägel jäh, bis das Spalierobst zu Boden bricht." Und Sally probierte. Immer und immer wieder. Und noch einmal. Und alle freuten sich mit ihr, wenn es klappte, denn Sally konnte kein R sprechen. Aber sie lernte es. Zuerst hinter der Bühne und dann im Unterricht, bis sie es fürs Leben gelernt hatte. Felix war ein strenger Lehrer, aber seine Schüler liebten ihn, weil er ihnen immer gesagt hatte, worum es ging und was das sollte. Schüler wollten immer wissen, worum es ging und was das sollte. Und sie waren auch immer sehr verständig, wenn sie wußten, worum es ging und was das sollte.

Dann hatte Felix eine neue Erfindung gemacht. Einen Zwischenschritt beim Abtrainieren von Sprechfehlern. Er hatte den Bühnenteil über der Bühnenbildfläche für die Marionetten, der bisher aus einer Holzplatte bestanden hatte, durch einen Vorhang ersetzt. Wenn man ihn öffnete, konnte man unten die Bühnenszene verfolgen und darüber die Spieler sehen. Für die Zuschauer war das meistens der interessanteste Teil gewesen, wenn Felix für die letzten Akte den oberen Vorhang aufgezogen hatte. Es war faszinierend, die Schüler in ihrer Hingabe an ihr Stück zu beobachten. Man sah ihnen die Konzentration und ihre Versunkenheit in ihre Rolle an. Und man lebte mit, sorgte mit, fieberte mit.

Für die Spieler hatte dieser offene Vorhang aber eine andere Funktion. Es war der Schritt vom versteckten Rollensprechen zum offenen Rollensprechen. Ein Schritt, der unverzichtbar war, wenn Schüler einmal beim freien Sprechen ihre Sprechfehler ablegen sollten.

‚My Fair Lady' war das glanzvollste Stück, das Felix mit einer Schulklasse inszeniert hatte. Sie spielten nur Auszüge des Musicals. Es waren die Auszüge, die dem Publikum mit den Sprechübungsszenen erklärten, wie Professor Higgins Eliza Doolittle wie eine Lady zu sprechen lehrte. Damit gewann das Publikum gleichzeitig einen interessanten Einblick in die Arbeitsweise der Theatergruppe.

Felix bangte während des Stückes. Die Bühnenumbauten waren kompliziert. Und es gab schwierige Ausleuchtungsstellen. Zu allem Überfluß hatten sie beim Pferderennen in Ascot auch noch eine Balettszene eingebaut – eine Ballettszene mit Marionetten. Aber alles lief wunderbar. Es war ein Kunstwerk von beachtlichem Niveau, ein Kunstwerk, wie es vielleicht die meisten seiner Schüler ihr ganzes Leben nie wieder gestalten würden. Und es war ein Kunstwerk, das seinen siebzehn Schülern hohe Leistungen in sehr vielen spielerischen und technischen Bereichen abverlangte.

Felix war stolz. Er hätte sie alle nach der Vorstellung am liebsten umarmen mögen. Aber das taten die Eltern. Den Schülern schien dies nichts zu bedeuten. Sie wollten nur immer von Felix wissen, wie er mit ihnen zufrieden war. Ob er denn bemerkt hätte, daß sogar die schwierige Stelle klappte, wo die Puppe Eliza das H so hauchen mußte, daß die Flamme immer ein bißchen flackerte. Und sie flackerte wirklich – für die Zuschauer ein technisches Wunder.

„Ich sehe Krähen in der Nähe. Rehe sehe ich eher näher."

Und bei jedem H flackerte die Flamme, weil Fritz durch ein kleines Aquariumschläuchchen blies. Nie zu fest, nur so, daß die Flamme eben ein bißchen flackerte. Und am Schluß mußte er die Flamme durch das Schläuchchen ausblasen. Das hatte bei den Proben fast nie geklappt. Aber heute bei der Aufführung hatte alles bestens funktioniert. Theater, Theater.

Und Oberst Pickering, der seinen Hut ziehen mußte. Eine Marionette, die den Hut zieht, sich verbeugt und dann den Hut wieder aufsetzt. Es waren so viele kleine technische Wunder in diesem Stück. Wunder, die das Publikum erstaunen ließ. ‚Wie machen die das nur?'

Und alle hatten sie eine Sprache zum Träumen hingelegt. Sally, die die Eliza spielte, Barbara, die den Professor Higgins sprach. Sie, die selbst einen schweren Sprachfehler hatte und unter ihm litt, spielte diesen vokalverrückten Professor, der so wunderbar sprach, daß die ganze Welt auf ihn hörte. Barbara war so glücklich, wie Felix noch nie vorher einen Jugendlichen gesehen hatte. Sie war an diesem Stück für ihr Leben gewachsen, geheilt von dem, das sie tief bedrückt hatte.

Nach dem Stück war ein Mann aus dem Publikum zu ihnen in den Nebenraum gekommen, wo sie gerade anfangen wollten, ein bißchen zu feiern.

„Hört zu, Kinder," stotterte er, „die Leute da draußen wollen nicht nach Hause gehen. Sie wollen euch nochmal sehen. Spielt nochmal diese bezaubernde Tanzszene. Spielt sie noch mal. Ich habe noch nie in meinem Leben so etwas ergreifend Schönes gesehen. Bitte, spielt sie nochmals."

Draußen klatschte das Publikum im Takt. Sie hörten nicht auf, bis die Schüler herausgekommen waren und hinter ihre Bühne krochen, wie in ein U-Boot. So eng war diese Bühne. Und sie spielten die Szene nochmals. Und dann nochmals. Der Beifall war überwältigend.

Wieder stellte sich die Truppe vor der Bühne auf, verneigte sich vor dem Publikum. Unter den Zuschauern sah man stolze Väter- und Müttergesichter, freudige Brüder- und Schwesteraugen. Der Beifall wollte nicht enden.

Herr Rapp, damals noch Schulleiter der Realschule Niewebüll, beendete den Festabend mit dem üblichen Pädagogenabgesang. Er sprach anerkennende Worte zu den Schülern, lobte ihren Eifer und ihr Engagement, bewunderte ihre große Leistung, bedankte sich für die schöne Stunde, die sie ihnen allen bereitet hatten. Und er bedankte sich auch bei Felix – ein bißchen eigenartig kühl und förmlich – für sein so großes pädagogisches Freizeitengagement.

Die Spielertruppe saß noch eine Weile in einem Klassenzimmer. Man feierte den Erfolg mit Limonade und Süßigkeiten. Die Schüler erzählten mit Ernst und Sachverstand von Szenen, die an diesem Abend besonders gut geklappt hatten, Beinah-Pannen, die sie gerade noch abwenden konnten.

„Dieser Tag war das schönste Erlebnis in meinem Leben", meinte Bernhard, der den Oberst Pickering gespielt hatte. Und Pia wollte von Felix wissen, ob es möglich wäre, das ganze Stück mit einer Videokamera aufnehmen zu können. Ihr Vater würde das gerne machen. Sie wissen schon". Und dann begann sie:

„Vom schwarzen Moos verkrustet zäh steh'n Blumentöpfe dicht an dicht. Der Rost zerfrißt Zaunnägel jäh bis das Spalierobst zu Boden bricht."

Alle Schüler lachten.

„Ich weiß, wie gut Sie zu mir sind", fuhr sie fort und beachtete peinlichst die richtige Artikulation des s-Lautes in diesem schwierigen Satz.

„Jedes Wort klar wie eine Glocke!" scherzte Felix.

Die Schüler sprachen ganze Szenen. Es war, als wollten sie das Glück der gelungenen Vorstellung nochmals einfangen. Sie konnten sich nicht trennen von diesem Abend, auf den sie ein Jahr hingearbeitet hatten.

Am nächsten Morgen wurde Felix schon vor Unterrichtsbeginn zum Schulleiter gebeten.

„Herr Niesner, ich habe da eine ernste Sache mit Ihnen zu besprechen. Verstehen Sie bitte, daß ich persönlich damit gar nichts zu tun habe. Wirklich, ich habe damit nichts zu tun. Ich muß nur anordnen, was mir aufgetragen wurde."

„Ich verstehe nicht. Ich verstehe gar nichts."

„Setzen Sie sich." Schulleiter Rapp ging auf und ab. Er zog nervös an seiner Zigarette, blieb vor dem großen Fenster stehen, durchmaß das Zimmer wiederum mit großen hastigen Schritten.

„Was ist denn los?"

„Es ist mir unangenehm, Ihnen das mitzuteilen. Ich weiß, daß es Ihnen wehtun wird. Verstehen Sie bitte, daß ich nichts damit zu tun habe."

„Womit. Nun sagen Sie bitte, womit?"

Schulleiter Rapp zog nochmals kräftig an seiner Zigarette.

„Das Schulamt untersagt ihnen ab sofort, weiterhin Theater zu spielen."

Felix konnte nicht antworten. Er war fassungslos. Alle möglichen Gedanken gingen ihm durch den Kopf. Was hatte er falsch gemacht? Wo sollte eine dienstliche Verfehlung liegen? Hatte er seine Schüler ungebührlich behandelt? Waren seine Stücke sittenwidrig, gesellschaftskritisch, politisch verdächtig? Was war los?

„Gibt es eine Begründung?" brachte Felix nach längerer Denkpause mit zittriger Stimme heraus.

„Es gibt keine Begründung. – Man hat mir keine Begründung gesagt. Man hat nur angeordnet, daß … "

„Dann … Dann soll ich also auch gar keine weiteren Fragen mehr stellen."

„Keine weiteren Fragen."

Schulleiter Rapp schaute Felix mit finsterem Gesicht an.

„Herr Niesner, es ist mir sehr unangenehm. Sie sollen wissen, daß das nicht meine Entscheidung ist.

Es wurde so angeordnet. – Von oben, Sie verstehen."

„Ich verstehe."

Das war alles, was er noch sagen konnte. Dann verließ er panikartig das Zimmer des Schulleiters, stürzte hinunter zur Toilette, schloß sich ein und weinte herzzerreißend. Was sollte er getan haben? Was konnte er mit seinem Marionettenspiel falsch gemacht haben, irgend was gegen die guten Sitten, gegen die Religion, gegen den Staat, gegen die Schule, gegen seine Kollegen, gegen Elternvorstellungen. Felix hatte keine Ahnung. Er versuchte, den Inhalt der Stücke durchzugehen, nach verfänglichen, doppeldeutigen Szenen oder Dialogen abzuklopfen. Aber da war nichts. Nichts, wenn man unbefangen war. Aber Felix verstand, daß man aus jedem Text etwas Umstürzlerisches herauslesen konnte, wenn man sich nur böswillig genug daranmachte. Dann würde es sicherlich nicht schwer gewesen sein, etwas zu finden, die Worte zu drehen und zu wenden, in verschlungene Beziehungen zu setzen, ihnen ‚staatsfeindliche‘ Assoziationen und gesellschaftszersetzende, zwischenzeilige Inhalte einzulesen.

Felix fühlte sich vernichtet. Aber er mußte durch diese neue Lage. Wie glücklich war er noch am Abend vorher nach Hause gegangen. Er hatte sich so mit seinen Schülern gefreut. Er hatte mit ihnen mitgefühlt, verstanden, was in ihnen vorgegangen war, als sie dieses Kunstwerk vor dem Publikum ausgebreitet hatten. Er hatte verstanden, daß sie für ihn gespielt hatten, für ihn alles gegeben hatten, was sie konnten. Daß sie auch ihm Dankeschön sagen wollten für ein Jahr Mühen und schwerste geduldige Arbeit. Und da gab es einzelne, die in tiefster Seele begriffen hatten, daß er ihnen die Gabe des unbefangenen Sprechens geschenkt hatte – irgendwie und für das ganze Leben.

Was für eine Wende in den Dingen. Wie würde er es ihnen sagen können? Wie sollte er ihnen erklären, was er selbst nicht verstand? Felix biß sich auf die Zähne. Er wischte sich die Tränen aus den Augen, rückte seine Krawatte zurecht.

Und dann ging er in den Unterricht, als wäre nichts gewesen.

Im ersten Augenblick der Verbitterung wollte Felix zu seinem Schulrat fahren und ihn nach den Gründen der Entscheidung befragen. Er wollte wissen, was man gegen ihn oder gegen seine Arbeit haben könnte. Aber dann ließ er auch von diesem Vorhaben ab. Er hatte nie mehr danach gefragt.

Erst Jahre später erfuhr er, daß der Pastor von Niewebüll beim Schulrat vorstellig geworden war. Er hatte sich beklagt und Felix angeschwärzt, ihm unterstellt, daß er seine Schüler zur Kirchenfeindlichkeit erzöge, weil sie in einer Szene eines Stückes über die Bauernkriege das historische Lied ‚Wir sind des Geyers schwarzer Haufen‘ sangen. Immerhin hieß es dort doch im Refrain: ‚Spieß voran, drauf und dran, setzt aufs Klosterdach den roten Hahn.‘ – Immerhin.

11.

Felix hatte Rostock endlich hinter sich gelassen. Der Verkehr in dieser Stadt war fürchterlich. Man konnte kaum mal einige hundert Meter wirklich fahren. Der Rest war ein Sichdurchmogeln – stop-and-go -, mit Fluchen und Schimpfen und stierem Blick auf die Stoßstange des Vordermanns. Amanda hatte das alles nicht bekümmert. Sie lag auf ihrer Beifahrerfußmatte, hatte sich eingeringelt wie ein kleines Hündchen und vor sich hingegrunzt. Manchmal – wenn Felix besonders laut schimpfte – öffnete sie die kleinen Schweinsäuglein, steckte ihre lange Wildschweinschnauze in die Höhe, grunzte verwundert, drehte sich vielleicht einmal und legte sich wieder in ihre gewohnte Warte- und Schlafposition. Irgendwo klirrte und klimperte Münzgeld.

„Wildschwein müßte man sein. Sakrament, du kümmerst dich doch um nichts auf der Welt. Läufst mir hinterher, läßt dich nicht mehr abwimmeln, drängst dich einfach in mein Leben, und ich soll nun schauen, wie ich mit dir zurechtkomme. Typisch Wildsau!"Amanda grunzte zweimal. Felix hatte längst gelernt, daß dies Bestätigung bedeutete. Bestätigung, so wie auf seinem Schreibcomputer zu Hause. Bestätigung.

„Aber laß man, wir schaffen das schon. Erst muß ich jetzt mal das viele Geld hier loswerden."

Wieder grunzte Amanda zweimal. Bestätigung. Und Felix grunzte auch zweimal. Bestätigung.

Endlich löste sich der Stau ein bißchen. Der Verkehr war flüssiger geworden. Und dann ging's tatsächlich zügig dahin durch alle möglichen Nester. Felix suchte einen Ort mit einer Bank. Aber das zog sich hin. In dem einen Nest hatte er die Bank zu spät entdeckt, im nächsten wollte der Verkehr ein plötzliches Ausscheren nicht zulassen, so daß er weiterfuhr. Und so ging es dahin bis Ribnitz Damgarten. Hier gab es Banken; Banken nach Belieben. Banken mit großen klotzigen Scheiben in weiß leuchtenden Plastikrahmen. Banken mit und ohne Geldautomaten. Banken mit Parkflächen mit neuen, rot gepflasterten Mustern und kleinen Pflanzlöchern für Bäume, die noch werden mußten. Banken – just the style of the West!

Und dann hatte sich Felix endlich für eine Bank entscheiden können.

„So, nun paß mal auf, Amanda."

Felix hatte sich angewöhnt, zu Amanda zu sprechen, als wäre sie ein menschliches Wesen. Und irgendwie hatte er das Gefühl, daß sie ihn verstehen würde. Immer kam ihr übliches zweimaliges Grunzen für Bestätigung, Roger, Okay oder ‚Alles klar', und immer schien es auch so, als wäre tatsächlich alles klar.

„Ich gehe jetzt mit meinem Geigenkasten in die Bank. Ich muß diesen ganzen Kram hier loswerden. Dann werde ich nochmals zurückkommen zum Auto, um den Rest in einer zweiten Gitarrenkastenladung zu holen, und dann, dann fahren wir in den Wald. Alles klar?"

Amanda grunzte zweimal. Bestätigung. Felix versuchte auch, zweimal zu grunzen. Bestätigung. Dann zerrte er seinen Gitarrenkasten aus dem Auto und ging vorsichtig los. Der Kasten war verdammt schwer. Felix hatte Angst, daß die Verschlüsse nicht halten könnten.

Die Bank war neueste Architektur. Alles einfach toll. Das Neueste, was westliches norddeutsches Architektendesign zu bieten hatte. Alles einfach perfekt und sogar in die lokale Bautradition eingepaßt. Nicht lange würde es dauern, und dieser Osten würde der modernere Teil Deutschlands sein, dachte sich Felix und ging in die Bank.

Er schien der einzige Kunde zu sein. Gleich hinter dem ersten Schalter blickte ihm eine Angestellte entgegen, mit freundlichem verbindlichen Lächeln, vertrauensvoll und vertraulich, als hätte sie ihn schon erwartet.

„Guten Tag." Felix hatte sich bemüht, möglichst ernst und förmlich zu wirken.

„Guten Tag. Kann ich Ihnen helfen?" Die Dame lächelte ihn freundlich an, freundlich und so, als würde sie ihn schon seit Jahren persönlich kennen.

Da war es wieder, frisch aus dem Westen importiert. Dieses ‚Kann ich Ihnen helfen', das sich im Westen erst seit einigen Jahren eingebürgert hatte, ein deutschsprachiger Anglizismus gewissermaßen, dem englischen ‚Can I help you' abgeguckt. Da war es also wieder, frisch importiert in neue bundesdeutsche Lande.

„Natürlich können Sie mir helfen. Deshalb komme ich ja zu Ihnen."

Die Dame blickte schuldbewußt, als hätte sie einen schlimmen Fehler gemacht.

90

Felix wuchtete seinen schweren Gitarrenkasten auf die Theke.

„Sehen Sie. Das ist ein ganzer Kasten voll mit Münzgeld."

Zwei helle, schöne blaue Augen – norddeutsch mecklenburgisch – blickten ihn ungläubig an. Die Dame signalisierte Ängstlichkeit. Was für ein neues Problem würde jetzt wieder auf sie zukommen?

„Naja, kann sein, daß da auch paar Scheine dazwischen sind. So genau habe ich da nicht aufgepaßt. Könnten Sie das mal durch Ihre Kaffeemühle lassen? Ich muß das ja mal wo wechseln."

„Kaffeemühle?" Die Dame schien nicht zu verstehen.

„Naja, Sie wissen schon. Sie haben da doch so ein Gerät."

Die Dame hinter dem Bankschalter blickte ihn verwundert an. Felix merkte, daß sie vor der offensichtlich ungewöhnlichen Situation Angst hatte. Vielleicht war sie eine Frau der Routine, eine der vielen Frauen, die vor neuen Situationen Angst haben. Aber – und das sah Felix gleich – sie war eine ausgesprochene Schönheit. Mit Schönheit hatte Felix immer zurechtkommen können.

„Na, so ein Gerät, wo man die Münzen oben reinwirft, ich müßte fast sagen reinschüttet, und unten kommen sie dann sortiert und gezählt wieder heraus", schulmeisterte Felix lächelnd.

Die Dame hinter dem Schalter schaute Felix ungläubig an. Felix bemerkte, daß sie ausnehmend geschmackvoll gekleidet war. Alles an dieser Frau war betörend schön – venusschön, blond, mit großen blauen Augen und dezentem Schmuck. Aber sie schien – trotz der Sicherheit, die dieses Outfit geben mochte – ratlos. Sie blickte fast besorgt und irgendwie mit der Situation überfordert auf Felix' Gitarrenkasten.

„Ja, aber so viel Geld? Das geht doch mit unserer kleinen Sortier- und Zählmaschine überhaupt nicht."

Felix versuchte, Vertrauen und Sicherheit auszustrahlen.

„Natürlich geht das. Wissen Sie, ich habe festgestellt, wer alles will, der kann auch alles. Draußen im Wagen habe ich vielleicht noch mal so 'ne Fuhre. Da müssen wir jetzt durch."

Felix lächelte freundlich. Dann fügte er hinzu:

„Sie und ich."

Die Dame am Schalter – Felix schätzte sie auf noch knapp unter fünfzig – leistete zögernden Widerstand. Felix sah ihr an, daß sie nachdachte. In ihrem Blick lagen Unsicherheit und Skepsis. Vielleicht dachte sie auch, Felix hätte eine Bombe in seinem Kasten, eine Kalaschnikow, einen Revolver. Felix öffnete den Kasten, um der Dame zu zeigen, daß er tatsächlich lediglich Münzgeld zu bieten hatte.

„Wo haben Sie denn das ganze Geld her? – Ich meine – ich meine, das geht mich ja nichts an. Aber es kommt ja nicht alle Tage jemand mit soviel Münzgeld."

„Keine Angst, gnädige Frau."

Felix fühlte sich in seiner neuen Rolle als Straßenmusikant so befreit von aller norddeutschen Steifheit, daß er seine Mitmenschen plötzlich auch ganz anders anreden konnte. Niemals vorher in seinem Leben hätte er jemanden mit ‚gnädige Frau' angeredet.

„Ich habe keine Automaten geknackt. Ich habe keine Telephonzellen ausgeraubt. Ich war kein Spielhöllenmatador, kein Kartenspieler, kein Degenschlucker. – Degenschlucker, da brächten Sie mich noch auf eine Idee. Das muß ich mir merken. – Nein, nein, ich habe das ganze Geld als Straßenmusikant verdient. Einfach so mit meiner Stimme und mit meiner Gitarre – und Sie werden es nicht glauben – in nur wenigen Tagen, nicht in einem ganzen Monat oder so."

Die hübsche, kühlblonde Frau blickte Felix ungläubig an. Sie war schlank, groß und durch und durch mecklenburgisch. Felix mochte ihre sanfte Stimme, ihren mecklenburgischen Akzent, ihr langegezogenes ‚er' im Endlaut. Felix amüsierte die typisch norddeutsche Abwesenheit des Buchstabens ‚r'. Wenn sie Herr sagte, klang das eher wie ‚Heea' mit deutlichem langen ‚e' und mit etwas, das eigentlich ein ‚r' sein sollte aber zu einem dumpfen ‚a' abgeschliffen war. Sie war eine elegante Frau, eine wirkliche Lady, eigentlich nicht geschaffen für den neu eingebürgerten Beruf einer Bankstewardeß. Sie strahlte Gutherzigkeit aus.

„Soviel Geld", sagte sie nochmals nachdenklich. „Da bin ich ja dumm."

„Das, gnädige Frau, könnte ich mir niemals vorstellen."

Felix genoß das Gespräch mir dieser interessanten Frau.

„Aber, wenn Sie wollen, singen Sie doch mit. Können Sie ein Instrument spielen? Flöte, Gitarre, Geige oder – oder vielleicht Akkordeon? Sie sehen aber nicht so aus."

Die Frau hinter dem Schalter quittierte diese Bemerkung mit einer leicht beleidigten Miene.

„Ich habe früher mal Schifferklavier gespielt. Als Kind, wissen Sie, mein Vater war Seemann. Er wollte immer, daß ich diese Seemannslieder spiele: ‚Rolling home‘ und ‚Hein spielt abends so schön auf dem Schifferklavier‘ und so. Aber das ist lange her."

Felix war entzückt.

„Das könnte ich mir auch noch vorstellen. Seemannslieder, die haben auch was."

Felix sang ganz leise die Melodie von ‚It's a long time ago‘ an.

„Nee, Englisch kann ich nich."

„Es gibt so viele schöne Dinge, die man im Leben machen könnte, und Sie mußten ausgerechnet so einen langweiligen Beruf erlernen."

Die Dame hinter dem Schalter lächelte amüsiert.

„Vielleicht ist da ja was dran. Vielleicht liegen die Dinge aber ganz anders."

„Ich habe auch lange gebraucht, bis ich das begriffen habe."

„Sie sind so ein Spaßvogel. Sie kommen bestimmt aus dem Westen. Hier ist man nicht so."

Sie lächelten sich zu. Felix überlegte, wie die Dame wohl heißen könnte. Es war früher mal – wie lange das wohl schon her war – eine alte Gewohnheit von ihm gewesen, seine Schüler nie nach ihren Namen zu fragen. Er hatte ihnen immer seine eigenen Namen gegeben, Namen, von denen er glaubte, daß sie zu ihnen paßten. Namen mußten zu Personen passen. Manche Namen mußten sogar zum Alter einer Person passen. Felix hätte sich nur schwer einen Hugo oder Gustav unter fünfunddreißig vorstellen können oder eine Jasmin über vierzig. Felix war überzeugt, daß sich Personen auch so verhielten, wie es ihnen ihre Namen nahelegten. Nur er selbst war immer eine Ausnahme gewesen. Felix, der Glückliche, naja. Wie könnte diese bildhübsche Dame wohl heißen. Felix beschloß, daß nur Antje zu ihr passen könnte. Antje war norddeutsch, blond, schlank, erfrischend – mecklenburgisch. ‚Antje, mein blondes Kind.‘

„Sie gefallen mir. Vielleicht überlegen Sie sich die ganze Sache noch einmal. Wir wären ein tolles Trio."

„Wieso Trio? – Ich denke, Sie haben das alles alleine verdient?"
In Antjes Gesicht lag so eine Art von nachlassendem Interesse.
„Stimmt ja auch. Das heißt, nicht so ganz. Draußen im Auto liegt meine Partnerin."
„Liegt?"
Felix glaubte im Gesicht der Frau hinter dem Schalter offene Enttäuschung zu lesen.
„Sie singen mit einer Partnerin?" fragte Antje neugierig, „Und wieso liegt die im Auto? Ist sie müde?"
„Nein, nein! Ich singe nicht mit einer Partnerin. Wissen Sie, das ist keine Partnerin, wie Sie sich das vielleicht vorstellen. Ich arbeite zusammen mit einem jungen Wildschwein."
Antje knallte ihren Kugelschreiber auf die Schalterplatte. Vielleicht war ihr ganz plötzlich der Gedanke gekommen, es mit einem Verrückten zu tun zu haben.
„Waaas? Sie singen mit einem Wildschwein? Können Schweine denn singen?"
Da glaubte Felix, aus dem Gesicht der hübschen Frau neben Verwunderung auch Erleichterung abzulesen.
„Nein, nein. Ich singe nicht mit einem Wildschwein. Ich kann mir gar nicht vorstellen, daß Amanda singen könnte. Ich arbeite mit einem Wildschwein."
"Wie, jetzt verstehe ich gar nichts mehr."
„Sie sollen ja auch nichts verstehen. Wissen Sie, gnädige Frau", in dieses ‚gnädige Frau' hatte sich Felix schon so richtig eingefunden, „vielleicht verstehe ich das alles auch selbst nicht. Aber ich habe ein Wildschwein – wissen Sie –, ein Wildschwein, das keinen Schritt von mir weicht. Ein Wildschwein – wissen Sie –, das sein Leben mit mir teilt. Wissen Sie, die Mutter, ich meine, die Mutter von diesem Wildschwein ... "
„Was ist mit der Mutter?"
„Na, die Mutter..."
Und dann erzählte Felix der charmanten Frau hinter der dicken schußsicheren Glasscheibe die ganze Geschichte mit seiner Amanda. Zwischendurch kamen Kunden. Felix trat zurück, wartete ab, bis die Dame

wieder Zeit hatte. Und dann setzten sie ihr Gespräch fort. Felix nahm zum ersten Mal in seinem Leben wahr, daß hinter Bankschaltern tatsächlich Menschen saßen. Bisher hatte er nur Fassaden von steril gepflegtem Personal, Gesichter hinter Schminke, Haarspray und wohltemperierten Dekolletés wahrgenommen. Diese Antje hatte ganz persönliche, private, fast intime Züge. Felix überlegte, wie alt sie wohl sein könnte. Sie war eine anziehende Frau, eine Frau, an die man denkt, wenn man alleine ist. ‚Blonde Frauen sind ab vierzig am attraktivsten‘, dachte Felix. So um die fünfundvierzig mußte sie wohl sein.

„Wissen Sie was, ich weiß gar nicht, ob ich Ihnen ihre Geschichte wirklich glauben kann. Es passiert ja so viel in unserem neuen Osten. Aber zu Ihnen muß man einfach Vertrauen haben.“

„Na also!“ Felix sagte das mit großer innerer Erleichterung.

„Ja, aber da gibt es einige Probleme.“

„Probleme! Dieses Wort kann ich schon gar nicht mehr hören.“

„Ja, können Sie sich nicht vorstellen, daß man soviel Geld nicht in Nullkommanix durch unsere – wie sagten Sie? – ja, Kaffeemühle lassen kann? Außerdem, schauen Sie doch mal auf die Uhr. Warum habe ich denn so viel Zeit, mit Ihnen zu reden. Ganz einfach, weil so kurz vor Feierabend kein Mensch mehr kommt.“

„Paar waren ja schon da.“

„Ja, aber das ist Zufallskundschaft.“

Felix schwieg enttäuscht.

„Und ich soll also wieder abdampfen mit diesem idiotischen Geld.“

Antje blickte verdrossen auf den Gitarrenkasten. Sie schwiegen sich einige Augenblicke an. Dann holte sie Luft, als wüßte sie die Lösung ihres Problems.

„Wissen Sie was, das mit dem Wildschwein interessiert mich. Das verstehen Sie nun wieder nicht. Aber macht nichts. Die Sache mit dem Wildschwein würde ich gerne sehen. Und diese Gitarrenkiste voll Geld, das kann man sowieso nicht so schnell begreifen. Wenn ich Straßenmusikanten sehe, habe ich immer Mitleid. Da liegen doch immer nur zwei oder vielleicht fünf Mark in dem Kasten. Einen vollen Kasten, das gibt es doch gar nicht.“

„Doch!“ unterbrach sie Felix, „Sie sehen doch! – Und wenn sie wollen, singe ich morgen vor ihrer Bank. Vielleicht nicht direkt vor der Bank. Felix zeigte mit der Hand durch die große sonnendurchflutete Scheibe: „Aber da drüben."

Felix zeigte auf ein altes, heruntergekommenes Haus.

„Da können Sie sehen, daß ich so einen Gitarrenkasten vollmache. Ich bin ganz sicher, daß ich das auch hier schaffe. Wie heißt dieser Ort?"

„Ribnitz Damgarten. Haben Sie das nicht gelesen?"

„Ach was, ich lese gar keine Ortsschilder mehr. Ich muß mich viel zu sehr mit meinem Wildschwein beschäftigen."

„Ich kann das alles überhaupt nicht glauben."

„Gut. Morgen singe ich hier gleich gegenüber von ihrer Bank."

„Da wird unser Chef schon für sorgen, daß Sie da nicht lange singen."

„Sie meinen dafür."

„Wie?"

„Na, die Präposition stimmt nicht. Da wird er schon ‚für' sorgen."

„Ach so. Sie sind wohl Lehrer?"

„Wissen Sie was. Alles, was morgen in diesem Geigenkasten ist, gehört Ihnen. Ich schenke Ihnen das glatt."

Antje lächelte. Ihre schönen gleichmäßigen Zähne leuchteten. An einem Zahn blinkte ein feiner Goldrand. Sie blickte Felix lange unsicher an.

„Ich glaube, ich bin in einem Film", meinte sie endlich.

„Nein, nein. Ich bin ganz echt vor Ihnen. Ich finde Sie übrigens bezaubernd. Alles klar, morgen singe ich für Sie."

Antje schüttelte den Kopf und schmunzelte.

„Na gut, in zwei Minuten habe ich Dienstschluß. Ich würde so gerne ihr Wildschwein sehen. Das scheint mir ja ganz unglaublich zu sein. Ein Wildschein im Auto."

„Amanda?"

„Ja. Würden Sie zwei Minuten auf mich warten? Wir könnten dann ja ihr Geld bei mir zu Hause zählen. Hier in der Bank geht das sowieso nicht. Das muß gezählt und in Rollen eingewickelt werden. Da sind wir Stunden mit beschäftigt. Wissen Sie was, in zwei Minuten vor der Bank. Hier draußen auf dem Parkplatz sehe ich nur noch ein Auto. Das ist bestimmt Ihr Wagen."

„Ja, mein Wagen mit Amanda. – Aber –"

„Was aber?"

Eigentlich wollte Felix noch mehr einwenden. Aber er hatte sich besonnen.

„Wir sind nicht ‚mit' beschäftigt, wenn ich Sie nochmals verbessern darf, sondern ‚damit'."

Felix und Antje fuhren in Antjes Wohnung. Das war zunächst schwieriger, als sie beide erwartet hatten. Amanda verteidigte ihren Platz auf der Fußmatte der Beifahrerseite. Antje hatte keine andere Wahl. Sie mußte auf dem Rücksitz auf Schichten von Münzgeld Platz nehmen.

„Das mit diesem Geld in ihrem Auto ist ja auch gefährlich", meinte sie um ein Gespräch bemüht.

„Ja, es rutscht beim Fahren immer nach vorne."

„Nein, das meine ich nicht. Wenn das jemand sieht, daß da soviel Geld in einem Auto herumliegt, könnte er ja auch auf dumme Gedanken kommen."

„Ach, wissen Sie, die ganze Welt ist voller dummer Gedanken."

Antje hatte Felix zu ihrer Wohnung dirigiert. Es war ein kleines Häuschen in einer lückenlos bebauten Straßenzeile – mecklenburgische akkerbürgerstädtische Siedlungsarchitektur – ein wenig am Rand des Ortes. Antje hatte Felix zum Kaffee eingeladen. Aber er konnte nicht mit ins Haus kommen.

„Wissen Sie, das geht nicht. Ich muß mit Amanda in den Wald. Sie braucht jeden Tag ihre zwei Stunden. Da gibt es keine Diskussion. Sie glauben gar nicht, wie sich so ein Tier verständlich machen kann. Amanda ist zu jeder Art von Kompromiß bereit. Sie kann den ganzen Tag oder eine ganze Nacht im Auto verbringen. Nur in einem ist sie erbarmungslos. Jeden Tag muß ich mit ihr zwei Stunden im Wald laufen. Und zwar immer so, daß die Hälfte der Zeit in den Spätnachmittag und die andere Hälfte in die Dämmerung fällt. Amanda braucht das. Ich muß das für sie tun."

„Das verstehe ich, Herr – Herr, wie soll ich Sie eigentlich anreden?"

„Sagen Sie einfach Felix zu mir."

„Na gut. Das verstehe ich, Felix. Sie gehen jetzt also spazieren, und dann treffen wir uns hier. Sie brauchen nur die Straße hundert Meter weiterzufahren, dann kommen Sie in den schönsten Wald."

„Alles klar. Wir treffen uns hier. Darf ich denn meinen Gitarrentresor hier lassen? Sie wissen schon: im Wald, da sind die Räuber."

„Wenn Sie wollen. Ich werde sie auch ganz bestimmt nicht betrügen."

„Daß ihr Bankleute auch gleich immer an solche Möglichkeiten denkt. Das ist mir völlig egal, ob Sie mich betrügen. Wenn Sie Lust und Zeit haben, können Sie ja schon anfangen zu zählen und zu rollen, würde ich sagen, wenn es keine unverschämte Zumutung wäre."

„Bis Sie zurück sind, mache ich uns was zu essen."

„Bitte keine Umstände. Ich möchte Ihnen nicht zur Last fallen."

Antje blickte verlegen zu Boden. Beide sprachen kurze Zeit nichts.

„Sie kommen aber bestimmt?" fragte sie lächelnd aber fordernd – fast schon bittend – und schlug die Wagentür zu.

12.

Der Wald war prächtig. Alte, charakterfest verwachsene Eichen mit nur wenigen Buchen dazwischengestreut verdeckten mit massiven tiefgrünen Baumkronen die letzten kräftigen Strahlen der sommerlichen Abendsonne. Eine angenehme feuchte Frische lag zwischen den Bäumen. Ihr hatte auch die staubige Trockenheit über den umliegenden, viel zu großen Getreidefeldern nichts anhaben können. Auch der Abgasgestank der Straße war nach nur wenigen Schritten ausgefiltert. Es roch nach feuchtem modrigen Moos. Der Waldboden hatte festen, fetten Kräuterbewuchs, dazwischen eingetretene gelbe, braune, rötliche Laubflächen. Zweige knisterten unter den Schuhen. Amanda würde viel zu stöbern haben unter all dem Laub und Untergehölz. Sie würde ihren Streifzug durch den Wald genießen. Und Felix würde sich erbauen. Er liebte die Stille des Waldes, die Einsamkeit in der Natur, das Alleinsein, das stille, stundenlange stumme Denken.

Und es gab viel, worüber er nachdenken wollte. Warum war ihm dieses Nachdenken so schwer geworden? Immer, wenn er sich auf eine Sache konzentrieren wollte, schoben sich die aufregenden Tageserinnerungen dazwischen. Was war das wieder für ein Tag gewesen? Er mußte unwillkürlich an die vielen Menschen in der Fußgängerzone in Rostock denken; an die vielen Leute, die klatschten, lachten, mitsangen, mit dem Fuß den Takt klopften. Und da waren die Kulleraugen aufgeregt lauschender Kinder. Immer wieder wollten sie bestimmte Lieder hören und seine Geschichten dazu. ,Erlebte Geschichte', lächelte Felix vor sich hin. Er hatte sein Programm ein bißchen ausgebaut, hatte angefangen, zu den Liedern immer auch den historischen Hintergrund zu erzählen – sehr bunt und ausmalend, manchmal manchen Schwank erfindend zu den Scharmützeln und Schlachten bei Rain am Lech, bei Geldern, am Weißen Berg. Er hatte erzählt! Erzählt, wie früher bei seinen Schülern; erzählt, daß man genüßlich zuhören mußte, gar nicht anders konnte, als den Mund, die Augen, die Ohren, das Herz, die Seele, einfach alles aufzumachen, um mitzuerleben, was diese Landsknechtslieder berichteten. Die herrlich grausame, bestialisch phantastische Plünderung Roms durch die Frundsbergschen, das Aufhängen der aufständischen Bauern an den Alleebäumen der Dorfstraßen, dieser wilde Störtebeker, der der reichen Welt Aderlaß bescheren wollte, der religionsfanatische Florian Geyer, Matthias Hiasl, das Brandschatzen von Klöstern, Schlössern und Burgen. Felix' Geschichten wurden immer schauriger, fürchterlicher, barbarischer und immer noch länger. Und immer noch mehr zu Herzen gehend waren seine mal süß-verführerischen, mal derb-rauhen Gesänge dazu. Und dazu auch noch Amanda mit ihrem wachen Dankesgrunzen.

Immer wieder schweiften seine Gedanken ab zu diesen Tageserlebnissen. Diese absurden Zentnerlasten von Münzgeld. Und dann diese Sache mit Antje. Noch immer wußte er nicht, wie Antje eigentlich hieß. Aber er würde sie einfach Antje nennen. Felix sah sie vor sich – schön, charmant, redselig, unkompliziert. Sie hatte wache Augen und einen klaren Verstand. Und da gab es auch Rätsel. Immerhin interessierte sich eine Bankstewardeß nicht üblicherweise für Wildschweine. ‚Naja, wo Frauen sind, sind auch Rätsel, das wird immer so bleiben‘, meinte Felix zu Amanda und summte die Weise ‚Antje, mein blondes Kind‘ vor sich hin.

Er zwang sich, heute endlich sein Problem zu lösen – wieder mal. Heute sollte eine endgültige Entscheidung fallen. Was sollte er tun? Er mußte zurück nach Plönstorf, zurück in die Schule. Aber war es nicht schon zu spät? Was würden sie dort sagen, wenn er plötzlich wieder auftauchte? Immerhin war er schon fast drei Wochen auf Tour. Drei Wochen ohne ein Lebenszeichen, ohne Entschuldigung, ohne Krankmeldung, ohne ärztliche Bescheinigung. Vielleicht war er schon längst entlassen, vom Dienst suspendiert? Vielleicht hatte man längst in seiner Abwesenheit ein Dienststrafverfahren eingeleitet? Wie so was wohl ablief, rätselte Felix vor sich hin.

Amanda trottete mal vor ihm, mal hinter ihm. Sie schnüffelte in den Boden hinein, warf ein Büschel Blätter hoch, schob ganze Erdklumpen zur Seite, um endlich was aus dem Boden zu holen, was gut und köstlich roch. Dann schmatzte sie laut. Und nachdem alles, was es da im Boden gab, aufgefressen war, schob sie mit ihren Hinterläufen das Laub wieder über das ausgebuddelte Loch und tippelte weiter. Ab und zu horchte sie in den Wald. Da mußte was sein, was Felix mit seinen menschlichen Kümmersinnen nicht wahrnehmen konnte. Manchmal lief Amanda weg.

Manchmal blieb sie so lange außer Sichtweite, daß Felix schon befürchtete, sie nun doch verloren zu haben. Irgendwann würde er sie sowieso wieder an den Wald zurückgeben müssen. Aber auf Amanda war Verlaß. Plötzlich kreuzte sie wieder seinen Weg, schob sich zwischen seinen Beinen durch und erklärte ihm auf alle möglichen Weisen, daß sie wieder da war. Und sie verstand auch zu sagen, daß sie Felix mochte. Felix mochte sie auch. Manchmal blickte sie Felix ein bißchen sorgenvoll an, wenigstens meinte Felix, daß dieser Blick sorgenvoll sein müßte. Und manchmal redete Felix mit ihr.

„Weißt du Amanda, ich weiß auch nicht, was mit mir los ist. Ich weiß, daß man das nicht tun kann in unserem menschlichen Leben, einfach davonlaufen. Was soll denn schon so schlimm an der ganzen Sache gewesen sein. Man will nicht, daß ich in meinem Unterricht mit den Schülern singe, weil ich damit einem anderen Kollegen schade."

Amanda lief dicht neben ihm und schien aufmerksam zuzuhören. Fast hätte man meinen können, daß sie Felix verstand.

„Weißt du, Amanda. Mich hat es in diesem Leben einfach aus der Bahn geworfen. Ich kann es mir selbst nicht erklären. Ich finde es nicht einmal schlimm, obwohl das alles ganz schön folgenschwer für mein Leben sein kann. Ich hau da einfach ab. Schmeiß mein ganzes Beamtendasein, meine Sicherheit, meine erworbenen Meriten in der Schule – alles schmeiß ich einfach hin. Früher hätte ich, ja, früher hätte ich -. Heute – ich finde das alles toll."

Sie tippelten in die unmerklich rasch aufkommende Dämmerung.

„Hast du den kleinen Jungen heute vor dem Gitarrenkasten gesehen? Die Mutter wollte längst weiter. Aber der Junge ließ nicht locker. Er brauchte meine Geschichte, meine Lieder. Und, Amanda, er brauchte dich. Dieser Junge mußte sich einfach mal über das Leben freuen. Hast du gesehen, wie er von seiner Mutter immer wieder Geld erbettelte, weil er auf dein Dankesgrunzen wartete?"

Amanda grunzte zustimmend. Wieder tippelten sie ein Stückchen jeder für sich. Amanda ging wieder vom Wege ab. Es wurde dunkler im Wald. Dunkler und gespenstischer. Die knorrigen Baumstämme wurden zu rübezahlen Charaktern. Felix bemühte sich, seine Gedanken wieder auf einen Punkt – den Punkt – zu bündeln.

„Weißt du, Amanda, eigentlich habe ich vollkommen überzogen reagiert. Und das in meinem Alter! Es stimmt, ich habe fast zwanzig Jahre an meinen Lehrmethoden gearbeitet, wirklich gearbeitet. Experimentiert, ausprobiert, überprüft, weiter verfeinert, wie man das im Leben eben so macht – im Leben der Menschen, meine ich natürlich. – Und dann kommt nun so ein Arschloch – wir Wildschweine unter uns können doch so miteinander reden – wie dieser Klüger, der ein totaler Versager ist! Und nur, weil man den nicht hängenlassen kann, weil er auch Geld verdienen muß, weil er auch leben muß, und – das dürfen wir nicht vergessen – weil er in der richtigen Partei ist, nur darum soll ich jetzt auf meine Erfolgsmethoden verzichten, damit der Unterschied zwischen ihm und mir nicht gar so sichtbar wird. Such is life. Von den Schülern spricht sowieso keiner."

Amanda grunzte, wie sie es üblicherweise nur bei einem Fünfmarkstück tat.

„Aber so ist es überall im Leben der Menschen. Der Erfolgreiche ist immer allein."

Felix glaubte zu bemerken, daß Amanda ganz menschlich mit den Achseln zuckte.

„Ich kann das alles gut verstehen. Ich kann nur mich nicht verstehen, warum ich mich nach einem erfahrungsreichen Lehrerleben über solche Dinge überhaupt noch aufrege. Ich weiß, daß ich diesen Scheißtyp noch in die Tasche stecke, wenn ich eine ganze Nacht durchgesoffen hab'. Warum lasse ich die Dinge nicht einfach laufen, wie sie eben laufen."

Felix blieb vor einem besonders eindrucksvollen Baum stehen. Er befühlte die Rinde, tastete die Oberfläche ab.

„Soll er doch auch leben. Was brauche ich Profilierung?"

„Vielleicht sind es die Kinder?" meinte Amanda.

„Ja, die Kinder. Sie werden fragen. Warum singen wir nicht? Sie sagen doch immer: vom Singen zum Sprechen, vom Sprechen zum Singen."

„Sie werden noch andere Fragen stellen. Kinder verstehen schnell und besser als die Erwachsenen."

„Wie konnte ich nur wegen einer solchen Lächerlichkeit so überzogen reagieren."

„Es war keine Lächerlichkeit für dich. Es war ein Schnittpunkt in deinem Leben, ein Punkt, der nicht einfach abgehakt werden konnte. Es war vielleicht ein grundsätzlicher Punkt. Ein Punkt, wo man nicht einfach normal reagieren durfte."

„Mein Gefühl sagt das auch so. Das war vielleicht so ein Punkt, wo man sich sagen mußte: Jetzt ist aber endgültig Schluß."

„So vielleicht."

„Aber, Amanda, ich muß das in Ordnung bringen. Ich kann das nicht einfach so offen lassen."

„Warum nicht? Laß es offen. – Noch eine Weile."

„Nein, Amanda, morgen fahre ich zurück nach Plönstorf. Da werden wir die Sache klären. – So oder so."

Amanda scharrte im Laub. Sie schien mit Felix unzufrieden zu sein.

„Aber du hast dieser Antje doch versprochen, morgen für sie zu singen."

„Klar, das habe ich gemacht. Aber ich kenne sie doch gar nicht. So ein locker dahingesagtes Versprechen soll nicht über mein Leben entscheiden."

Amanda lief in kleinen Kreisen um Felix herum. Sie dachte über irgend etwas angestrengt nach.

„Solche Versprechen muß man halten."

Längere Pause.

„Gut! Amanda, du hast recht. Morgen wird gesungen. Wenn ich das versprochen habe, dann muß ich das auch halten, ein Tag mehr oder weniger macht nun auch keinen Unterschied mehr."

„Nein, keinen."

„Dann also übermorgen. Übermorgen fahren wir nach Plönstorf."

„Vielleicht."

„Nein, übermorgen bestimmt."

Sie kamen langsam zur Straße zurück. Amanda hatte das Auto schon entdeckt und tippelte ein bißchen schneller werdend und offensichtlich mit der Welt zufrieden zum Parkplatz. Da wurde Felix auf einmal bewußt, daß Amanda mit ihm gesprochen hatte. Er hatte doch nicht geträumt. Nein, sie hatte wirklich gesprochen. Felix hatte noch ihre Stimme im Ohr. Ja, sie hatte wirklich mit ihm gesprochen. Wieso konnte

Amanda sprechen? Ein Wildschwein, das sprechen kann? War er nun endgültig verrückt geworden? War er eine Figur in Grimms Märchen geworden? Nein, er hatte sich nicht getäuscht. So konnte man sich gar nicht täuschen. Amanda hatte mit ihm gesprochen, Fragen gestellt, Einwände gebracht, widersprochen hat sie sogar. Er hatte geantwortet. Das wußte er doch ganz genau. – Wie könnte er das je einem Menschen erzählen? Wie könnte das je jemand begreifen, wo er es doch selbst nicht verstand. Dieses Geheimnis mußte er streng für sich behalten – strengstens. Niemand durfte davon erfahren. Er könnte sich nicht perfekter in die Klapsmühle bringen.

13.

Benommen und völlig durcheinander von diesem tatsächlichen oder
vielleicht doch nur dahinphantasierten Gespräch mit Amanda kam Felix
zu Antje zurück. Antje wohnte in einem einstöckigen Häuschen, klein,
backsteinisch und an einer Seite ein bißchen in den Sand gerutscht.
Nach mecklenburgischer Art war es zur Straßenfront mit den beiden
Nachbarhäusern baulich verbunden. In der Verbindungsmauer zum
Nachbarhaus gab es eine schmale grüne Durchgangstür in den dahinter
liegenden Garten. Die Tür mochte gerade für die Breite eines Schubkar-
rens reichen; auch ein Fahrrad hätte man gut durchbugsieren können; in
früheren Zeiten vielleicht auch eine Kuh oder einen Esel. Zu weiteren
Betrachtungen reichten Zeit und Aufmerksamkeit nicht. Denn nun hatte
Antje mit überquellendem Redefluß alles in die Hand genommen.
„Kommen Sie herein", sprudelte sie hervor, als sie Felix voran in das
kleine Häuschen ging. „Ich habe uns etwas zu essen gemacht. Ich habe
auch schon angefangen, Ihr Geld zu zählen. Wissen Sie was? Da brauchen wir mindestens drei Tage zu – ich meine drei Abende."
„*Dazu.*"
„Wie? Ach so – naja", Antje sprach betont langsam und deutlich weiter,
„*dazu* brauchen wir mindestens drei Tage."
Felix schmunzelte. Er genoß die Fröhlichkeit und Ausstrahlung dieser
faszinierenden Frau, ließ willenlos über sich ergehen, was da so alles
auf ihn zukommen mochte.
„Wie – drei Abende? Ich kann mein Leben doch nicht mit Geldzählen
verschwenden."
Antje stutzte, hörte nur kurz auf.
„Ja, sehen Sie doch selbst. Das habe ich gezählt und gerollt. Und nun
schauen Sie mal in ihren Gitarrenkasten. Da ist noch nichts *von* weniger
geworden."
„Schrecklich."
Felix verzichtete darauf, Antje nochmals zu verbessern. Er starrte auf
die Geldrollen auf dem Tisch. Es mochten so an die zwanzig gewesen
sein.
„So viel Arbeit kann man mit Geld haben?"

„Mit so Kleingeld, ja."

„Ich denke, ich sollte mein Geld doch besser anders verdienen. – Wieviel könnte das denn da in dem Kasten sein?"

Antje lachte und schaute Felix mit blautreuen Augen an.

„Ich möchte nicht zu hoch greifen. Aber ich schätze, so sieben bis achttausend Mark. Man kann es nicht gut schätzen, weil da so viele Scheine *zwischen* sind."

„Da", meinte Felix.

„Wie bitte?"

„*Da-zwischen.*" Diesmal konnte Felix nicht anders.

Antje lächelte ihn fragend an.

„Langsam glaube ich wirklich, daß sie Lehrer sind. Na gut, dazwischen. – Aber wir sollten jetzt erst mal essen."

Antje bot Felix einen Platz am schön gedeckten, großmütterlichen Wohnzimmertisch an.

„Wo ist denn eigentlich ihre Amanda?"

Felix erschrak, als er an Amanda erinnert wurde. Amanda war seit seinem Spaziergang ein ganz anderes Wesen für ihn geworden. Amanda hatte mit ihm gesprochen. Es war wie im Märchen. Felix belastete dieses unfaßbare Geheimnis. Und da war noch etwas ungewöhnlich für ihn: Wieso zeigte Antje, eine attraktive, modern gekleidete Bankangestellte mit gepflegten Händen, lackierten Fingernägeln, tadellos perfektem Haardesign so großes Interesse an einem Wildschwein?

„Sie ist draußen im Auto."

„Na, das müssen wir gleich ändern. Das geht doch nicht. Sie können doch dieses arme Tier nicht draußen im Auto lassen. Die ganze Nacht. Sie muß doch auch mal, das arme Tier."

Antje stand wieder vom Tisch auf.

„Was soll ich denn machen?" fragte Felix achselzuckend.

Er blickte hilflos drein. Er hatte längst verstanden, daß man ein Wildschwein nicht einfach parken konnte, irgendwo ablegen wie ein Stofftier. Als Lebewesen hatte Amanda arttypische Bedürfnisse. Mit ihnen mußte Felix leben. Aber was sollte er tun. Diese Amanda hatte ihn in eine schlimme Verlegenheit gebracht. Sie würde sein ganzes Leben verändern – schlimmer als ein Säugling.

„Lassen Sie sie raus. Ich habe hier hinter dem Haus im Garten einen kleinen Schweinestall. Er ist jetzt ganz steril sauber, denn seit der Wende habe ich keine Schweine mehr. Auch Hühner habe ich keine mehr. Nichts mehr habe ich. Nur noch diese dumme Bank. – Stroh ist auch noch da. Wir machen dieser Amanda jetzt ein ganz gemütliches Zuhause, mit eingestreutem Stroh, mit Wasser im Trog. Was frißt sie denn eigentlich?"

Diese Antje entwickelte plötzlich ungemütliche Geschäftigkeit.

„Sie frißt immer nur im Wald."

Felix war ganz kleinlaut. Aber Antje, dieses Bündel von fiebrigen Nerven, war voller Initiative. Sie schien die Sache vollkommen im Griff zu haben.

„Sie mag doch sicher Kartoffeln und Rüben. Früher haben hier die Wildschweine immer die Kartoffeläcker verwüstet. Also Kartoffeln."

Antje ging hinaus in die kleine Küche, zählte aus einem Topf gekochte Kartoffeln in einen Korb.

„Die muß ich vielleicht noch zerstampfen. Ich mache jetzt von innen die Hoftür auf. Lassen Sie mal ihre Amanda aus dem Wagen.", rief sie in die Stube. Und dann war sie schon durch die rückwärtige Tür des Häuschens verschwunden.

Felix gehorchte ohne Einspruch. Er öffnete die Beifahrertür, zunächst nur einen kleinen Spalt. Er wollte sich zuerst vergewissern, ob in der Straße Leute zu sehen waren. Hätten sie sein Wildschwein gesehen, hätte er womöglich Antje zum Gespött der ganzen Straße gemacht. Aber es war fast dunkel, und niemand war da. Felix zog die Tür auf.

„Komm Amanda. Heute nacht wird's ein bißchen gemütlicher für dich. Mit bißchen Auslauf in einem schönen Stall mit Stroh."

Felix sprach, als würde er den Stall schon kennen. Da öffnete Antje die schmale Tür zum Hof.

„Komm, Amanda, komm! Schön zu mir, nun komm schon."

Und gänzlich unerwartet ging Amanda zu Antje, ließ sich von ihr sogar anfassen, tätscheln und streicheln. Gepflegte, papiergewohnte Hände griffen Amanda in die Borsten. Antje blickte zu Felix auf, als sich ihre Finger im borstigen Fell festgekrault hatten.

„Oh, das ist aber struppig. Fühlt sich an wie eine Drahtbürste."

Antje führte Amanda in ihren Stall, schüttete ihr die Kartoffeln in den Futtertrog, zeigte ihr das kleine Wasserbecken, raschelte ein bißchen mit dem Stroh. Amanda drehte einige Runden in dem geräumigen Verschlag. Vorsichtig tapste sie sich durch das Stroh. Sie schnüffelte an den Brettern des Verschlags. Das mußte alles noch nach früheren Hausschweinen riechen – unangenehm vielleicht. Aber Amanda schien zufrieden. Sie legte sich dorthin, wo das eingestreute Stroh am höchsten war, grunzte friedlich und schloß die Augen. Das tat sie immer, wenn sie Felix sagen wollte, daß sie müde war und schlafen wollte.

„Gute Nacht, Amanda", sagte Felix zärtlich.

„Gute Nacht, Amanda, schlaf schön und träume süß", sagte Antje noch viel zärtlicher, wenn auch mit nervösem Tempo.

Sie gingen wieder ins Haus. Antje zeigte auf den gedeckten Tisch. Sie hatte alles sehr schön arrangiert. Da waren Salate, alle möglichen Wurst- und Käsesorten, verschiedene Brote, Butter, Gewürze. Auch die schönen bestickten Stoffservietten für sicherlich besondere Anlässe waren in die Teller gelegt. Großmutters schönste Teller mit Goldrand und bunten Ornamenten. Kristallgläser. Eine Flasche Rotwein war schon geöffnet. Ein durch und durch bürgerlicher Tisch.

„Nun laßt uns erst mal essen", meinte Antje.

Felix versuchte, einen klaren Kopf zu behalten. Er konnte diese neue Situation nicht verstehen. Was sollte er von dieser Antje halten? Sie war so nett, so freundlich und hilfsbereit, so aufmerksam, als würde sie Felix schon lange Zeit kennen. Aber sie kannten sich erst seit wenigen Stunden. Das mußte er sich energisch vergegenwärtigen. Sie waren noch keine Stunde wirklich zusammen. Und da hatte sie schon angefangen, sein Geld zu zählen, von drei Tagen Zählarbeit zu sprechen, Amanda ein Zuhause zu schaffen und nun noch dieses Essen aufzutischen.

„Wissen Sie – ich nenne Sie einfach mal Antje – ja? Wissen Sie, wie soll ich sagen?"

Antje blickte ihn mit gespannter Nervosität und trotzdem mit einem irgendwie überlegenen Lächeln an.

„Ich kann doch nicht einfach jetzt mit ihnen essen. Ich muß mich doch zuerst mal hier um ein Zimmer kümmern. Es wird immer später. Gibt es denn ein Hotel hier, wo ich bleiben kann?"

„Ja, ja. Schon gut. Ich verstehe Sie. Aber machen Sie sich keine Gedanken. Sie können hier bei mir wohnen. Ich habe oben neben meinem Zimmer ein bescheidenes Fremdenzimmer. Da gibt es auch ein Bad – ein östliches Bad, wenn Sie verstehen. Bei uns ist alles noch ein bißchen urwüchsiger – nicht so zivilisiert wie im Westen. Aber es ist gemütlich und ordentlich."

Das ordentlich hatte sie besonders betont.

Felix wollte etwas sagen. Aber Antje schien alles unter Kontrolle zu haben.

„Wissen Sie, ich fresse Sie schon nicht auf. Bleiben Sie hier."

Antje griff nach Felix' Arm und sprach fast flehend weiter:

„Ich bitte Sie, bleiben Sie hier. Wissen Sie, es ist schön, einmal am Abend nicht allein zu Hause zu sitzen, nicht allein am Tisch, nicht allein mit einem Buch und nicht allein mit diesem ganzen Ballast der Vergangenheit im Kopf."

Antje lächelte verlegen.

„Ach, Sie verstehen das alles ja doch nicht."

„Ich verstehe Sie", sagte er nach längerem Zögern.

Aber er verstand nichts. Sie setzten sich. Antje schenkte die Gläser voll.

„Sie leben hier wirklich ganz allein? Gibt es denn keinen Mann in ihrem Leben? Ich meine, so wie Sie aussehen."

Felix versuchte humorvoll zu sein.

„Es gab einen", sagte Antje ernst und ohne langes Überlegen. „Probieren Sie bitte diesen Käse. Er schmeckt wirklich ganz besonders gut. Was wohl unsere Amanda macht?"

„Ich verstehe", sagte Felix bedauernd, und er wunderte sich auch nicht mehr, daß sie ‚unsere Amanda' gesagt hatte.

Die Welt, in die Felix ganz unbedarft eingedrungen war, ruhte in sich. Sie strahlte Behaglichkeit aus. Alles war gemütlich und – wie es Antje betont hatte – ordentlich. Und diese Antje schien wirklich glücklich. Felix spürte, daß sie einsam war, daß sie darunter litt. Und heute hatte sie endlich jemanden, mit dem sie am Tisch sitzen konnte, mit dem sie reden konnte. Er wollte sie nicht enttäuschen. Er blieb. Sie sprachen nur über banale Dinge. Dinge, die man sich sagte, wenn man sich kaum kannte, die aber vielleicht ein wichtiger Teil des Weges zu einer tieferen Bekanntschaft waren, ein Ritual, das man nicht auslassen konnte, das aber auch alles offen ließ. Felix wunderte sich darüber, daß diese Antje in allem so natürlich war. Sie arrangierte alles mit derselben Sicherheit, mit der sie auch ihre Bankroutine abwickelte. Und sie begann mehr und mehr, Felix zu verplanen.

„Wir brauchen drei Tage zu diesem Geldzählen, wir müssen uns morgen darum kümmern, daß wir alles im Hause haben, was wir für Amanda brauchen. Ich werde morgen mit dem Tierarzt sprechen, was wir tun müssen, um Amanda artgerecht zu ernähren. Vielleicht muß sie unbedingt irgendwelche Impfungen haben. Sie ist ein so liebes Tier. Sie hat eine feine Seele. Wir müssen uns kümmern. Wir müssen … wir müssen … wir müssen."

Antje versuchte, sich unauffällig eine Träne aus den Augen zu wischen. Felix verstand nichts, stellte auch keine Fragen. Nur diese Verplanung seines Lebens war ihm nicht geheuer, wo er doch seit – waren es zwei oder drei – Wochen sein eigener Unternehmer gewesen war. Und nun hatte diese Antje immer nur von 'wir'gesprochen.

„Morgen werden Sie auf der Straße für mich singen. Ich kann Ihnen gar nicht sagen, wie ich mich darauf freue. Jemand, der auf der Straße für mich singt. Das gibt's doch gar nicht. Und dann noch womöglich mit einem Wildschwein. Ich bin so aufgeregt. In meinem Leben hat noch nie jemand für mich gesungen. Wissen Sie, ich kann es nicht erwarten."

Felix mußte an Amandas Ermahnung denken. Ja, es mußten Amandas Worte gewesen sein. „Du hattest ihr versprochen, für sie zu singen. Du darfst sie nicht enttäuschen."

Felix verstand, daß dieses Singen für Antje viel bedeutete. Es mußte für sie so eine Art von ungewöhnlicher Ehrerbietung sein. Nein, es wäre wirklich nicht fair gewesen, sie zu enttäuschen. Das – so kam es Felix in den Sinn – mußten sogar Rappy und Niebergall verstehen.

Nachdenklich erforschte Felix mit ernsten Blicken dieses bezaubernde Gesicht, das nichts anderes als unendliche Gutherzigkeit auszustrahlen vermochte.

„Ich werde Ihr Herz tränenrührig erweichen, liebe Antje. – Morgen. – Sie werden sich wundern. Ja, Sie werden sich wundern."

110

14.

Anfangs war es schwieriger, als es sich Felix vorgestellt hatte. Ribnitz Damgarten war nicht zu vergleichen mit Wismar oder Rostock. Die Leute in der Kleinstadt kannten sich, schämten sich deshalb voreinander, hatten Hemmungen, Gefühlsregungen zu zeigen. Freude, Begeisterung, mitreißende Regungen schienen hier mehr in das Innenleben der Menschen eingeschlossen, hinter einem Panzer von äußerlicher Ernsthaftigkeit versteckt. Die Leute schienen mehr mit sich beschäftigt und weniger offen für die Kunst, und schon gar nicht für die Kunst eines Straßensängers. Aber Felix gab nicht so schnell auf, er hatte ein Versprechen einzulösen. Amanda schien hochmotiviert. Vermutlich hatte sie in ihrem neuen Stall besonders gut geschlafen, das Leben nach den ganz und gar unwildschweinischen Nächten im Auto in neuen Freuden genossen. Sie saß bei Felix am Schuh. Er konnte die Wärme ihres Körpers durch das Leder spüren.

„Es geht heute noch nicht so gut. Man braucht eben das Publikum. Wenn das Publikum nicht mitmacht, kann man selbst auch nicht so richtig aus sich heraus."

Amanda grunzte. Sie grunzte laut und lange und machte dadurch die Leute auf sie aufmerksam. Innerlich fühlte sich Felix unter Druck. Er sang für jemanden. Das war schon wieder Pflicht. Für jemanden etwas tun, für jemanden Geld verdienen zu sollen, das ist ganz anders, als nur für sich und so zum Spaß zu singen oder um ein bißchen ungewisses Unbehagen aus sich herauszublasen. Manchmal blickte Felix hinüber zur Bank. Dort war Antje. Ob sie das traurige Schauspiel wohl beobachtete?

Amanda ergriff die Initiative. Es schien, als fühlte sie sich dieser Antje mehr verpflichtet als Felix. Sie rannte auf die Passanten zu, blieb vor ihnen auf dem Pflaster sitzen, grunzte sie an, rannte zu Felix zurück. Felix erinnerte sich an Antje, an ihr Gesicht, ihr Lachen, ihre schönen hellen Augen, den feinen Goldrand um einen ihrer sonst so glänzend weißen Zähne. Sie hatte seit gestern alles dirigiert, alles in die Hand genommen. Und am Morgen beim Frühstück hatte sie Felix nochmals erklärt, daß noch nie in ihrem Leben jemand für sie gesungen hätte, daß dies ein großer Tag für sie sei.

Wieder begann Felix loszuschmettern. Er hatte ein neues Lied, eine neue Geschichte auf der Pfanne.

„Zogen einst fünf wilde Schwäne, Schwäne leuchtend weiß und schön. Sing, sing, was geschah? Keiner ward mehr geseh'n, ja."

Er sang von den Schwänen aus dem Memelland, den Birken, den jungen Burschen, die stolz und kühn zum Kampf hinauszogen, und von den Mädchen, die nie den Brautkranz wanden. Wehmütig, schmerzerfüllt, sonor. Die bunten seidenen Bänder an seiner Gitarre flatterten im leichten Lüftchen. Die Sonne kam heraus, machte den Himmel mecklenburgisch. Wieder dachte Felix an Antje, die Amanda umsorgte, als wäre es die selbstverständlichste Sache der Welt, daß man mit einem Wildschwein durch die Gegend reiste.

Und dann begann Felix – weil es doch zum Memellied besonders gut passen müßte – sein nächstes Lied.

„Sag' mir, wo die Blumen sind."

Aber er war nicht weit gekommen. Da hatte ihn eine ganz furchtbare Erinnerung so ergriffen, daß er plötzlich Tränen in den Augen hatte. Es schnürte ihm die Kehle zu. Für einen Augenblick konnte er nicht weitersingen. Natürlich verstand niemand, warum. Aber Amanda schien zu verstehen. Sie rannte ins Publikum, grunzte, rannte den Leuten zwischen den Beinen durch, rannte zurück zum Gitarrenkasten und wühlte mit ihrer langen Schnauze in den wenigen Münzen des Tages herum, daß sie durch die Luft wirbelten. Die Leute lachten. Einige begannen, die Münzen, die Amanda auf die Straße geschleudert hatte, wieder einzusammeln und in Felix' Gitarrenkasten zu werfen. Es war ein amüsantes Schauspiel. Langsam kam Laune auf.

Felix legte seine Benommenheit ab, fing sich wieder, leitete mit einigen Akkordfolgen über, stimmte einen Störtebecker-Song an. Und dann war er auf einmal wieder ganz der alte Matador. Seine Stimme hallte durch die Straße, und er war sich sicher, daß auch drüben in der Bank die Scheiben klirrten.

Erstmals klatschten einige Leute schüchternen Beifall. Langsam entstand eine Menschenansammlung. Amanda mußte sich konzentrieren. Kein Grunzen zu viel oder zu wenig, wenn die Münzen flogen. Und da waren plötzlich auch wieder Scheine ‚dazwischen' oder zwischen, wie

Antje sagen würde. Das allerdings war Amanda einerlei, und Felix sollte es auch recht sein. Er freute sich für Antje.

„Schau mal, da ist der von gestern wieder, der Landsknecht mit seiner Wildsau", hörte er plötzlich einen älteren Herrn zu seiner Frau sagen. „Ha, gestern in Rostock, heute in Ribnitz Damgarten. Morgen singt er vielleicht in Stralsund."

Der Mann winkte Felix zu, und auch seine Frau lächelte vergnügt. Sie blieben längere Zeit stehen, spendeten lauthals Beifall. Gespannt warteten sie auf Felix' nächste schaurige Geschichte und auf sein nächstes Lied.

„Ah, jetzt kommt diese Geschichte wieder. Die ist gut", erklärte der Mann seiner Frau lautstark. „Die müssen wir noch anhören. Die ist wirklich toll."

Ohne es zu ahnen, machte der Mann auch die anderen Zuhörer neugierig. Sie blieben stehen, hörten zu. Da erzählte Felix von den Iren, von ihrem Kampf gegen die Engländer, ihrem Haß gegen die britischen Unterdrücker. Er erzählte von den Aufständen, die die Engländer aber immer mit sicherem Erfolg niederschlagen konnten, denn …

„Denn, Leute, so war es immer in der Welt. Und so wird es immer sein", brummelte Felix pathetisch. „So wird es allen ergehen, die zerstritten sind, die sich nicht einig sind. Wo zwei sich streiten, freut sich der Dritte, das ist eine alte und ewige Weisheit."

Felix hatte in seinem letzten Satz jedes Wort für sich betont. Dann eine lange Pause gemacht, die Augen geschlossen und andachtsvoll zu Boden geblickt.

„Aber ob es nun die armen Bauern in den teutschen Landen waren oder die Iren auf ihrer entlegenen Krautgarteninsel, überall lernen die Menschen aus bitteren Erfahrungen – ja, bitteren Erfahrungen."

Felix blickte mit strengen Blicken um sich. Er redete nach einer wohldosierten Pause mit erhobener Stimme emphatisch, feierlich, furchterregend weiter:

„Und eines Tages, eines Tages, ich sage euch, eines Tages nach Jahrhunderten hatten die Iren ihre Lektion gelernt."

Es folgte wieder eine lange, lange Pause. Er schlug zwei Akkorde an und begann leise zu singen:

„Though we had our troubles now and then. Now's the time to make them up again. Sure aren't we all Irish anyhow. So let's all step together now."

Felix' Stimme wurde mächtiger, und er schlug heftig in die Saiten.

„We're on one road sharing the one load, we're on the to God's knows where. We're on the one road, sharing the one load, we are together now who care? Northmen, Southmen, comrades all, Dublin, Galway, Cork to Donegal. We're on the one road, maybe the wrong road ..."

Das hatte Schwung und Schmiß. Das ging ins Ohr. Da mochte man fast schon selbst zum Säbel oder zur Muskete greifen.

Felix riß das Publikum mit. Die Leute waren begeistert von seinem Vortrag.

„Na, was sag ich dir", meinte der ältere Mann zu seiner Frau. „Was sag ich dir. Solche Originale. Das sind noch Könner. Die singen zwar nur für paar Münzen. Aber die haben noch Einfälle, noch Phantasie, was. Und dann noch diese Stimme."

Er kramte umständlich ein paar Münzen aus seiner Tasche, warf sie in Felix' Gitarrenkasten. Amanda quittierte grunzend.

Felix nahm den Hut ab, zog sich seine Goldrandbrille aus dem Gesicht. Er mußte sich den Schweiß von der Stirn wischen. Wenn er sang, ging der ganze Körper mit, das trieb ihm den Schweiß auf die Stirn. Der Geist entwickelte explosive Kräfte, und die Seele schwelgte in Glück. Irgend etwas spürte Felix in sich, das in ihm rumorte, sich Luft machte, ihn befreite von drückenden Gedanken, von Ängsten, Kümmernissen. Irgendwas begann ganz tief in ihm – das fühlte sich an wie Hexenkraut – Verkrampfungen zu lösen, die seinem Leben in der Länge der Jahre so viel Schwere gegeben hatten. Ein unbehagliches Druckgefühl in seiner Brust schwand dahin. Er konnte wieder frei atmen.

Felix betrachtete die Szene vor sich wohlgefällig. Da war Griesgrämigkeit abgelegt worden. Freundliche Gesichter tummelten sich vor seinem Gitarrenkasten. Erwartung schwebte über allen. Warten auf neue mitreißende Kunstgenüsse. Seine Stimme hallte durch die Straße:

„Der Rubel rollt, Amanda grunzt, es reiten die Kosaken!" wandelte er das berühmte Kerensky-Zitat ab, schlug sachte einen neuen Akkord an und begann so leise, daß man es anfangs fast nicht hören konnte:

114

„Über die Felder, seht doch, über weite Felder reiten dahin die jungen Helden, seht dort reiten Rußlands junge He-e-elden."

Und dann lauter werdend:

„Weint nicht, ihr Mädchen, wischt die Tränen ab, ihr Mädchen, hört doch unser Reiterlied uns singen."

Er hatte wieder ins Schwarze getroffen. Die Leute summten mit, zuerst leise und schüchtern, dann lauter werdend. Schließlich sangen sie mit Baß und Oberstimme, mit Kopfstimme, kehlenguttural – jedenfalls mit Begeisterung. Der Gesang durchhallte die Straße.

Felix dachte an Antje. Ob sie wohl zuhörte aus der Ferne, wo er doch für sie sang – nur für sie? Aber da war nicht viel Zeit zu sinnieren. Ein Mann stand hinter ihm und wartete offenbar, bis Felix eine kleine Pause einlegte. Er wollte etwas von ihm. Hoffentlich doch niemand von der Stadtverwaltung, von der Polizei, von irgendeinem Ordnungsamt. Felix hatte sich bisher nie um eine Genehmigung bemüht – eine Singgenehmigung. Es gab ja auch Singverbote, also mußte es doch auch Singgenehmigungen geben. Aber Felix war im Leben schon zuviel verboten worden. Verboten! Theater spielen, verboten, Bücher schreiben, verboten, Vogelhäuschen bauen, verboten! Weiß der Himmel, was noch alles verboten. Es kümmerte ihn nicht mehr. Er fühlte sich nicht mehr als Teil dieser langweiligen Mittelmäßigkeitsverbotsgesellschaft. Er genehmigte sich selbst, was ihm im Herzen wichtig wurde.

Aber der Mann hinter ihm war kein Verbotsüberwacher. Das konnte man fühlen, das erkannte man an seinem eleganten Anzug – pikvornehm und irgendwie extravagant. Der führte anderes im Schilde. Die erwartete Gesangspause war vielleicht nicht schnell genug gekommen. Der Mann war ganz nah zu Felix herangekommen, so daß er ihm ins Ohr flüstern konnte.

„Gestatten Sie, ich muß Sie sprechen", brummelte er Felix während des Singens zu. „Unbedingt."

„Oh, unbedingt", schob Felix in seinen Gesangstext ein und sang ohne Unterbrechung weiter.

„Ja, unbedingt. Ich möchte Sie zum Essen einladen. Sagen wir um zwölf dort drüben im ‚Störtebecker.' Klar? Bitte kommen Sie unbedingt."

Felix nickte während des Singens.

„Unbedingt", streute er wieder in seinen Gesangstext ein. Und der Mann, der ihn angesprochen hatte, konnte nicht sicher sein, ob Felix ihn auch wirklich ernstgenommen hatte, denn Felix hatte dieses ‚unbedingt' noch einige Male an das Ende von Textzeilen gesetzt, unbedingt.

„Wir zogen in das Feld – unbedingt – wir zogen in das Feld. Do hätt wir weder Säckl noch Geld – unbedingt – Strampedemi – unbedingt – A la mi presente al vostra signori – unbedingt."

Aber Felix war gekommen, nachdem sich sein Gitarrenkasten nun doch gefüllt hatte. Der ‚Störtebecker' war ein nobles Lokal. Klaus Störtebecker selbst hätte das vermutlich weniger deutlich wahrgenommen und für weniger wichtig gehalten als Felix. Der schätzte elegante Atmosphäre, was bei Klaus Störtebecker, diesem Klaus ‚Stürz den Becher', eher ungewiß geblieben war.

Der Mann im pikvornehmen extravaganten Anzug hatte ihn sogleich an seinen Tisch gebeten, ihm die Speisekarte hingelegt, ihm aber auch gleich Empfehlungen gegeben.

„Lamm ist gut hier. Sehr gut. Ich weiß nicht, mögen Sie Lamm?"

Felix blieb keine Zeit zu antworten.

„Und hier, was Mecklenburgisches. Die Mecklenburger knallen ja in alle ihre Soßen Backpflaumen. Das schmeckt wirklich gut. Das sollten Sie probieren. – Oder sind Sie Mecklenburger?"

Felix schaute seinen Gesprächspartner zerstreut an.

„Ich glaube nicht", sagte er schließlich. „Vielleicht aber doch. – Ja, ja, das würde mir gefallen."

Felix war in Gedanken noch zu sehr bei seinen Liedern. Auch sorgte er sich um Amanda. Er wollte sie heute nicht zu lange im Auto lassen, denn er hatte seinen Wagen hier im Zentrum gleich vor dem ‚Störtebekker' geparkt. Man wußte nie, was Passanten machen würden, wenn sie ein Wildschwein in einem Pkw entdeckten.

„Wissen Sie, ich möchte gar nicht soviel essen. Nur etwas ganz Kleines. Heute möchte ich nämlich auch nachmittags noch ein bißchen singen."

Der Fremde schaute Felix mit großen Augen an.

„Na, bei dem Verdienst, den Sie haben, da könnten Sie schon mal 'ne längere Pause einlegen. Ich habe gesehen, was Sie da in Rostock abgeschleppt haben. Und heute sieht das auch nicht schlecht aus."

Felix erschrak. Wer war dieser Mann? Tiefernst und voller innerer Anspannung fragte er:

„Sind Sie jemand von irgendeiner Behörde? – Wollen Sie – ich meine – wollen Sie mich besteuern oder so?"

Der Fremde lächelte verbindlich. Es war ihm unangenehm, daß er Felix vielleicht verärgert haben könnte.

„Nein, nein, keine Bange! Nun bestellen wir erst mal, und dann sage ich Ihnen, was ich von Ihnen möchte."

Die Bestellung war kurz und klar. Jeder der beiden wußte, was er wollte. Kein langes Geschmuse, kein wichtigtuerisches Nachfragen, keine Selbstbewußtseinshebungssonderwünsche – extrakalt, extrawarm, für mich bitte ganz ohne Salz, mit viel oder wenig Kartoffeln, mit Pommes statt Kartoffeln, aber bitte ...

Und dann kam der Mann, er hatte sich als Herr Klimenta vorgestellt, auch gleich mit seinen Fragen heraus:

„Sagen Sie mir, für welches Theater arbeiten Sie? Ich finde das eine großartige Werbekampagne. Man muß sich eben immer wieder was einfallen lassen. Theater auf die Straße und so – ganz toll. Raus aus den Schauspielhäusern. Dorthin, wo die Menschen sind. Super! Wer geht denn heutzutage noch in die Schauspielhäuser? Nein, nein, das ist schon toll, dieses Konzept."

Felix hatte Mühe, dem Mann zu erklären, daß er kein Schauspieler oder Sänger war, daß er nur so für sich sänge, aus Freude und wirklich nur so.

„Ja, die Freude sieht man Ihnen an. Sie singen wirklich mit dem ganzen Herzen."

Und dann kam der Mann zur Sache. Er war vom Fernsehen. Sie waren in einem Team in Mecklenburg und gerade dabei, zwei Folgen über Land und Leute in Mecklenburg zu drehen. Die Zeitungen seien voll mit Berichten über diesen wundersamen Landsknecht, der ganz planlos durch Mecklenburg zöge. Die Zeitungen rätselten auch, wo der Mann als nächstes auftauchen würde. Sie priesen seine Natürlichkeit, seinen Witz, seine packende, mitreißende Sprache, die Poesie seiner Verse, seine typisch mecklenburgische Weltsicht – gut bürgerliche Lebensphilosophie und so.

„Und nun habe ich Sie. Hoffentlich bin ich der erste. Wissen Sie, wir suchen das echte Mecklenburg. Richtige Mecklenburger Originale wie es sie sonst nirgends mehr gibt. Und Sie sind so ein Original. Wo hat man so was schon gesehen. Dieser Einfall, als Landsknecht auf der Straße historische Landsknechtslieder zu singen. 'Ne richtige Marktlücke haben Sie da erwischt. Und dann diese Professionalität. Sie müssen von irgendeiner Bühne des Landes sein. – Naja, wir wissen ja, wie es um die Theater hier steht."

Felix wollte etwas einwenden. Aber dieser Klimenta redete hastig drauflos. Er schraubte sich selbst in besoffene Euphorie.

„Wenn Sie nur anfangen zu singen, das reißt die Leute mit. Es packt sie. Sogar der Chef der Bank hatte Ihnen fast eine Stunde zugehört. Und Ihre Geschichten. Ich habe beobachtet, wie manche Leute länger als eine Stunde vor Ihnen stehen. Richtig toll ist das. Und dann noch diese absurde Idee mit diesem Wildschwein. Genau so muß man sich diese Zeit damals vorstellen."

Herr Klimenta machte eine kurze Pause.

„Sie habe ich gesucht", sprudelte er dann plötzlich hervor.

„Wie meinen Sie das?"

„Nein, solche Originale gibt's nur noch im Osten. Hätte man jemals im Westen so einen Straßensänger erlebt? Haha, richtig toll und urwüchsig mecklenburgisch. Nicht diese ewigen Trüppchen aus Paraguay mit ihrem Flötengepiepse und all so was."

„Ich finde diese Panflötengruppen gut", wandte Felix ein. „Rein musikalisch gesehen."

Das Essen war inzwischen serviert worden. Felix bekam Champignons überbacken mit Preiselbeeren, Herr Klimenta hatte sich was Mecklenburgisches mit Backpflaumen bestellt.

„Wir möchten Sie in unserer Sendung haben."

„Wie bitte?"

„Ja, Sie brauchen nichts zu machen, nur das, was Sie immer tun. Dastehen, ihre Geschichten vom Stapel lassen und singen – mit Ihrem Schwein natürlich."

Eigentlich wollte Felix nun diesem Herrn Klimenta erklären, daß er nicht aus Mecklenburg sei und daß er gar nicht wüßte, warum er sang, daß er allenfalls nur so eine dunkle Ahnung hätte, warum er es täte. So als Mittel, um seine Seele zu putzen. Geld sei ihm nur so eine Art Beiwerk, damit die Leute überhaupt zuhörten. Aber dann besann er sich. Warum sollte man sich vor anderen Leuten so ausbreiten. Schließlich ist niemand im Leben gezwungen, auf alle Fragen zu antworten. Und überdies würde das dieser Fernsehmensch sowieso nicht verstehen.

„Und Sie meinen, ich brauche gar nichts weiter zu tun?" fragte er nach.

„Nein, nichts. Alles, was wir brauchen, ist Ihre Einwilligung und Ihre übliche Topform."

Felix aß genüßlich seine Preiselbeeren. Die Pilze waren genau so gebacken, wie Felix sie mochte, nicht zu weich und doch im Kern ,enthärtet', wie er es immer nannte. Herr Klimenta bestellte sich das zweite Bier, ein ,Störtebecker' im ,Störtebecker' – im ,Stürz den Becher' …

„Na, dann können Sie ja von mir aus gleich drehen. Topform kann ich Ihnen versprechen an diesem herrlichen Tag heute."

„Nein! So einfach ist das nicht". Herr Klimenta wurde nervös. „Das ist es ja. – Ha, Sie sind doch nicht vom Theater, sonst wüßten Sie … Da sind noch zwei Fragen zu klären. Wissen Sie, heute geht das nicht. Da muß unser Team in Stellung gebracht werden. Wir wollen doch Topton und Topbild. Also müssen wir im voraus wissen, wann Sie wo singen."

„Ach so. Da muß wieder viel Technik angekarrt werden."

„Ja, viel Technik. Aber keine Angst, wir machen das ganz unauffällig. Das bemerken Sie gar nicht. Und die Leute bemerken es auch nicht. Alles muß ganz natürlich sein – so richtig aus dem richtigen Leben."

„Soso? – Und ihre zweite Frage?"

„Na, die übliche. Die Honorarfrage."

Felix lachte laut.

„Was denn für eine Honorarfrage?"

Herr Klimenta lächelte amüsiert.

„Typisch Osten. Mensch Mann, Sie müssen doch leben. Sie können doch die Geldfrage nicht einfach weglassen. Das muß doch geklärt sein."

„Wissen Sie was?" Felix machte eine lange Pause, summte leise eine alte Störtebeckermelodie vor sich hin. Text mischte sich ein:

‚Der Störtebeker ist unser Herr, von Godeke Michel beraten ...'

„Heute ist Freitag. Am Montag singe ich wieder. Aber das geht nicht hier, denn hier kennen die Leute schon meine Lieder."

„Sie würden immer wieder stehenbleiben, das kann ich Ihnen versichern. Aber Sie haben recht. Sagen wir am Montag vor dem Rathaus in Stralsund. 10 Uhr?"

„Leben ist Tand, wir sind die Hölle von Helgoland", sinnierte Felix musikalisch. Er hatte dieses ‚Helgoland' mit Kopfstimme elegant geschwungen und in die Länge gezogen vor sich hingesummt.

„Ich war noch nie in Stralsund", sagte er schließlich. „Aber alles klar, abgemacht! Machen Sie Ihren Film über Mecklenburger Originale. – Finde ich ganz nett, diese Idee."

„Na und?"

„Was, na und?"

„Na, die Kosten? Was verlangen Sie für Ihre Show. Sie wissen doch, there is no business like show business."

„It's no business. It's show. Leben ist Tand. So lebt die Hölle von Helgoland."

„Dieses Lied haben Sie aber noch nie gesungen", bemerkte Herr Klimenta.

„Nein, nein, es kommt mir so in den Sinn, weil wir im ‚Störtebecker' sitzen. – Bei grünen Algen und weißem Sand, Schiffsvolk, da strand."

Felix war diese Liedpassage fast ein bißchen zu laut geraten. Die Leute im Lokal drehten sich nach ihnen um. Lange würde man sich mit diesem Mann nicht mehr gesittet unterhalten können, dachte sich Herr Klimenta. Felix war schon wieder ganz bei seinen Liedern. Da zwängte sich zuviel Musik in sein Gemüt.

„Diese Geschichte über die Hinrichtung von diesem Klaus Störtebecker, die könnte man erzählen. Was meinen Sie, wie die packt."

„Also, was verlangen Sie?" drängte Herr Klimenta.

„Man stelle sich das mal vor, ohne Kopf läuft er die Front seiner Männer ab. – Leben ist Tand, so stirbt die Hölle von Helgoland."

Felix summte wieder leise vor sich hin.

„Das zieht sich einmalig in sanftem Moll dahin."

Der Mann vom Fernsehen hatte es aufgegeben, Felix in die Welt des Geschäfts zurückzuholen. Felix blickte auf die Uhr und dann auf seinen Gitarrenkasten. Er dachte an Antje. Für sie wollte er doch heute möglichst viel erwirtschaften. Er mußte wieder raus auf die Straße.

„Wissen Sie was. Sie bezahlen jetzt hier die Zeche. Das ist alles."

Felix stand auf, grüßte freundlich. Herr Klimenta lauschte besorgt. Felix sang leise vor sich hin:

‚Und macht unser Kahn seine letzte Fahrt …' Melodie, Sprache, Verse, Poesie zwängten sich in seine Seele, daß sie zerbersten wollte. Es explodierte in seinem Herzen, wühlte auf, kehrte von oben nach unten, von innen nach außen. Die Macht – die Allmacht – der Musik hatte ihn wieder.

„Dieser Osten", war alles, was Herr Klimenta noch zu sagen wußte.

Felix hatte noch zwei oder drei Stunden auf der Straße gearbeitet. Es war nicht Arbeit für ihn, es waren wunderschöne Stunden. Es machte ihn glücklich, wenn er die Leute lachen sah. Da waren immer so viele Kinder, und er vermochte nicht zu sagen, ob sie seinetwegen so lange vor ihm standen und zuhörten, oder ob sie Amanda bestaunten. Warum würde er nicht immer so leben können?

Als die Sonne langsam den Spätnachmittag verriet, packte Felix seine Sachen, schleppte den wieder so schweren Gitarrenkasten zu seinem Wagen. Amanda folgte ihm. Sie wußte, daß nun ihre Stunden gekommen waren. Sie fuhren in den Wald, und erst, als es schon dunkel war, beendeten sie ihre große friedliche Waldrunde und kamen nach Hause – zu Antje.

Antje hatte schon gewartet – ungeduldig. Vielleicht hatte sie gebangt, ob Felix überhaupt noch einmal zu ihr kommen würde. Sie öffnete schleunigst die schmale Hoftür, um Amanda in ihren Stall zu lassen. Sie brauchten sie nicht zu führen. Amanda kannte ihren Weg zum Stall. Sie tippelte voraus. Das war ein gutes Zeichen. Und Antje hatte bereits alles für ‚unser Wildschwein' – wie sie es ausdrückte – in Ordnung gebracht: ausgemistet, frisches Stroh eingestreut, frisches Wasser, gekochte gestampfte und rohe Kartoffeln, Rüben. Und sie sprach gutherzig zu Amanda. Die ließ sich wieder streicheln, hinter dem Ohr kraulen und sich von Antje so vollquasseln, daß Felix schon glaubte, das nicht mehr aushalten zu können. Aber Amanda hielt es aus. Amanda war eben ein Wildschwein.

„Ich habe Sie mit banger Spannung erwartet", sagte sie zu Felix, als sie ins Haus gingen. „Sie haben wunderbar gesungen. Es war großartig. Die Kolleginnen in der Bank hatten mir sofort erklärt, daß der Kunde, der gestern so lange mit mir geredet hätte, draußen singen würde. Sie wollten mich sogar hinausschicken zu Ihnen. Natürlich habe ich nichts gesagt. Nur ganz für mich habe ich mich gefreut. Es war so schön. Noch nie hat jemand für mich gesungen."

Felix hatte keine Chance, etwas zu sagen. Antje redete und redete. Und sie weinte ein bißchen vor Freude.

„Und jetzt ist Wochenende, und ich bin nicht allein. Felix, Sie hat der Himmel geschickt. Sie und ihre Amanda. Sie wissen gar nicht, wie schlimm dieses Alleinsein für mich ist, seit ..."

Antje hielt inne. Sie hatte noch rechtzeitig bemerkt, daß sie im Begriff war, etwas zu sagen, das sie für sich behalten wollte. Felix verstand und fragte nicht weiter.

Antje hatte schon den Tisch gedeckt, festlich, vornehm, fürstlich, DDR-bürgerlich – burgoise eben. Felix mußte nochmals raus zum Wagen. Er holte seinen Gitarrenkasten ins Haus und schüttete ihn mitten in der Stube aus, so daß ein kleiner Haufen von schimmernden Münzen im Zimmer lag. Silber, Kupfer, Messing und ein paar Scheine zwischen – dazwischen.

„So, das ist mein heutiger Beitrag zum Abendessen. Das gehört Ihnen, so wie abgemacht."

Felix trat ganz nah zu Antje und gab ihr einen Kuß.

Antje wollte nicht glauben, daß dieses viele Geld am Boden ihr gehören sollte. Aber Felix duldete keinen Widerspruch.Und so machten sie sich – nach einem gemütlichen Abendessen – daran, das Wochenende damit zu verbringen, Antjes und Felix' Geld zu sortieren, abzuzählen, in Papierrollen zu wickeln und wieder abzuzählen.

15.

Viertes Telephonat:

„Niebergall, hallo, noch immer nichts gehört?"

Niebergall stand jedesmal instinktiv innerlich stramm, wenn er Schulrat Rapps forsche Stimme am Telephon hörte.

„Bedauere sehr. Ich hätte gerne andere Nachrichten. Meine Familie ist schon dazu übergegangen, seine Wohnung regelrecht zu observieren. Es brennt nie Licht. Es gibt keine Veränderungen an den Vorhängen, keine an den Blumen, nichts auf dem Balkon. Nichts. Auch sein Auto steht nie da. Daß er nicht tot in der Wohnung liegt, wissen wir. Auch die Nachbarn wissen nichts von ihm. Er lebt immer sehr zurückgezogen, meinen sie. Mit anderen Worten, er ist verschwunden."

„Niebergall, das darf nicht wahr sein. Keine Spur von ihm?"

„Keine. "

„Niebergall, ich mache mir Gedanken."

„Ach, Sie auch?"

Es entstand eine kurze Pause.

„Wissen Sie, Niebergall, wenn ich daran denke, daß ich nun noch einmal in ein Wochenende gehen soll, ohne diese leidige Geschichte endlich mal – naja, sagen wir – von der Seele zu haben. Das drückt schon alles gewaltig aufs Gemüt. Ich kann schon nicht mehr schlafen. Immer geht mir das alles durch den Kopf."

„Mir auch", meinte Schulleiter Niebergall kleinlaut.

„Was hat man mit diesem Niesner schon alles gemacht. Ich meine, die einzelnen Vorkommnisse waren fast alle nicht so schlimm."

„Ich weiß. Es ist die Summe der Zurechtweisungen – der ungerechtfertigten Zurechtweisungen – neben all den anderen Dingen. Er mußte sich ja vorkommen wie der größte Versager. Dabei ist er der beste Lehrer, den ich mir denken kann."

„Ohne Zweifel, Niebergall, ohne Zweifel."

„Diese Einsicht kommt sehr spät. Dem Niesner hätte das auch gut getan, wenn man ihm das mal gesagt hätte. Statt dessen … "

„Statt dessen habe ich ihm da noch diese Sache mit dem Singen im Englischunterricht an den Kopf geknallt."

„Ich mache mir wirklich Sorgen, daß er sich was angetan hat. Er war sensibler als man glaubte."

Schulrat Rapp zögerte. Da war etwas, das er loswerden wollte, das ihm aber schwer über die Lippen zu gehen schien. Dann begann er vorsichtig:

„Niebergall, wissen Sie, es ist schon etliche Jahre her. Aber Jahre zählen nicht, wenn es um Unrecht geht. Da war noch eine ganz andere Geschichte. Die hat ihn vielleicht viel mehr getroffen als man ahnen konnte ..."

Schulleiter Niebergall war nervös. Er ließ Schulrat Rapp nicht ausreden.

„Welche Geschichte? Niesner hat nie etwas erzählt, woraus man auf Schwierigkeiten nun auch noch mit Ihnen hätte schließen können."

„Hat er nicht? Niebergall, das war die größte Scheiße, die mir je passiert ist."

„Herr Rapp!"

„Ja, ist doch so! Wissen Sie, damals war ich noch relativ jung und unsicher im Amt als Schulrat. Ich mußte selbst erst Tritt fassen, wie man so sagt. Und da standen diese idiotischen dienstlichen Beurteilungen an. Sie wissen schon, alle vier Jahr bis zum fünfzigsten Lebensjahr."

„Weiß ich doch. Was soll da gewesen sein?"

„Ja, und nun hören Sie zu. Wir hier im Schulamt können ja auch nicht so, wie wir wollen. Wir haben Vorschriften und daneben immer noch irgendwelche lokalpolitischen Parteibonzen im Kreuz. Und da mußte mal wieder so eine richtige Pfeife von Lehrer beförderungsfähig gemacht werden. Er brauchte eine dienstliche Beurteilung, die ihn zu einer Beförderung berechtigte. Sie wissen schon: Leistungsprinzip. Nur der Fähigste darf befördert werden, der Fähigste, auf dem Papier natürlich. Ha, Leistungsprinzip."

„Ja, weiß ich alles. Damit leben wir doch. Die Kollegen nennen es Parteienkorruption."

Schulrat Rapp ließ eine kurze Pause entstehen.

„Aber diese Pfeife – Sie kennen den Mann übrigens gut, aber ich möchte keine Namen nennen – war mit vier vorbenotet, brauchte also unbedingt eine zwei, um überhaupt befördert werden zu können. Nun kann ich jemandem ja nur eine zwei geben, wenn ich einem anderen dafür eine vier gebe, damit unser Schnitt – alles so Scheißblödsinn – wieder stimmt. Sie verstehen die Logik dahinter: Im Schnitt sind die Lehrer unseres Schulamtsbezirks nicht besser oder schlechter als die Lehrer eines anderen Bezirks – im Schnitt. Und dieser Schnitt wird uns vorgegeben."

„Alles hochphilosophisch. Aber ich verstehe es trotzdem."

Schulrat Rapp wurde energisch – energisch aus Verzweiflung.

„Gar nichts verstehen Sie, Niebergall."

„Ach so. Aber Sie werden es mir ja erklären."

„Ich muß es Ihnen erklären. Sie müssen wissen, warum ich gegenüber diesem Niesner ein so schlechtes Gewissen habe. – Warum ich ihm diese Besinnungsfrist einräume und nicht gleich alles nach oben weitergebe."

„Na gut. – Das heißt, natürlich nicht gut."

„Ich kam also zu Niesner zur Visitation. Hefte, Schreibkram, Schülerarbeiten, alles perfekt. Man muß sagen, super."

„Klar, der lebt ja nur für die Schule. Seine Schüler sind sein Lebensinhalt, seit damals."

„Ja, Niebergall, und wir sind Verbrecher."

„Herr Rapp!" rief Schulleiter Niebergall laut entsetzt.

„Dieser Niesner hat eine Stunde gehalten, von der ich heute sagen würde, daß sie die beste Unterrichtsstunde war, die ich in meinem Leben je gesehen habe. Die beste, von allen Aspekten aus betrachtet. Inhaltlich, didaktisch, methodisch, pädagogisch, wie Sie wollen."

„Was hatte er denn gemacht?"

„Er hatte mit den Schülern das Lied ‚Sag mir, wo die Blumen sind' erarbeitet. Aber so phantastisch, Niebergall, das war brillant. Das war Deutsch, Geschichte, Religion, Friedenserziehung, Sozialkunde, Musik. Das war alles zugleich. Fächerübergreifend, fächerverbindend – ganzheitliche Pädagogik – wie Sie wollen, verstehen Sie? Als er dann seinen Schülern das Lied vorsang, Niebergall, ich habe noch nie bei Schülern eine solche Angerührtheit, eine so große innere Anteilnahme und Betroffenheit erlebt. Ich muß ehrlich sein, Niebergall, ich war selbst auch den Tränen nahe. Und dann hat er die ganze Problemstellung noch ausgeweitet, den Kindern vermittelt – ach, was sag ich vermittelt, die

Kinder selbst entdecken lassen, daß die Menschen über alle Grenzen, Nationalitäten und Sprachen hinweg die gleichen Sehnsüchte nach Frieden haben. Er hat es symbolisiert, indem er das Lied mit den Kindern auch noch in englischer und französischer Sprache gesungen hat. Und dann ist er einfach aus dem Klassenzimmer gegangen, hat die Kinder unter sich gelassen. Und, Niebergall ... "

Niebergall war, als hörte er, wie Schulrat Rapp am Telephon schluchzte.

„Niebergall, die Kinder haben ganz vernünftig, ernsthaft und mit größter innerer Anteilnahme über das Thema ‚Krieg und Frieden' diskutiert, ohne Lehrerlenkung – ganz für sich. Kann man mehr wollen? Kann man größere Ziele erreichen?"

Wieder war das Gespräch unterbrochen. Niebergall hörte, wie Rapp schluchzte. Dann sprach er gefaßt weiter:

„Sie sprachen – die Kinder meine ich – über den Frieden und auch darüber, was sie selbst für den Frieden tun könnten, den Frieden zu Hause, in der Gemeinschaft, unter den Völkern. Niebergall, ich sage Ihnen: perfekt, perfekt, perfekt. Und dann ging er noch auf diese Inschrift im Holstentor in Lübeck ein. Sie wissen schon, ‚Concordia domi, foris pax'. ‚Innen, in der Stadt, die Eintracht und draußen der Friede.' – Friedenssehnsucht der Menschen als zeitlose Sehnsucht, als Sehnsucht schon in früheren Jahrhunderten, als Sehnsucht mit Heimatbezug. Niebergall, perfekt, perfekt, perfekt!'

„Und was haben Sie ihm dann gegeben, wenn ich fragen darf?"
Rapp schien verbittert.

„Was hätte ich denn tun sollen in diesem Scheißsystem? Ich mußte doch diesem Parteitrottel eine zwei geben, also mußte der Niesner eine vier bekommen. Der Schnitt mußte ja wieder stimmen, verstehen Sie, der Schnitt. Niebergall! Eine vier für die beste Stunde, die ich je gesehen habe. – Verstehen Sie, der Schnitt."

„Wahnsinn."

„Wissen Sie, ich habe ihm dann einfach während der Stundenauswertung die blödsinnigsten Begründungen an den Kopf geworfen. Das muß ihn besonders getroffen haben. Daß dieses Lied zu politisch sei, und man wüßte ja, aus welcher Ecke es käme – damals war ja das ganze Volk hysterisch aufgebracht wegen dieser Friedensbewegung –, daß die Sprache nicht kindgemäß sei, weil da von den Mädchen die Rede sei, die von Männern geschwind genommen würden – als ob das heute bei unseren Kindern von Bedeutung wäre. Provozieren einer unkritischen Antikriegshaltung, Vorschub zu Wehrdienstverweigerung und demokratiefeindlichem Pazifismus. Das Dümmste, was mir so einfallen konnte. Und nicht klar fachbezogen, nicht Deutsch, nicht Musik, nicht Geschichte, alles nur ein bißchen. Ich habe nur Blödsinn geredet, um eine Rechtfertigung für diese in Wirklichkeit unverdiente vier zu haben."

„Wahnsinn! – Was hat denn Niesner darauf gesagt?"

„Das war es ja, Niebergall. Er hat sich nicht gewehrt. Er hat mich so vielsagend angeschaut, daß ich genau wußte, was er dachte. Aber er hat nichts gesagt."

„Mit mir hat er nie darüber geredet."

„Ja, er hat alles in sich hineingefressen. Nie was gesagt. Er ist einer von den nachdenklich Zurückhaltenden. Und irgendwann explodiert dann was."

„Ja, vielleicht ist es so. Und vielleicht ist das genau jetzt passiert."

„Wissen Sie, Niebergall, wie diese Politiker schon auftreten, wie sie fordern, wie sie kommandieren, wie sie verstehen zu befehlen, subtil, Niebergall, subtil. Verstehen Sie. Halten sich für die Größten, Besten und Schönsten. Ich habe mich damals einfach überrumpeln lassen. Ich war einfach noch nicht fest im Sattel. – Na, feige war ich auch."

Niebergall gab keine Antwort. Er wartete, bis Schulrat Rapp weiterredete.

„Wissen Sie, Niebergall, man sagt sich ja oft, wenn man irgendwo einen Fehler gemacht hat, daß man ihn nie wieder machen würde. Meistens stimmt das gar nicht. Man würde meistens die alten Fehler immer wieder machen. Aber diese Beurteilung damals – wenn ich die zurücknehmen könnte."

Wieder gab es eine längere Pause. Niebergall sinnierte ins Telephon:

„Und da meinen unsere Lehrer, wunder wie korrekt sie beurteilt würden. – Naja, vor allem die, die die guten Noten bekommen, sind natürlich von der absoluten Objektivität ihrer Noten überzeugt. Die halten alles für gerecht und in Ordnung."

„Genau das macht die Sache ja so schlimm, der größte Trottel bildet sich nämlich ein, er sei der beste Lehrer auf der Welt, weil er eine gute Beurteilung bekommen hat, hält sie für objektiv, verliert jedes kritische Bewußtsein."

„Ja, und die anderen verzweifeln, begreifen nicht, was sie immer falsch machen, gehen mit einem schiefen Bild durchs ganze Leben – mit dem inneren Brandzeichen des Versagers. Unglaublich."

„Niebergall, ich werde keine andere Chance mehr haben. Ich werde nächste Woche sein Verschwinden weitermelden müssen. Es kann schon sein, daß es da größere Schwierigkeiten geben wird. Aber, ich war es diesem Niesner einfach schuldig, ihm die Chance zu geben, den Ausrutscher seines Verschwindens nach oben hin zu vertuschen."

„Verstehe."

„Wenn's nur so ein Ausrutscher ist, natürlich."

„Verstehe."

Und dann sagte Schulrat Rapp nach längerem Schweigen ganz kleinlaut:

„Niebergall, wer weiß, ob Niesner noch lebt."

„Wir können alle nur hoffen", meinte Niebergall niedergeschlagen.

16.

Antje und Felix verbrachten einen herrlichen Sonnabend. Sie zählten Geld. Sie zählten, rollten in Papier, zählten, rollten in Papier und sortierten nach Art der Rollen. Die Fünfmarkrollen in den einen Karton, die Zweimarkrollen in einen anderen, und für die Markrollen und die der kleineren Münzen schienen die im Supermarkt eilig besorgten Senf- und Mayonnaisekartons nicht auszureichen.

Aber das Geldsortieren und -zählen war nicht ihre einzige Beschäftigung geblieben. Dazwischen kümmerte sich Antje rührend um Amanda. Sie schien an diesem Tier einen Narren gefressen zu haben. Immer, wenn sie auch nur das leiseste Geräusch vom Stall herüberhörte, sprang sie auf, rannte zur Tür hinaus. Und dann hörte Felix sie reden. Und Amanda erlaubte Antje viele zärtliche Berührungen, die sie sonst niemandem gestattete. Antje durfte sie streicheln und tätscheln, sie hinterm Ohr kraulen, sogar ihre Schnauze berühren. Sie durfte ihr erzählen. Amanda hörte zu, drehte den Kopf, wandte ihr die Ohren zu, als würde sie verstehen. Felix war sich sicher, daß sie tatsächlich verstand. Er hatte gute Gründe.

Und ab und zu mußten sie beide weg von all diesem Geld. Sie unternahmen gemeinsame Spaziergänge: Antje, Felix und Amanda. Amanda war auf ihre Kosten gekommen an diesem Wochenende. Antje kannte die Wälder um Ribnitz Damgarten. Sie fand die besten Wildschweinplätze mit Moos und sattem Unterbewuchs, mit herrlichen gelbbraunen Stellen, wo das Laub des Vorjahrs die Feuchtigkeit der Nacht hielt und wo es darunter alle möglichen Wildschweinleckerbissen aufzuspüren gab. Wie waren sie doch paradiesisch, diese mecklenburgischen Laubwälder, angefüllt mit Geheimnissen in wild verwachsenen Bäumen, im Rauschen der weiten, ausladenden Baumkronen, die dem Wald Schatten, Frische und Dunkel gaben und dem Boden Vielfalt von Leben. Hier lebte alles – alles irgendwie miteinander, voneinander und gegeneinander: alt mit und gegen jung, vergehendes Leben mit und gegen werdendes, heitere Vogelstimmen gegen Bussardaugen, Zirpendes, tückische Fuchsgefahren, Wildes, Listiges, Geheimnisvolles – Gnomen und Elfen.

Und dann deckte Antje wieder mal irgendeinen Tisch: den zweiten Frühstückstisch, den Mittagstisch, den Kaffeetisch. Sie machte es mit Liebe und dem glücklichen Gefühl, nicht allein zu sein. Sie genoß die Gesellschaft mit Felix. Sie redete viel, und Felix hörte viel zu. Aber es störte ihn nicht, daß sie so viel redete. Er spürte, daß sie reden mußte. Einfach reden mußte.

Nur ab und zu hatte Felix sie um eine kleine Redepause gebeten. Da war er dann immer mit einem Eimer zu seinem Wagen gegangen, hatte Nachschub geholt, das Münzgeld zusammengekehrt, das da noch im Kofferraum oder unter den Sitzen und zwischen den Polstern zu finden war.

Als es dann am Sonnabend schon dunkel wurde, hatten Zählen, Rollen und Sortieren endlich ein Ende. Antje – ganz Bankfrau – stellte am Ende ihrer Arbeit fest:

„Also, wenn ich das wirklich so machen soll, wie Sie es gesagt haben, dann haben Sie 8765 Mark und fünf Pfennige, und für mich haben Sie 1732 Mark und neunzig Pfennige ersungen."

„Das ärgert mich", meinte Felix mit einem schiefen Lächeln im Gesicht.

„Was?"

„Das mit den neunzig Pfennigen. Hätte da nicht einer noch zehn Pfennige einwerfen können?"

Antje blickte Felix verständnislos an.

„Ich begreife Sie nicht."

Felix lächelte. Er fühlte sich wohl bei dieser durch und durch mecklenburgischen Antje. Er liebte ihre behagliche Stube, ihr gemütliches Zuhause, ihre bürgerliche Aufgeräumtheit.

„Natürlich machen wir das so, wie wir das besprochen haben. Ich habe für Sie gesungen, und es hat mir Spaß gemacht. – Und – ich weiß ja nicht, ob das mit ihrem Bankethos zu vereinbaren ist – wenn Sie mir erlauben, würde ich gerne von meinem Konto hier zehn Pfennige auf ihr Konto transferieren, um die Mark vollzumachen."

Antje schwieg. Sie verstand seinen Humor nicht, wurde unsicher. Sie war nachdenklich. Ihre Gesprächigkeit schien einen Knacks bekommen zu haben.

„Sie wissen gar nicht, welch unerwartete Freude Sie mir machen. Ich – ich …"

„Na was denn?"

„Ich getraue es mir fast nicht zu sagen. Aber Sie sehen ja selbst. Natürlich bemühe ich mich, mein Häuschen in Ordnung zu halten. Aber, wissen Sie, in den Zeiten, die wir hinter uns haben, konnte man in so einem Häuschen fast nichts machen. Wie gesagt, ich bemühe mich, alles in Ordnung zu halten. Aber es ist doch alles ganz schön runtergekommen. Jetzt kann ich mir wenigstens ein neues Fenster für mein Schlafzimmer leisten."

Felix nahm einen Schluck aus seinem Weinglas. Antje schaute verlegen auf den Teppich.

„Also Schlafzimmerfenster?" fragte Felix, um die Stille abzukürzen.

„Wissen Sie, jetzt im Sommer ist das alles kein Problem. Aber im Winter mit diesen Stürmen, mit tagelangen Westwinden oder bei Nordost, da drückt die Kälte ins Haus, durch alle Fenster, da wird man krank, auch wenn man mit Wolldecken und Wärmflasche im Bett liegt. Man muß ja auch aufstehen."

Felix ging in Gedanken durch das kleine Häuschen. Er hatte es bisher ganz anders gesehen, kleinbürgerlich, altertümlich, in einer Ecke etwas abgesackt und mit Rissen in der Wand, mühevoll gepflegt und wohlig gemütlich.

„Darf ich mal fragen, was so ein Fenster kostet? Wissen Sie, ich habe da keine Ahnung."

Felix fühlte, daß sein Satz nach mecklenburgischer Sprachmelodie noch nicht ganz vollständig war. Irgend etwas fehlte. Dann lächelte er.

„Von. "

„Wie meinen Sie?"

„Ja, ich habe da keine Ahnung von."

Antje verstand seinen Scherz nicht. Sie war zu sehr damit beschäftigt, sich zu schämen.

„Das Geld reicht gut für ein Fenster, eben für mein Schlafzimmerfenster. Fast reicht es sogar für zwei."

Felix zählte in Gedanken die Fenster des Häuschens.

„Antje, das ist doch alles Quatsch. Kein Mensch läßt in einem Haus ein einzelnes Fenster einsetzen, wenn alle erneuert werden müssen. Das muß doch vernünftig gemacht werden. Vorne haben Sie vier Fenster, zum Hof sind es auch vier Fenster. Wissen Sie was, am Montag bestellen wir Ihre Fenster. Besser gesagt, Sie müssen sie bestellen, denn ich muß am Montag nach Stralsund. – Was soll ich mit diesem Geld? Meine Seele schickt mir neues."

Antje errötete. Sie verstand nichts. Wie hätte sie auch verstehen können. Sie wurde nervös und verlegen, hantierte mit ihrem Kaffeelöffel herum. Hastig und aufgeregt meinte sie mit viel zu besorgten Blicken:

„Nein, nein, Felix, so war das doch gar nicht gemeint. – Das – das ist mir jetzt peinlich. Ich hätte doch nichts sagen sollen. Bitte, verzeihen Sie mir."

„Aber das ist doch in Ordnung."

Antje war nahe daran, in Tränen auszubrechen. Sie begann zu zittern.

„Wissen Sie, das ist mir jetzt so peinlich. – Nein – ich – ich glaube, ich werde überhaupt kein Geld annehmen."

„Aber Antje."

„Man redet eben so, wenn man so glücklich ist, wie ich es bin mit Ihnen. – Mit Ihnen und Ihrem Wildschwein und nicht mehr allein."

Felix wurde energisch.

„Antje, jetzt ist aber Schluß. Hören Sie mir zu. Ich bin auch glücklich." Er sagte das ganz ernst und bestimmt. „Wir haben es so schön hier. Ich kenne das gar nicht mehr seit…"

Felix holte tief Luft.

„Wenn ich Geld brauche, gehe ich auf die Straße und singe. Außerdem müßte ich nicht einmal das tun. Ich tue es, weil es ein Riesenspaß ist, verstehen Sie. Dieses ganze Geld gehört Ihnen für Ihre Fenster. – Und – und jetzt kein Wort mehr darüber."

Antje wollte sich nicht beruhigen. Es ging noch einige Zeit hin und her, manchmal etwas heftiger, dann wieder moderat. Aber Felix gab nicht nach.

„Und jetzt habe ich eine Bitte an Sie." Felix sprach immer noch sehr energisch.

„Ja?" Antje blickte ihn ratlos an.

Felix sah Antje an, daß sie darauf hoffte, nun einen Wunsch zu hören, mit dem sie ihm wirklich helfen könnte, ihn vielleicht entschädigen könnte für das, was er ihr geben wollte. Es würde ihr dann leichter fallen, dieses ungewöhnliche Angebot anzunehmen.

„Ja, und Sie dürfen mir diese Bitte nicht abschlagen."

„Nun bin ich aber gespannt?"

„Ich möchte heute abend mit Ihnen zum Tanzen gehen."

Antje fiel aus allen Wolken. Tausend Gedanken schienen ihr durch den Kopf zu gehen. Ihr Blick wurde ernst.

„Aber ... "

„Es gibt kein Aber. Ich habe gestern ein nettes Lokal hier im Ort gesehen und gelesen, daß dort heute Tanz sei."

„Sie meinen im ‚Störtebecker.'"

„Genau."

„Aber ich kann doch gar nicht tanzen. Ich wollte es immer lernen. Ich – ich habe sogar schon oft geträumt von, daß ich tanze, und das war wunderbar. Es war wie eine berauschende Droge. Aber ich kann nicht tanzen. Ich würde es so gerne können. Leider. – Und jetzt in meinem Alter. – Das wäre keine Freude für Sie. Wissen Sie, in der DDR, da hatten wir so viele andere Probleme. Da gab es für unsereinen gar keine Zeit für solche Vergnügen. Sie glauben ja gar nicht. Aber ..."

„Antje! Kein Aber."

„Und was sollte ich denn anziehen? Naja, das ginge schon. Aber ..."

„Natürlich können Sie tanzen. Sie haben doch geträumt ‚von', wie Sie sagen."

„Sie werden sich schämen mit mir. Und dann die Leute dort. Man kennt mich doch hier überall."

„Schämen Sie sich mit mir?" wollte Felix wissen.

Antje wurde wieder nervös. Wieder hatte sie Angst, vielleicht etwas gesagt zu haben, das Felix beleidigen mochte.

„Nein, nein. Ganz bestimmt nicht. Ach, warum sage ich immer alles so falsch?"

„Wissen Sie, Antje, jede Frau kann tanzen. Das Tanzen kann überhaupt nur von Frauen erfunden worden sein. Sie lassen sich einfach in die Musik hineinfallen. Ich mache das schon alles. Sie werden sehen, wir werden tanzen, wie Sie es in ihren Träumen erleben."

„Sie reden da so einfach. Sich in die Musik hineinfallen lassen. Was soll denn das sein? Man kann sich in einen Sessel fallen lassen, auf ein Sofa, ins Bett, ins Heu oder Stroh, ins Wasser, in die Arme eines Mannes. Aber wie soll man sich in Musik hineinfallen lassen? Hineinstürzen in ein Nichts."

„Jetzt reden sie wie eine Lehrerin. Liebe Kinder, wir sammeln einmal alles, wo man sich hineinfallen lassen kann. – Natürlich kann man sich in Musik hineinfallen lassen. Das ist ja das Problem, daß die meisten Menschen das nicht begreifen. Sie lassen sich in Alkohol, Nikotin, sogar in Drogen, in alles mögliche fallen und verstehen nicht, daß das kein wirkliches Fallen ist, nur so ein billiger Ersatz. Musik. Sie werden sehen."

Antje schwieg und blickte Felix an. Sie studierte sein Gesicht.

„Sie sind ein richtiges Original", sagte sie nach längerem Schweigen.

Und dann gingen sie doch in den ,Störtebecker' zum Tanzen. Ihre ersten Schritte auf dem Parkett waren noch zaghaft. Antje bemühte sich, hatte Angst aufzufallen, bewegte sich steif und verkrampft.

„Sie dürfen nicht auf den Boden schauen, nicht auf die Füße. Schauen sie zur Decke. Oder noch besser, schauen Sie mich an", schulmeisterte Felix.

Antje lächelte verschmitzt, versuchte es wenigstens, schien aber noch zu verbissen damit befaßt, ein System in die Bewegung ihrer Beine zu bringen.

„Aber wenn man Fehler macht, trample ich Ihnen auf die Füße. Dann kommen Sie auch aus dem Rhythmus. Und – und was sollen denn die Leute denken? Wissen Sie, die meisten Menschen hier kennen mich. Sie werden mich beobachten."

„Die Leute sind nicht da. Sie dürfen vor nichts Angst haben. Hören Sie nur auf die Musik. Lassen Sie sich in die Musik fallen. Es muß alles raus aus ihrem Kopf. Nur die Musik muß in Ihnen sein. Musik ist wie eine Droge. Sie können gar nicht anders. Sie müssen sich so bewegen, wie es Ihnen die Musik eingibt. Keine Angst. Wer Angst hat, ist im Bett nicht sicher."

„Wie meinen Sie das, im Bett nicht sicher?"

„Naja, wer Angst hat, fühlt sich sogar dort nicht sicher. Er meint immer, daß ihm auch da die Decke auf den Kopf fallen könnte."

„Ach so. "

Wieder schmunzelte Antje.

„Wissen Sie, Droge ist ein falsches Wort für das Phänomen Musik",
erklärte Felix weiter, als sie sich endlich sanfter und geschmeidiger im
Kreise drehten, „Musik kann beglücken, befreien, bekümmern, lachen
und weinen machen, das Herz für Gedanken und Träume öffnen, für die
unsere menschliche Sprache nicht ausreicht. Sie kann in uns mit ihrem
einzigartigen Gewebe von Tönen und Takten mehr bewegen als die
kühnste Sprache unserer Dichter, mochten sie sich auch noch so sehr bemüht haben. Musik ist eine Macht für diejenigen Menschen, die von der
Natur das Geschenk der Empfindsamkeit für diese Wunderwelt bekommen haben."

Das alles erzählte Felix Antje, als sie sich immer lockerer im Kreise
drehten, sie seine Hand auf ihrem Rücken spürte, warm und fest, und
sich immer mehr in die Musik fallen ließ, wie man sich in einen Sessel,
ein Sofa, ein Bett, ins Heu oder Stroh, ins Wasser oder in die Arme eines
Mannes fallen ließ und auf alles andere als auf die Füße achtete. Sie waren glücklich.

Sie tanzten wie in Antjes Träumen. Felix verstand es, Antje zu führen,
ohne daß sie es so richtig bemerkte. Immer spürte sie, wohin die nächsten Schritte gehen sollten. Er brauchte es ihr nicht zu sagen. Die Körper teilten sich mit. Ein leichter Druck mit der Hand, ein Wegdrehen
oder Heranziehen, nach hinten schieben, öffnen, Tempowechsel mit den
Schritten. Antje spürte, wie Felix die Musik erfühlte, sich in sie hinein-
lebte. Und von Runde zu Runde ging es besser mit eleganten Schwüngen und schmissigen Promenaden. Sie tanzten den ganzen Abend.

Manchmal tat Felix so, als wollte er einmal für einen Tanz aussetzen,
auf seinem Platz sitzen bleiben, seinen Wein schlürfen und beobachten.
Aber da ließ ihn Antje nicht in Ruhe. Sie wollte wieder tanzen, wieder
erproben, ob sie wirklich tanzen konnte. Sie hatte es nie für möglich gehalten. Sie war so glücklich.

Sie waren das letzte Paar, das das Lokal verließ.

„Felix, ich danke Ihnen für diesen schönen Abend. Sie wissen gar
nicht, was es für mich bedeutet, so viele schöne Dinge mit Ihnen zu erleben und nicht allein zu sein."

„Schon gut, Antje, schon gut. Das Vergnügen ist ganz und gar auch auf meiner Seite. Sie tanzen wirklich gut. Es war ein schöner Abend. – Ah – jetzt muß ich aber doch noch nachfragen."

„Was denn?"

„Heißen Sie überhaupt Antje? Ich nenne Sie einfach immer so?"

„Ach, das haben sie nur so geraten? Ich habe mich schon immer gewundert, woher Sie meinen Namen wußten. Ich dachte an das Schild am Schalter oder so. Aber ich bin gar nicht sicher, ob es überhaupt dastand."

„Nein, nein, Antje paßt zu ihnen, so ganz zu ihrem Typ. Und da hatte ich mich eben für Antje entschieden.

„Jaja, Antje, mein blondes Kind."

Zu Hause war ihr erster Weg in den Stall zu Amanda. Sie mußten sehen, ob es ihr gut ging. Amanda ging es gut. Sie lag auf ihrem Strohhaufen und schlief, machte nur einmal kurz ihre kleinen Äuglein auf und grunzte behaglich.

Felix und Antje gingen ins Haus. Antje war so glücklich, daß sie Felix bat, noch ein bißchen bei ihr im Wohnzimmer zu sitzen und ein Gläschen Wein zu trinken. Da mußte Felix nicht lange überredet werden. Sie plauderten über den schönen Abend und über Antjes neue Tanzerlebnisse.

„Ich habe noch nie in meinem Leben so wunderbar getanzt. Ich wußte gar nicht, daß ich es kann."

Felix freute sich. Er lächelte selbstzufrieden. Er konnte es also noch. Es war immer seine Stärke gewesen, anderen Menschen zu sagen ‚Du kannst.' Felix konnte Mut, Zuversicht und Selbstvertrauen geben. Er hatte es immer gekonnt, bis ... Er konnte es wieder. Sie hatten ihn also noch nicht geschafft. Noch nicht.

„Wissen Sie, die Weltmacht Nummer eins ist die Musik. Musik kann mit uns Menschen alles. Sie kann uns von einer Sekunde zur anderen zum Lachen und zum Weinen bringen. Musik kann krank und gesund machen. Und das Geheimnis des Tanzens ist es, sich einfach und unverkrampft in die Musik hineinfallenzulassen."

„Das haben Sie sehr schön gesagt. Und wenn Sie das sagen, glaube ich das auch. Sie leben in und mit der Musik. Aber so eine kleine Bankangestellte kann das nicht so einfach. Die Bankangestellte braucht da schon noch denjenigen, der sie führt. Und das haben Sie ganz wunderbar gemacht. Felix, ich danke Ihnen."

Und dann sagte sie nach kurzem Nachdenken nach seiner Hand greifend:

„Ich bin so glücklich, daß Sie hier sind."

Die Unterhaltung ging noch bis zum Ende des Glases. Dann wünschten sie sich eine gute Nacht, und schon bald war es dunkel und still in dem kleinen Häuschen.

Felix war müde und doch aufgekratzt. Er konnte nicht einschlafen. Zu viele Dinge gingen ihm durch den Kopf. Er döste vor sich hin, mal wachträumend, mal schlafträumend. Mal weit weg, so daß da sogar Niebergall und Rapp kurz in seinen Gedanken waren. Dann fühlte er wieder das fremde Bett, in dem er lag, das fremde Zimmer, das fremde und doch so gemütliche Haus. Antje war da plötzlich in seinen Gedanken – und Barbara. Bilder aus vergangener Zeit drängten sich durcheinandergewürfelt in seinen Kopf. ‚Sonderbar, je mehr der Mensch wahrnimmt, daß er den größeren Teil seines Lebens schon hinter sich hat, desto mehr lebt er in seinen Gedanken in der Vergangenheit. Was für ein sonderbares Leben? Fünfzig Jahre lebt man nur für die Zukunft. Und dann wird die Zukunft zur gewesenen Zeit.'

Er würde sein Repertoire verändern müssen. Dieses ‚Sag mir, wo die Blumen sind' ist scheinbar noch lange nicht zur Vergangenheit geworden – bewältigte, verarbeitete Vergangenheit. ‚Sag mir, wo die Blumen sind' noch nicht. Warum konnte er dieses Lied nicht so wie die anderen singen? Sonderbar.

‚Diese Geschichte muß ich mal Amanda erzählen', sagte er zu sich, und er wußte nicht, ob er es tatsächlich in sein Zimmer hinein geflüstert hatte, oder ob er es sich nur so gedacht hatte. Ob Amanda gestern wirklich zu ihm gesprochen hatte? Er mußte sich getäuscht haben. Er hatte sich selbst seine Antworten gegeben. Er mußte so in seine Gedanken vertieft gewesen sein, daß er nicht mehr bemerkt hatte, daß er es gewesen war, der gesprochen hatte. Er war immer ein Mensch gewesen, der vollkommen in Gedanken verloren dahinschlendern konnte.

Es mußte eine mondlose Nacht sein, denn durch die Fenster drang kein Lichtschimmer, keine Nachthelligkeit, kein feiner Dämmerschim-

mer. Es knackste. Die Bodendielen schienen auch noch vor sich hinzu-
dösen, von den Aufregungen des Tages zu träumen. Irgendwie fühlte Felix die Bewegung von Luft, als würden sich Wesen durch den Raum
bewegen. Geister und Gespenster.

Aber da schien wirklich jemand im Zimmer zu sein. Felix machte die
Augen auf. Aber statt der inneren Dunkelheit sah er nur die äußere Dunkelheit der Nacht. Da griff jemand vorsichtig tastend nach seiner Bett-
decke, zog sie ein bißchen hoch. Antje schlüpfte unter seine Decke. Sie
sagte nichts. Sie legte sich nur sachte neben ihn, schmiegte sich an seinen Körper, legte ihren Kopf auf seine Schulter, hielt sich an ihm fest,
küßte seinen Hals, breitete ihr goldenes blondes Haar auf seiner Brust
aus, sagte nichts, lag nur neben ihm, sagte nichts.

Auch Felix sagte nichts. Er legte seinen Arm unter ihren Kopf und zog
sie noch ein bißchen fester zu sich, streichelte zärtlich ihren Rücken, so
zärtlich, daß sie nicht bemerken sollte, daß er sie berührte, es aber doch
noch wahrnahm.

„Ich möchte nur Ihre Nähe spüren", flüsterte Antje leise. „Fühlen, daß
Sie da sind. Einfach nur wissen, daß Sie bei mir sind."

Wieder schwiegen sie beide. Antje küßte ihn wieder auf die Brust. Felix hielt sie im Arm und streichelte ihren Rücken.

„Daß ich einen Menschen wie Sie gefunden habe, ist für mich wie ein
Traum. Einen so guten Menschen, einen Menschen, der keiner Fliege etwas zuleide tun kann. Ich bin so glücklich mit Ihnen. Gehen Sie bitte
nicht fort. – Ich weiß ja nicht, ob Sie bei mir bleiben können. Ob Sie bei
mir bleiben wollen."

Antje schien ihre Wort genau zu wählen.

„Ich weiß ja überhaupt nichts von Ihnen. Vielleicht haben sie eine
Frau? Vielleicht haben Sie Kinder?"

„Nicht mehr, Antje. Nein, nicht mehr", sagte Felix leise und gequält.

Antje küßte ihn wieder. Es war lange still.

„Es war ein so schöner Abend mit Ihnen, ein so schöner Tag."

„Ja, Antje. Alles war wunderschön."

„Werden Sie wiederkommen, wenn Sie in Stralsund waren?"

Antje war diese Frage schwergefallen. Felix spürte die Anspannung
in ihrer Stimme. Warum sprach sie so voller Ängstlichkeit?

138

„Sie und Ihre Amanda?"

„Amanda würde sicher ihren schönen Stall vermissen."

Antje lächelte zufrieden. Sie schmiegte sich noch fester an Felix. Ihre Hand streichelte seine Brust.

„Ich bete darum, daß Sie wiederkommen. Ich liebe Sie, Felix. – Aber – aber, ich tue Ihnen nichts – nichts, wenn Sie es nicht wollen. Nur spüren möchte ich, daß Sie da sind. Ich bin so glücklich, daß Sie bei mir sind – und ich habe Angst. – Und Sie wissen ja, wer Angst hat, ist im Bett nicht sicher."

Felix verstand ihre Angst. Er brauchte keine Erklärungen. Er verstand, drückte sie noch fester an sich.

„Lassen Sie sich einfach fallen."

„Sie müssen wissen, ich habe …

„Schon gut, Antje."

„Nein, lassen Sie mich das sagen, es fällt mir schwer."

„Sie brauchen mir nichts zu sagen. Ich verstehe auch so, und ich liebe Sie."

„Ich möchte es aber sagen müssen. Ich – warum fällt es mir nur so furchtbar schwer? Ich kann doch nichts für."

Antje begann zu weinen als würde sie sich schämen.

„Es ist alles gut, Antje. Verstehen Sie, ich liebe Sie. Und will mit Ihnen zusammenbleiben. Sie brauchen mir nichts zu erklären."

„Aber ich muß. Ich will es Ihnen sagen müssen."

Und dann flüsterte sie ihm in einer verzweifelten Kraftanstrengung alles leise ins Ohr.

„Es ist alles gut, Antje", sagte Felix und zog sie noch fester an sich. „Ich liebe dich, Antje."

„Ja, Felix, nun ist alles gut."

Am nächsten Morgen war Felix schon früh aufgestanden. Er versorgte Amanda, wünschte ihr einen guten Morgen, erzählte ihr ein bißchen von Antjes Kümmernissen – und versprach ihr, heute schon bald in den Wald zu gehen. Aber sein zweites Ich rührte sich nicht. Sein zweites Ich schlief seelenruhig auf dickem Stroh.

Er war wieder ins Haus gegangen und hatte für sie beide den Früh-stückstisch gedeckt, mit Blumen und Kerzenlicht und festlich flimmerndem Stövchen für den Kaffee. Er überprüfte nochmals, ob auch nichts fehlte, und dann ging er hinauf, um Antje zu wecken. Aber sie war längst wach, lag noch in Felix' Bett und wartete darauf, von ihm zum Frühstück geholt zu werden. Felix setzte sich zu ihr ans Bett, küßte ihre Augen, ihre Ohren und ihren Mund.

„Ich glaube, es ist Zeit zum Aufstehen. Das Frühstück ist schon fertig. Wir haben einen herrlichen Tag vor uns."

„Ach Felix, ich bin so glücklich, daß du bei mir bist."

Sie blickte Felix forschend in die Augen.

„Und du läufst mir bestimmt nicht davon?"

„Nein, Antje, ganz bestimmt nicht."

„Ich habe solche Angst davor. Du weißt schon, warum."

„Komm zum Frühstück. Warum sollte ich dir denn weglaufen. Ich bin so glücklich, daß ich bei dir bin."

Beim Frühstück fragte Felix Antje nachdenklich, warum sie denn solche Angst hätte, daß er ihr weglaufen könnte. Und da sprudelte Antje aufgeregt heraus, daß dies mehrere Gründe hätte:

„Wann findet man schon einen Menschen wie dich? Weißt Du eigentlich, wie schlimm dieses Alleinsein ist, nach alldem, was geschehen ist? Und dann weiß ich ja nichts von dir. Vielleicht mußt du ja wieder gehen. Du gehörst doch sicherlich auch wo hin? Ich kann doch nicht einfach sagen, daß du mir gehören mußt."

Felix starrte Antje mit offenem Mund an. Sie war bildhübsch, eine Göttin, eine wunderbare Frau. Botticelli …

„Ich gehöre nirgendwo hin. Nicht mehr. Aber das ist eine lange Geschichte."

„Ja, Felix. Und heute erzählen wir uns unsere Geschichten. Du eine sicher lange von dir, und ich, ich erzähle dir von meiner ewigen Angst. Ich weiß, daß ich da ganz mutig sein muß. Deswegen fängst du an", sagte sie entschlossen. Endlich sprudelte sie wieder voller Leben. Endlich war sie wieder mit Eifer und Elan dabei, Leben zu verplanen.

„Nein, Antje, du fängst an." Felix wußte, daß er ohne Hoffnung widersprach.

„Du", meinte sie wieder lächelnd, aber bestimmt.

„Wir könnten auch eine Münze werfen. Wir hätten ja genug von."

„Felix!" rief Antje energisch.

„Ist was?" fragte Felix scheinheilig.

„Da – von!"

17.

Felix war von Antje in den Wald verbannt worden. Sie wollte ihm unbedingt ein fürstliches, sonntägliches Mittagessen bereiten und sich dabei keinesfalls helfen lassen. Sie hatte darauf bestanden, daß Felix erst mal mit Amanda einen ausgiebigen Spaziergang machte. Amanda würde es ihm sicher danken. An Widerspruch war nicht zu denken gewesen. Wie hätte er auch in Antjes ungehemmten Redeschwall eingreifen und widersprechen können. Also war er losmarschiert.

Die Morgenfrische des Waldes war wohltuend. Tautropfen an den Blättern der Sträucher funkelten wie Kristalle in den Sonnenstrahlen, die in feinen weißen Strichen durch die Baumkronen stachen. Der Modergeruch des Bodenmooses prickelte in der Nase. Für Amanda mußte es eine Wohltat gewesen sein, sich durch den Waldboden zu schnüffeln. Ein kleines Bächlein schlängelte sich zwischen den dicken Buchen hindurch, höhlte das Erdreich unter den Wurzeln aus, legte ihre feingliedrigen Nerven frei. Nur an wenigen Stellen plätscherte das Wasser laut vor sich hin, sonst floß es in einem breiteren Bett gemächlich. Von Ferne hörte man vereinzelt Motorengeräusche von der Landstraße herüber: leise, singende Geräusche. Mecklenburg umschloß seine Wälder friedfertig und in zeitloser Beschaulichkeit. Auf dem weichen Waldboden ging es sich wie auf einem Teppich, einem Teppich mit den ewig variierenden und doch gleichförmig erscheinenden Mustern der Natur. Felix' Schritte resonierten auf dem federnden Waldboden wie auf einem Klangkörper. Vögel flatterten auf. Es zwitscherte, rätschte, zirpte und piepste aus allen Richtungen. Eichelhäher machten Meldung wie Bootmänner an Bord einer schwankenden Fregatte. Sommerselige Schmetterlinge und Falter überall.

Felix war in Gedanken bei Antje. Was war sie doch für eine wunderbare Frau! Und wie klug und zärtlich hatte sie sich in dieser Nacht endgültig in sein Leben geschlichen. Er liebte sie. Er hätte sie auch ohne diese Nacht geliebt, obwohl Liebe in seiner Rechnung nicht vorgesehen war. Allerdings war Antje eine Frau mit schwierigen Rätseln. Warum hatte sie immer Angst vor dem Alleinsein? Warum war sie so schnell bereit gewesen, Felix bei sich aufzunehmen und ihn festzuhalten, ohne ihn wirklich zu kennen? Warum lebte eine so attraktive Frau allein – ohne einen Mann an ihrer Seite? Nun ja, sie hatte ihm ihre tiefsten Kümmernisse in der Nacht ins Ohr geflüstert. Aber da blieben trotzdem Fragen und Geheimnisse. Sie konnten noch nicht alle gelüftet sein. Man mußte Geduld haben.

Amanda schwänzelte um ihn herum. Immer, wenn er intensiv nachdachte, blieb sie in seiner Nähe. Das war eine auffällige Gewohnheit. Felix hatte das schon oft beobachten können. Wenn seine Gedanken einfach nur so auf die Wanderschaft gingen, zog auch Amanda weitere Kreise um ihn, verschwand mal da und dort für längere Zeit in den Büschen, machte sich im lockeren Waldboden zu schaffen, um ihm Geheimnisse zu entreißen. Aber wenn sich die Gedanken festgebissen hatten, war sie immer dicht bei Felix geblieben. Und die Gedanken hatten sich plötzlich festgebissen. Was würde er Antje von sich erzählen?

„Du bist dran!" hatte sie gesagt, und es würde ihn treffen, Los oder Münze hin oder her. Er würde anfangen müssen, das war sowieso klar. Aber Felix hatte noch nie jemandem seine ganze Geschichte erzählt. Es würde schwer werden. Und er selbst wußte nicht so richtig, wann, wo und wie diese ganze Geschichte eigentlich begonnen hatte.

„Fang doch mit dem Anfang an", sagte Amanda vertraulich. „Fang nicht mit der Tragödie an, sondern da, wo die Tragödie ihren Anfang nahm."

„Meinst du wirklich?"

„Ja doch. Fang da an, wo alles anfing. Weißt du, wir Wildschweine haben ein sehr feines Gespür für gute Menschen – nicht nur für Menschen – für Herzenswesen. Wir Wildschweine und Antje. – Wir verstehen."

„Amanda, du scheinst ja mit dieser Antje unter einer Decke zu stecken. Immer sprichst du ganz für sie."

„Also – fang mit dem Anfang an."

„Wo war der Anfang?"

Immer wieder stellte sich Felix diese Frage. Und dann begann er, sich den Anfang nochmals genau in Erinnerung zu rufen. Der Anfang war das Ende seiner Theaterspielzeit. Nach diesem absurden Verbot war er – schmollend vielleicht – im Mikrokosmos eines Einsiedlers auf dem Lande versunken.

Seine beiden Kinder brauchten während dieser Jahre viel Zeit und Kraft. Und Felix versuchte ihnen soviel von seiner Innenwelt zu geben, wie er nur konnte. Und das war viel. Er war selbst glücklich in seinem Beruf und hatte deshalb viel Glück für die anderen. Er ging jeden Tag mit Freude in die Schule. Geprägt durch die Erfahrungen in der Schwäbischen Rentenanstalt wußte er besser als seine Kollegen, welche Vorzüge das Lehrerdasein hatte.

Sicherlich bestand das Leben auch in diesem Beruf aus mühebeladener Arbeit, und es war viel schwerer, als man es einem Außenstehenden – einem, der nur die Ferien und den angeblichen freien Nachmittag sah – verständlich machen konnte. Auch Felix hatte schnell begriffen, daß das dornige Geschäft der Erziehung an den Nerven, am Gefühlshaushalt, an der Seele zehrte.

Felix sah aber auch die vielen Möglichkeiten der Selbstverwirlichung. Er sah trotz seines Theaterspielverbots immer optimistisch die zahlreichen Chancen, die ihm die pädagogischen Freiräume gaben. Er sah die vielen Gelegenheiten zum Experimentieren und Ausprobieren. Was war das doch für eine andere Welt. Und er konnte in seiner Aufgabe einen Sinn, einen sittlichen Wert erkennen. In seiner Arbeit lag Bedeutung für die jungen Menschen und für die Gesellschaft.

Im Dachzimmer ihres Häuschens in Niewebüll hatte er sich ein behagliches Arbeitszimmer eingerichtet, eine eigene Bibliothek, wie er es nannte. Hier verbrachte er seine Abendstunden mit der Lektüre von Geschichtswerken oder Werken der englischen Literatur. Hier ging er forschend allen möglichen Problemchen bis auf den tiefsten Grund, wenn sie einmal sein besonderes Interesse erweckt hatten. ‚Mögen die anderen ihre Zeit vertrödeln mit den kurzzeitigen Aktualitäten der Tageszeitung, du – glücklicher Felix – versenke dich in deine Traktätchen über die besonderen Probleme der technischen und astronomischen Zeitmessung im ausgehenden Mittelalter‘, so hatte er sein beschauliches Leben gegenüber Barbara immer wieder verteidigt.

Von den vielen Vorgängen auf der Weltbühne nahmen Felix und Barbara nur wenig Notiz. Die große, ferne Welt außerhalb von Niewebüll mit ihren entsetzlichen Entwicklungen nahmen sie teilnahmslos aus der Distanz wahr, fast nur als die auslaufenden Endpunkte jener Geschichte, die Felix mit Begeisterung und sachverständig seinen Schülern vermittelte.

Dieses beschauliche, glückliche Leben währte beinahe zehn Jahre, bis schließlich einzelne äußere Ereignisse einen allmählichen Wandel einleiteten. Felix hatte zu schreiben begonnen. Er schrieb wenig und nicht um des Geldes willen. Er hatte einfach seine stille Freude daran, sich in kleine geschichtliche Detailfragen hineinzufressen. Meist waren die Anstöße aus seinem Geschichtsunterricht gekommen. Zu Hause in seiner Studierstube las er dann alles, was er bekommen konnte, trug die Fakten, Theorien, Quellentexte, Aufzeichnungen und Erkenntnisse Mosaiksteinchen für Mosaiksteinchen zusammen, entflocht die Dinge und versuchte, alles möglichst lesbar und faszinierend zu Papier zu bringen.

So war mit der Zeit ein erstes Büchlein entstanden: „Verflucht sei der Pfeffer!" Es schilderte die atemberaubende Geschichte von der Entdeckungsfahrt des Christoph Kolumbus. Schon als Junge hatte ihn diese Geschichte besonders ergriffen. Ein Mann bringt die ungeheure Willensstärke auf, 64 Tage nach Westen in die Ungewißheit zu segeln, gegen alle Anfechtungen der Besatzungen seiner Schiffe, gegen die allmächtigen Lehrmeinungen von Wissenschaft, Politik und Kirche und gegen quälende Selbstzweifel. Ganze 64 Tage mit langen einsamen Morgenstunden, gleichförmigen Tagesabläufen, harten Auseinandersetzungen gegen eine vom Aberglauben verängstigte Mannschaft und mit unendlichen Ewigkeiten der Nächte.

Sein Büchlein war kein sonderlicher Erfolg gewesen, und der finanzielle Gewinn war bedeutungslos. Aber das war für Felix nicht wichtig. Er hatte sich selbst bewiesen, was er konnte. Das allein zählte. Der Weg war ihm wichtig gewesen, nicht das Ziel. Und der Weg zu diesem Büchlein, das waren glückselige Spaziergänge mit konzentriertem Nachdenken und Formulieren und weltentrückte Abendstunden im stillen Kämmerlein. Und nun lag das Erstlingswerk auf seinem Schreibtisch: „Verflucht sei der Pfeffer!"

Danach begann er an einer umfangreicheren Arbeit zu schreiben. Er wollte ein mehrbändiges Werk über das Zeitalter der Entdeckungen herausgeben. Natürlich gab es zu diesem Thema schon viele andere Arbeiten. Aber da gab es auch Zusammenhänge, die in den meisten Werken nicht so gesehen wurden, wie er sie für richtiger hielt. Da gab es unerwartet viel Neuland in vermeintlicher allgemeiner Abgegrastheit. Es gab Bildmaterial zu sichten und in die entsprechenden Zusammenhänge zu stellen. Felix arbeitete immer bis tief in die Nachtstunden und hatte schließlich das Manuskript für seinen ersten Band fertiggestellt. Der Verlag zeigte großes Interesse, und so war nach Jahren mühevoller Emsigkeit schließlich ein vielbeachteter erster Band entstanden.

Wenige Wochen nach dessen Erscheinen hatte sich bei Felix unerwartet der Schulrat im Unterricht eingefunden, um in einer Geschichtsstunde zu hospitieren. Er war mehr oder weniger teilnahmslos im Unterricht gesessen, blickte während der Stunde hauptsächlich zum Fenster hinaus. In der anschließenden Stundenbesprechung aber mußte sich Felix eine niederschmetternde Beurteilung anhören. Was man überhaupt nur falsch machen konnte, war angeblich falsch gewesen. Felix konnte die Einwände seines Schulrats nicht verstehen, war auch viel zu überrascht, darauf zu antworten. Für ihn waren es unzutreffende Mutmaßungen, dahingesagte Behauptungen ohne schlüssige, überzeugende Argumente, zusammenaddierte Zufallsunwahrheiten oder Halbwahrheiten, blanke Unwissenheit. Felix' schüchterne Einwände schienen zwecklos. Der Schulrat beharrte auf seinen kritischen Beanstandungen, hatte auch kein Ohr für nachweisbare Fakten. Er ließ nur seine persönliche Interpretation der historischen Ereignisse gelten. Felix begriff nicht, warum sein Schulrat überhaupt gekommen war, welches Ziel er mit seiner Blitzaktion eigentlich verfolgt hatte. Und er war nach dem erbarmungslosen, rätselhaften Verriß seiner Stunde am Ende seiner Kräfte, entblößt von allem, was man vorher als vorsichtiges Selbstbewußtsein hätte deuten können.

Aber dann – nur wenige Tage später – hatte ihn sein Verleger schnell aufgeklärt. Schulrat Brunnhuber war selbst Autor von Geschichtsbüchern gewesen und hatte sich gerade bei Felix' Verleger ebenfalls um eine Veröffentlichung zum selben Themenkomplex bemüht. Er war dort aber auf keinerlei Interesse gestoßen, sein Manuskript war dankend zurückgegeben worden. Felix verstand.

Im Abschlußbericht des Schulrats Brunnhuber, der Felix einige Tage nach dieser Visitation zugestellt worden war, las es sich:

‚… Der Beamte widmet ganz offensichtlich zu viel Zeit seinen au-ßerschulischen Interessen, insbesondere seinen fachliterarischen Ambi-tionen, die allerdings nur mäßig erfolgreich und wenig fachlich hinter-fragt erscheinen. Seine außerschulischen Aktivitäten führen aber erkennbar zu einer Vernachlässigung seiner dienstlichen Aufgaben, die im Interesse eines geordneten Schulbetriebs und insbesondere aus Ver-antwortung gegenüber den Schülern nicht hingenommen werden kann.'

Und dann stand da noch eine Benotung seiner beruflichen Leistun-gen, die Felix ganz und gar unangemessen empfunden hatte und die ihn auch für die fernere Zukunft von jeder nur denkbaren Beförderung aus-schließen mußte.

Neid, Neid, Neid!

Und dann kam jener schreckliche Montagmorgen, der das Gleichmaß des Familienlebens jäh veränderte. Felix hatte schlecht geschlafen. In der Nacht von Sonntag auf Montag schlief er meistens schlecht. Das mochte vielleicht an der Ruhe des Wochenendes gelegen haben. Sie war der Einschnitt nach der Hast durch die Woche. Die Verschnaufpause des Sonntags warf ihn jedesmal aus der Routine, gab ihm ein bißchen mehr Zeit als sonst, über sich selbst und seine Barbara nachzudenken. Aber die Schlaflosigkeit in dieser Nacht hatte andere Gründe. Felix hatte am nächsten Morgen einen Termin bei seinem Schulrat. Er wollte diesen Herrn Brunnhuber zur Rede stellen. Er wollte ihn nach den konkreten Gründen seiner niederschmetternden Beurteilung fragen, sich erklären lassen, wo denn genau diese Vernachlässigung seiner dienstlichen Pflichten lag. Er wollte die Sache diesmal nicht so einfach hinnehmen wie damals sein Theaterspielverbot. Er hatte sich vorgenommen, scho-nungslos seine Meinung zu sagen. Er kannte diesen Brunnhuber. Er war ein Schwein. Und er war ein gefährlicher Mann; ein Mann, der jede Rückendeckung hatte, die er brauchte. Er war in der richtigen Partei mit allen nötigen Beziehungen. Aber Felix hatte sich vorgenommen, auf all das keine Rücksicht zu nehmen. Er wollte diese parteienkorrupte Sau-bande einfach ignorieren. Nun lag er wach im Bett und legte sich Fra-gen, Formulierungen, Anklagen zurecht. Immer wieder spielte er neue Szenarien durch.

Aber dann waren da auch Zweifel. Barbara hatte das ganze Vorhaben nicht gutgeheißen. Von einer gewissen Unrechtstoleranz hatte sie gesprochen, die man für diese Welt eben bräuchte. Daß man nicht auf jedes erfahrene Unrecht gleich reagieren müßte, daß man im Leben eben auch bereit sein müßte, Dinge hinzunehmen. Und außerdem, so hatte sie gemeint, sei es nun mal ein unverrückbares Lebensgesetz, daß der Ober immer den Unter steche. Und außerdem, bei so komplizierten akademischen Fragen wüßte man ja nie. Da könnte es ja tatsächlich sein, daß man selbst im Unrecht wäre und eben der andere im Recht. Es müßte ja nicht alles unbedingt stimmen, was sich Felix so in seiner Welt zurechtgelegt hätte. Sie würde ja nicht an seinen Fähigkeiten als Lehrer zweifeln, aber sie wüßte genügend über die Pädagogik. Das sei ja sowieso so eine Art akademische Blödsinnswissenschaft, wo immer jeder gleichzeitig recht und unrecht hätte. Was würde er denn da ausrichten wollen? Da würde er doch nur genau das Gegenteil …, und Unrechtstoleranz, und Zweifel, und Selbstzweifel und Ober und Unter und außerdem …

So hatte sie geredet. Und auch das hatte Felix sehr beschäftigt. Zweifel hatten ihn beschlichen. Zweifel, ob es überhaupt einen Sinn haben würde, sich mit diesem Brunnhuber auseinanderzusetzen, Zweifel an sich selbst, ob er denn tatsächlich eine zu geringe Unrechtstoleranz hätte oder ob nicht sogar diese ganze Idee von der Unrechtstoleranz Unsinn wäre. Zweifel, Zweifel, Zweifel.

Und so hatte er die ganze Nacht kein Auge zugedrückt. Er hatte am Nachmittag auch noch eine Meinungsverschiedenheit mit Barbara gehabt. Nur ein kleiner Wortwechsel, den man auch hätte verdrängen können. Aber Felix war empfindlich geworden, gereizt. Es schmerzte ihn, wenn Barbara an ihm herumkritisierte. Natürlich hatte sie recht gehabt, als sie meinte, daß dieser Gesprächstermin ohnehin sinnlos sei. Natürlich oder vielleicht oder vielleicht auch nicht – Unrechtstoleranz – Ober sticht den Unter.

In den Morgenstunden hatte ihn dann doch der Schlaf übermannt, und er hatte den Wecker nicht gehört. Der Tag begann mit einem Morgen in schußliger Eile.

Als er in der Garage in seinen Wagen einsteigen wollte, stellte er fest, daß er einige Unterlagen vergessen hatte. Er ging zurück in die Wohnung, kramte seine Sachen zusammen, rannte wieder zum Wagen. Er war in selbstzerstörerischer Eile und hatte deshalb nicht darauf geachtet, die Tür zur Garage richtig ins Schloß einschnappen zu lassen. Und er hatte nicht bemerkt, daß ihm sein Hund gefolgt war. Felix rauschte mit vollem Schwung aus der Garage. Er gehörte zu jenen Menschen, die in der naiven Vorstellung lebten, daß sie durch Tempo im Auto ein bißchen verlorene Zeit herausschinden könnten. Als er mit dem Wagen aus dem Hof fuhr, sah er im Spiegel, daß Barbara nervös winkte und ihn auf irgend etwas aufmerksam machen wollte. ,Vielleicht will sie mir nur noch eine ihrer überflüssigen Verhaltensregeln mit auf den Weg geben', dachte er. ,Zieh deinen Mantel an, wenn's kalt ist! Fahr langsam! Irgend so etwas.'

Felix wollte keine Zeit mehr verlieren. Nicht wegen solcher Weisheiten! Es war ohnehin schon zu spät. Und zu solch einer Unterredung sollte man pünktlich sein. Nicht die ersten Punkte schon an den Gegner abgeben. Felix achtete nicht mehr auf Barbara und fuhr an. Da hörte er ein leichtes Klopfen gegen den Wagen. Was war das? Aber noch ehe er nur den leisesten Anflug eines klaren Gedankens fassen konnte, hämmerte ein markdurchdringendes Geheule in seinem Ohr. ,Der Hund', dachte Felix. ,Um Gottes willen, der Hund!'

Felix hielt an. Sein Herz schlug heftig. ,Um Gottes willen, lieber Gott, ich flehe dich an, laß nichts mit dem Hund geschehen sein.' Aber bereits beim Aussteigen merkte er, wie zwecklos sein Stoßseufzer gewesen war. Seine Bewegungen waren automatisch. Er konnte keinen klaren Gedanken fassen. Alles in ihm sträubte sich, dorthin zu schauen, wo das herzzerreißende Geheule herkam. Es ging ihm durch Mark und Bein. Er fühlte Kälte im Gesicht. Er mußte leichenblaß geworden sein. Am Boden lag sein Hund und schaute ihn mit flehenden Augen an. Die Güte der Augen schmerzte, zerbrach ihm das Herz. Sein Hund wollte jaulend auf ihn zukommen, und Felix spürte, daß er bei ihm Schutz und Hilfe suchen wollte, Schutz vor dem ewig bösen, ständig davonfahrenden Auto. Felix konnte das Klagen der Kreatur nicht ertragen. Er zitterte. Sein Hund jaulte, daß es die ganze Welt hören mußte. Er lag am Boden wie angeheftet.

Mit den Vorderpfoten versuchte er, sich zu Felix hinzuschleppen.

Aber das Becken lag fest am Boden. Er mußte ihm mit den Rädern genau über das Becken gefahren sein. Der Hund schob sich schwerfällig mit den Vorderpfoten auf ihn zu. Der Hinterleib lag zermatscht. Und dieses schreckliche, beinerweichende Gejaule. ‚Hilf mir, hilf mir!' forderten die treuen Augen. Niemals in seinem Leben würde er je wieder diese flehenden, gütigen und treuen Augen vergessen können.

Felix war ratlos. Was sollte er tun? Sein zivilisiertes Leben kannte keine Verhaltensregeln für derartige Situationen. Für einen Augenblick konnte er kaum selbst auf den Beinen stehen. Es war das Leiden des Hundes, das ihn zu irgendeiner Aktivität antrieb, das ihm die Kraft gab, etwas zu tun. Das Leiden seines Hundes übertrug sich auf ihn und auf Barbara, die da plötzlich neben ihm stand. Der Hund zitterte und war nicht zu beruhigen. Er jaulte verzweifelt. Er mußte Höllenqualen erleiden. Von den Lefzen lief das Blut und sickerte in den Boden.

„Tu was, Felix, tu was! Laß das Tier nicht so leiden! Mensch, tu doch was!" Barbara schrie hysterisch.

Felix bemerkte, daß auch aus dem rechten Ohr Blut floß. Der Kopf mußte mit voller Wucht gegen den Wagen geschleudert worden sein.

Felix stand wie versteinert da, starrte auf seinen Hund, der sich in fürchterlichsten Schmerzen in den Tod hinüberquälte.

„Hilf ihm, hilf ihm! Um Gottes willen, ich flehe dich an, Felix. Erlös ihn!"

Barbara schrie verzweifelt. Sie wußte in diesem Augenblick selbst nicht, was sie sagte. Sie war nicht Herr ihrer Sinne. Sie sah nur ihren Hund, ihr ein und alles.

„Felix, Felix!"schrie sie. Sie konnte keinen Schritt gehen. Felix spürte, daß sie ihren Hund in den Arm nehmen wollte. Er wußte, daß sie alles, was es auf dieser Welt gegeben hätte, getan hätte, um ihrem Hund zu helfen. Aber auch sie konnte nichts tun. Barbara stand reglos da, wußte nicht, was sie mit ihrem Schmerz tun sollte.

„Tu was, Felix! Tu was! Erlös unseren Hund!" schrie sie immer wieder verzweifelt.

Weder Barbara noch Felix waren in der Lage, einen klaren Gedanken zu fassen. Sie waren benommen von dem hemmungslos geoffenbarten Leiden ihres treuen Hundes. Seine Augen, seine unsäglich treuen Augen suchten immer wieder Barbara, dann nur für kurze Augenblicke Felix und wieder Barbara.

Das Geheule des Hundes zermarterte Felix die Sinne. Er faßte all seinen Mut zusammen und rannte fast reflexartig zurück in die Garage. Es war nicht der Verstand, der ihn leitete. Es war der Automatismus seiner Seele, die ihm befahl, Leiden nicht geschehen zu lassen. Sein Herz sagte ihm, was er jetzt tun mußte.

Hastig stürzte er mit einer Brechstange aus der Garage, rannte fast besinnungslos auf seinen Hund zu und schlug in hilfloser Verzweiflung auf seinen Hund ein. Immer wieder schlug er so fest er nur konnte auf den Schädel bis sich der Hund nicht mehr regte. Im Schlagen kam ihm jene Kindheitserinnerung, die ihn so oft schon im Schlaf verfolgte, hatte und ihn auch heute noch manchmal in schlaflosen Augenblicken bedrängte.

Als kleiner Junge hatte er einmal mit einem Stock einen Maulwurf erschlagen. Nicht weil er ihn töten wollte. Es war ein Reflex gewesen. Er hatte das kleine Tierchen überraschend bemerkt, am hellichten Tage. Es war auf ihn zugelaufen, und er war so erschrocken, daß er automatisch mit dem Stock ausgeholt hatte und das Tier erschlagen hatte. Einfach so, ohne Grund, nur im Reflex auf die unerwartete Konfrontation mit der Kreatur. Wie oft war ihm dieser Augenblick schon im Traum erschienen. Und wie oft schon war er immer wieder erschrocken vor seiner Reaktion. Dieses sinnlose Töten. War es ein Ausbruch des Bösen in ihm oder war es eine natürliche Reaktion gewesen? Noch jetzt, nach so vielen Jahren tat ihm dieser kleine Maulwurf leid. Nein, Felix hatte nie in seinem Leben wirklich töten wollen oder können. Wie würde ihn dieses wüste Erschlagen seines geliebten Hundes quälen, ihm seine Nächte stören, sein Leben verdüstern. Aber hatte er eine andere Wahl gehabt?

Das Gejaule war verstummt. In der Luft lag ein eisiges Schweigen, das noch schlimmer war als das Leidensgeheul seines Hundes. Felix weinte bitterlich. Er stand ratlos da und ließ den Tränen freien Lauf. Noch im Tod sahen ihn die treuen Augen seines Hundes an. Noch im Tod sagten sie ihm: Alles, was für mich in meinem Leben wichtig war, das warst du, du und deine Barbara. Und du mußt wissen, daß es für dich in deinem ganzen Leben nie wieder ein so treues, liebendes Wesen geben wird, wie ich es war. Auch wenn ich dich manchmal geärgert habe. Das war kein Ärgern, das waren immer nur Mißverständnisse. Mißverständnisse aus Treue, aus hündischer Treue.

Barbara stand da und hielt sich die Hände vor die Augen.

„Felix, Felix!" gellten ihre Schreie durch den eisigen Morgen.

Beide konnten sie den Anblick ihres toten Hundes nicht ertragen. Beide brauchten sie ihren gegenseitigen Trost. Und Felix brauchte vor allem Barbaras Bestätigung, daß er das Richtige getan hatte, als er ihren Hund erschlagen hatte.

An diesem Morgen fuhr Felix nicht zu seinem Schulrat. Er konnte seine Barbara nicht allein lassen. Auch Barbara war nicht fähig gewesen, in ihren Kindergarten zu gehen. Sie mußten sich gemeinsam in ihrem Schmerz trösten. Wem sonst auf der Welt hätten sie ihre Trauer mitteilen können? Wer auf der Welt hätte es wirklich verstehen können, daß der Tod ihres Hundes für sie beide so schmerzlich war?

Felix begann, im Garten ein Grab zu schaufeln. Auch am Nachmittag wollte er Barbara nicht allein zu Hause lassen. Er hatte Angst davor, daß Barbara an ihrem Schmerz zerbrechen könnte. Unentwegt sprach sie von den hilfesuchenden Augen ihres Hundes. Von Augen, die nur eines sagten: Ich gehöre ganz dir, nur dir allein, so sehr dir, wie dir nie wieder ein Wesen dieser Erde gehören wird.

Und langsam begann Barbara Fragen zu stellen. Schlimme Fragen. War es richtig, daß Felix das leidende Tier einfach erschlagen hatte? Hätte vielleicht der Tierarzt noch helfen können? Felix hatte Mühe, Barbara zu erklären, daß er gar nicht mehr wußte, was er tat. Es war der Reflex seines Herzens gewesen, die Automatik des Unterbewußten, die ihn in diesem Moment allein gesteuert hatte.

Barbara begann, vorsichtig Vorwürfe zu formulieren.

„Deine ewige Eile und Hektik. Sie war es. Hättest du nicht so unter Zeitdruck gestanden, dann hättest du mehr auf unseren Hund geachtet. Und ich habe dir doch noch nachgerufen! – Warum hast du nicht gehört? Warum hast du nicht angehalten?"

Tief in seinem Herzen begann Felix zu ahnen, daß dieser Tag eine schlimme Wende in ihrem Leben brachte. Er hatte Angst vor der Zukunft. Es war nicht nur die Angst vor den Träumen der Nächte, die ihm immer wieder die Augenblicke des Zuschlagens mit der Brechstange einhämmern würden. Es war mehr noch die Angst vor dem, was der Tag in ihren Herzen zerstört haben mochte. Es war die Angst vor dem inneren Zerbrechen ihrer harmonischen Lebensgemeinschaft.

Die Erinnerungen hatten seine Schritte schneller werden lassen. Felix war ein weites Stück gelaufen, dann nochmals umgekehrt, wieder zurückgegangen und nochmals dieses weite Stück. Irgendwo im Gebüsch hörte er Amanda, die sich inzwischen wieder zu größeren Schleifen entschlossen hatte. Er rief nach ihr, und Amanda tauchte aus dem Dickicht auf. Er hatte gerufen, wie er früher seinen Hund auf den Spaziergängen gerufen hatte, und Amanda war ebenso folgsam gekommen.

„Brav, Amanda.“

Sie gingen weiter.

„Soll ich das wirklich alles Antje erzählen? Es genügt doch, wenn sie weiß, daß Barbara … “

„Nein, Felix. “ Amanda sprach ruhig. „Wenn du denkst, daß dies alles zu deiner Geschichte gehört, mußt du es auch erzählen.“

„Aber.“

„Kein Aber. Es gehört doch zu deiner Geschichte, nicht wahr“.

„Ja, es war so der Anfang vom Ende. – Aber nicht – nicht alle Menschen verstehen, daß der Tod des eigenen Hundes so furchtbar sein kann. Antje wird mich vielleicht auslachen.“

„Viele Menschen würden dich auslachen, sie nicht. Sie wird verstehen.“

„Aber es wird furchtbar für mich sein, das alles nochmals zu erzählen. – Ich fange – vielleicht zu heulen an.“

„Dann heule.“

„Aber Antje. Weißt du, Amanda, ich habe angefangen, sie zu lieben. Ich kann nicht vor ihr heulen.“

„Ich weiß, ein Junge weint nicht. So hat man dich erzogen.“

„Ja.“

„Schön, glaub mir, sie wird verstehen. Du mußt ihr alles erzählen, auch wenn es noch so weh tut.“

„Es wird wehtun.“

Sie gingen das letzte Stück zum Wagen schweigend. Felix fand diesmal nichts ungewöhnlich daran, daß er mit Amanda gesprochen hatte.

Er freute sich über die Sonnenstrahlen, die nun stärker durch das zarte Grün der Blätter stachen. Es war Zeit geworden, zum Mittagessen nach Hause zu fahren.

18.

Felix und Antje saßen bei Kaffee und Kuchen im Wohnzimmer. Natürlich mußte Felix mit dem Erzählen seiner Lebensgeschichte oder dem, was er davon für wichtig hielt, beginnen. So hatte er folgsam erzählt von Barbara, von den Kindern, von seinem Leben als Lehrer in Niewebüll und schließlich auch von seinen Erfolgen als Buchautor. Er erzählte von diesem unheilvollen Besuch seines Schulrats, in dem er den Anfang allen Unglücks sah, und von seinem Hund, den er überfahren und erschlagen hatte. Er kämpfte gegen die Tränen, als er erzählte, obwohl das alles doch schon so viele Jahre zurücklag.

Antje wollte nochmals Kaffee aufsetzen. In der kurzen Zeit, die sie in der Küche war, konnte sich Felix sammeln, wieder zu sich finden. Als sie hereingekommen war, fiel sie Felix um den Hals.

„Weißt du, Felix. Ich habe uns für heute abend eine Flasche Wein gekauft. Oder möchtest du lieber ein Bier? Wir können heute nach dem Abendbrot – da ist es ja noch immer hell – nochmals einen Spaziergang machen. Vielleicht mit Amanda. Sie braucht Auslauf. Und – und, du weißt doch, du bist dran."

„Was meinst du, du bist dran?"

Antje lächelte zärtlich, sie gab Felix einen Kuß.

„Nun, erzähl weiter. Du bist dran."

„Antje, du mußt morgen unbedingt deine Fenster bestellen. Du weißt schon, im Winter der Westwind und der Nordost."

„Alle? Felix, das ist Wahnsinn. Alle Fenster? Das ist wie achtzig Jahre sparen und schachern in der DDR."

„Antje, ich möchte dich bitten, mit mir nie wieder über die Finanzierung dieser Fenster zu reden. Ich habe dieses Geld ersungen. Es war das größte Vergnügen, das mir dieses Leben bisher bereitet hat – vielleicht nicht das größte – aber es war ganz wichtig für mich, so wie es die Fenster für dich sind. – Wir reden nicht mehr darüber."

Antje blickte ratlos drein. Sie überlegte, und Felix hätte gerne gewußt, was ihr in diesem Moment durch den Kopf ging.

„Nur Leute aus dem Westen können so sein wie du", sagte sie schließlich und verschwand nochmals in der Küche. Aber auch von dort redete sie ohne Pause. Felix verstand nur Brocken von dem, was sie sagte, aber er war glücklich, ihre Stimme zu hören.

„Wem das Herz voll ist, dem geht eben der Mund über", hörte er mal und ab und zu seinen Namen und den von Amanda.

Und dann hatte Antje nochmals den genauen Plan für den Rest des Tages festgelegt: Abendessen, Waldspaziergang, ein Glas Wein zur Nachtzeit.

„So, und nun erzähl weiter."

„Wie weiter?" Felix fragte wie ein Schuljunge, der Zeit schinden wollte, denn er brauchte einen inneren Anlauf – ein bißchen Zeit und Sammlung. Es tat bitter weh, alle diese schrecklichen Erinnerungen – mühevoll und doch nur oberflächlich verdrängt – nochmals seinem Herzen zu entreißen. Antje mußte gespürt haben, daß es Felix schwer war, von diesen früheren Ereignissen seines Lebens zu sprechen. Sie goß nochmal Kaffee nach, hielt seine Hand. Felix erinnerte sich an Amandas Ratschlag. Und gerade das gab ihm nun die Kraft, zum erstenmal einem Menschen die noch immer in seinem Herzen tobenden Schrecken der Vergangenheit zu offenbaren:

6.3.1987. Felix war überglücklich. Es war soweit. Endlich! Sie waren an Bord der Kanalfähre, und damit war das große Vorhaben unumkehrbar. Zumindest war die Fähre so eine Art Symbol für die Unumkehrbarkeit ihres Projektes. Die Fähre würde sie hinüberbringen nach England. 52 Personen – Schüler, einige Eltern der Schüler, einige Kolleginnen und Kollegen – aus Niewebüll waren unterwegs nach North Wolveringham. Es waren ehrwürdige, honorige Leute aus der Gemeinde dabei, der Bürgermeister, Angehörige des Gemeinderates. Auch Jugendliche aus dem Ort, die nicht zur Klasse gehörten, waren mitgekommen. Und Barbara und die beiden Jungen waren auch dabei.

Endlich hatten sich die Zähigkeit und das enorme Engagement, das Felix in die Sache investiert hatte, ausgezahlt. Sie alle waren tatsächlich auf dem Weg nach Norfolk, nach North Wolveringham. Hier sollte nach langem zähen Ringen die Patenschaftsurkunde für die offizielle Schulpartnerschaft zwischen der Schule in Niewebüll und in North Wolveringham unterzeichnet werden. Für den Bürgermeister war die Reise wichtig. Er hatte ehrgeizige Pläne. Für ihn sollte die Schulpartnerschaft erst der Anfang sein. Er hatte vor, zwischen den beiden Gemeinden, dem winddurchfauchten und seeverbundenen North Wolveringham und dem nicht weniger windigen und seeverbundenen Niewebüll auch eine Gemeindepartnerschaft mit völkerverbindender Kooperation auf allen möglichen Gebieten aufzubauen.

Seit den ersten Tagen seiner Mitgliedschaft im Gemeinderat von Niewebüll hatte sich Felix darum bemüht, den Bürgermeister in dieser Sache tatkräftig zu unterstützen, obwohl sie sonst nicht die besten Freunde gewesen waren. Aber in dieser Sache lagen sie auf einer Linie, und Felix hatte den Gewinn im Auge, den seine Schüler aus solchen Beziehungen ziehen konnten. Er war immer ein Mensch gewesen, der die Dinge nicht nur theoretisch anpackte. Seine Schüler brauchten den Bezug zur Praxis und zur Realität der Gegenwart. Es hatte keinen Sinn, ihnen Englisch nur aus dem Lehrbuch zu vermitteln, ihnen die Gedanken der Völkerverständigung nur als theoretische Lehren aus der Geschichte zu verkaufen. Felix suchte nach Möglichkeiten, seine Schüler das Gelernte auch als Lebenswirklichkeit erfahren zu lassen. Und so hatte er sich um diese Partnerschaft mit der Schule in North Wolveringham bemüht.

Das war all die Jahre viel schwieriger gewesen, als er es sich vorgestellt hatte. Es gab Vorurteile und Voreingenommenheiten auf beiden Seiten. Es gab Bürger, die den Krieg nicht vergessen konnten und auch solche, die ihn nicht vergessen wollten. Was sonst hätten sie am Veteranenjahrtag feiern sollen. Sie wollten nichts wissen von sonderbaren neuen Zeitideen. Vor allem auf der englischen Seite mußten liebevoll gehegte Vorurteile aufgearbeitet werden. Man brauchte viel Diplomatie und zähe Geduld, um die Sache wenigstens in kleinsten Schritten bewegen zu können. Und da gab es auch Kollegen, die solche Bemühungen nicht gerne sahen. Bei den älteren waren es vielleicht die üblichen Ressentiments, bei den jüngeren waren es Neid und Eifersucht, das Wittern der Gefahr, daß sich da der Fremdsprachenlehrer bei der Obrigkeit und bei der Bevölkerung ein bißchen mehr profilieren könnte, als sie es konnten.

Felix hätte viele Gründe gehabt, alles vorschnell fallen zu lassen. Man hatte ihm immer wieder Hindernisse in den Weg gelegt. Alle möglichen Gegenargumente wurden in der Lehrerschaft diskutiert: die Beaufsichtigung der Schüler im Ausland, die Offenlegung der sozialen Unterschiede der Eltern, denn nicht alle hatten das Geld, ihre Kinder so einfach nach England zu schicken oder ein Kind aus England für ein paar Tage aufzunehmen. Schließlich mußten auch noch das ungewohnte Essen und das schlechte Wetter in England herhalten. Es würde die Kinder krank machen. Aller Quatsch wurde erdacht und ernsthaft in die Diskussion eingebracht.

Der Mathematiklehrer war der heftigste Gegner geworden. Bei allen möglichen Anlässen erklärte er den Eltern, daß ein Auslandsaufenthalt überhaupt nichts zur Verbesserung der Sprachkenntnisse beitrüge. Der beste Weg, eine Fremdsprache zu lernen, seien Fleiß und möglichst wenige Zerstreuungen im Leben. Er hätte dies selbst in seiner Schulzeit so erfahren. In Wirklichkeit aber war das alles nur verletzte Eitelkeit. In Wirklichkeit sprach der Mathematiklehrer selbst gar keine Fremdsprache.

Gegen solche und ähnliche irrationalen Hindernisse hatte Felix anzukämpfen. Aber er wollte nicht aufgeben. Eigentlich wußte er selbst nicht, warum. Vielleicht lag es in seinem Charakter, die Herausforderung anzunehmen und diese Partnerschaft gerade wegen der gewaltigen Schwierigkeiten zu erreichen. Vielleicht aber war es auch die Begeisterung seiner Schüler gewesen. Sie hatten ihn in seinen Anstrengungen bestärkt. So waren die Dinge über Jahre mit wechselnden Erfolgen und Rückschlägen schleppend dahingegangen. Und nun war es endlich geschafft. Sie waren unterwegs.

Felix stand unter Druck. Er durfte die Reise um keinen Preis zu einer Blamage werden lassen. Das würde zu Hause in Niewebüll zu viel Öl ins Feuer gegossen haben. Nichts durfte schiefgehen. So hatte er alles peinlich genau vorbereitet und gründlich organisiert, seine Truppe während der Busfahrt von Niewebüll nach Zeebrügge fürsorglich betreut und bei Laune gehalten. Nun endlich war alles geschafft. Sie waren an Bord der Fähre. Sie konnten nicht mehr zurück, der ‚point of no return‘ war erreicht. Die Leute hatten sich schnell über die weiträumigen Decks der Fähre verteilt. Felix hatte nun auch ein bißchen Zeit, an seine Familie und an sich selbst denken.

Barbara und die beiden Jungs – es waren schon richtige Männer, aber Felix betrachtete sie noch immer als seine Jungs – hatten sich in einem der Selbstbedienungsrestaurants ein leidlich gemütliches Plätzchen gesucht. Man überlegte gemeinsam, was man wohl essen würde. Barbara war glücklich. Felix hatte sie lange nicht so gesehen. Seit der Sache mit ihrem Hund war ihre Ehe irgendwie aus dem Ruder gelaufen. Barbara konnte oft wochenlang kein Wort mit ihm reden. Man sagte sich nur die allerwichtigsten Dinge. Felix' Bemühungen um Verständigung waren dann immer zwecklos gewesen. Dann wiederum hatte sie Phasen, wo sie ihn mit Vorwürfen überschüttete, Vorwürfen, die unsinnig waren, wie Barbara wohl selbst verstand. Sie hatte dieses Totschlagen ihres Hundes nicht verkraften können. Auch in Felix waren diese schrecklichen Bilder von damals immer wieder hochgekommen. Aber er konnte doch nichts dafür. Warum hatte dieses Ereignis ihr gemeinsames Leben so tiefgreifend verändert? Es war gar kein gemeinsames Leben mehr gewesen. Es war ein fast unpersönliches Nebeneinander. Felix fühlte sich oft an das Eheleben der Störche erinnert. Er hatte mal wo gelesen, daß Störche als Partner zwar zusammenlebten, daß es das Männchen aber gar nicht bemerken würde, wenn man das Weibchen vertauschte. Ihre Ehe war beinahe auch so eine Storchenehe geworden. Aber nun endlich schien Barbara wieder glücklich. Felix war zufrieden.

„Sie sind ja ganz schön vergammelt, diese Kanalfähren. Alles ist so verkommen und ungepflegt. – Aber macht ja nichts. Wir müssen ja nicht wohnen auf diesem Schiff." Barbara verglich das Schiff mit dem luxuriösen Postdampfer, mit dem sie und Felix einmal eine einwöchige Norwegenreise gemacht hatten. Felix versuchte zu beruhigen.

„In vier oder fünf Stunden sind wir in Felixstowe. Dann geht's weiter."

Die Jungs mischten sich ein.

„Das ist eben ein Schiff, das täglich Hunderte von Menschen über den Kanal transportiert. So viele Menschen verbrauchen ein Schiff regelrecht."

„Trotzdem. Schau dir die Teppiche an, die zerschlissenen Sessel, die weggerissenen Aschenbecher, die Ausstattung des Restaurants. Das ist alles heruntergekommener, billiger Plunder."

„Barbara, auf diesem Schiff muß keiner leben. Höchstens mal Stunden, dann geht's wieder von Bord. Auf dem Postdampfer der dänischen Reederei ist das was anderes."

„Allein schon die vielen Menschen hier. Und wie achtlos die mit allem umgehen. Das ist schrecklich."

„Barbara, es sind nur ein paar Stunden."

Barbara bemerkte, daß Felix um das Glück ihrer Reise bangte. Sie schaute ihn nachdenklich an.

„Klar, Felix, schon gut. Wir wollen ja nach England."

Draußen hörte man lautes Poltern und Klopfen. Das ganze Schiff begann auf einmal leise zu vibrieren. Trossen liefen quietschend und ratternd über Eisenrollen. Große Stahlplatten schienen irgendwo aufeinanderzuprallen. Draußen, weit weg, hörte man Lautsprecherdurchsagen, die offenbar für die Mannschaft bestimmt waren.

„Stand by fore and aft!" lächelte Felix. „Es geht los. Wir laufen aus. Es geht wieder hinaus, Barbara. Freust du dich denn nicht?"

„Ja, Felix, ich freue mich richtig. Vor allem, weil wir einmal alle zusammen so eine Seefahrt machen. Das ist schön. Es ist wunderbar. – Ich freue mich auch auf North Wolveringham. Norfolk ist ja der Teil von England, den wir noch gar nicht kennen."

Dann redete sie wieder auf ihre beiden Jungs ein:

„Ihr braucht keine Angst zu haben vor der Seekrankheit", beruhigte sie die beiden. „Ich hab' Tabletten, und ihr müßt vor allem essen."

Die beiden Jungs hatten zwar sowieso keine Angst. Aber sie ließen geduldig Barbaras gut gemeinte Rezepte über sich ergehen. Auch sie genossen die gemeinsame Fahrt mit der ganzen Familie.

„Ich geh noch einen Moment an Deck. Ich möchte sehen, wie wir auslaufen."

„Du siehst doch nichts, Felix. Es ist doch stockdunkel."

„Macht nichts, Barbara. Die Lichter, die Luft, der Wind. Das brauch ich jetzt irgendwie."

„Es ist doch schrecklich kalt draußen. Es weht ein eisiger Wind. Bleib da, wir essen jetzt was."

„Fangt schon mal an", meinte Felix freundlich lächelnd. „Ich komme gleich wieder. Ich muß einfach kurz an Deck. Ich möchte schauen, ob es jetzt wirklich endlich ab geht nach England. Du weißt schon, nach England mit uns allen nach all den Mühen."

„Versteh schon", lächelte Barbara verständnisvoll. In ihrem Lächeln lag eine so wunderbare, verzeihende Güte. Wir lieben uns doch noch, dachte Felix bei sich, auf unsere Weise zwar, aber wir lieben uns tief und ehrlich.

Beim Verlassen des Restaurants hatten ihn von einzelnen Tischen Schüler zugewunken, wollten ihm sagen, daß sie da waren, mit von der Partie. Alle waren sie bester Laune und voller Erwartungen, gespannt auf die Menschen in North Wolveringham, gespannt auf England.

Beim Aufstoßen der Tür ins Freie schlug Felix ein eisiger Windstoß ins Gesicht. Es regnete und es war bitter kalt. Die nasse Kälte war widerlich, zog bis in die Knochen. Felix überlegte, ob er nicht doch besser umkehren sollte. Aber schließlich ging er hinaus, nur für ein Weilchen.

Er stand kurze Zeit an Deck. Die vielen bunten Lichter der Stadt konnte man in der regenschwarzen Dunkelheit noch schwach erkennen. Deutlich aber sah man die regelmäßig geordneten Lichterzeilen auf den Piers und die Lichterfluten auf den anderen Fähren. Langsam nahm ihr Schiff Fahrt auf. Drüben auf dem langen Pier, an dem sich die Wellen der See brachen und gischtend zerstoben, begannen die Lichter langsam zu wandern. Sie liefen aus. Felix wartete auf das Ende der Mole. Eine Leuchte nach der andern zog an ihm vorbei. Es ging nur langsam hinaus auf die freie See. Viel zu langsam. In einer Stunde vielleicht würde es keine Lichter mehr geben, dann würden sie endlich auf See sein. Next destination England.

Und dann ging alles blitzschnell. Schneller, als man es überhaupt wahrnehmen konnte. Sie hatten das Ende der Mole erreicht. Die freie See schlug von Backbord auf das Schiff. Irgendeine der anrollenden Seen prallte besonders heftig auf den Koloß, der sich da so trotzig auf das Meer hinausschob. Das ganze Schiff neigte sich sanft zur Seite, gab der ungestümen Wucht der anrollenden See nach. Felix hielt sich an der Reling fest und wartete auf die Gegenschwankung. Aber die blieb aus. Das Schiff hielt einen kurzen Moment unentschieden am äußersten Krängungspunkt inne. Nun würde die Gegenschwankung einsetzen. Aber das Schiff hielt sich in dieser Schräglage. Kräftige Erschütterungen gingen plötzlich durch das Schiff. Eisen schlug irgendwo kräftig auf Eisen, daß es klirrte und sang. Die Fähre krängte schließlich noch weiter nach Steuerbord. Und dann drehte sie sich schnell zur Seite, als wäre sie ein Kanu, mit dem der Paddler gerade eine Eskimorolle übte.

Felix wußte nicht, was geschah. Er hielt sich an der Schanzverkleidung fest, um die Bewegungen des Schiffes besser abfangen zu können. Das Schiff neigte sich weit über, so weit, daß er plötzlich die Wasseroberfläche vor sich sah. Und dann – er hatte gar nicht die Zeit, das alles zu registrieren – lag er im Wasser und versuchte zu schwimmen. Es war eisig kalt, und die Brecher der See schlugen erbarmungslos zu. Aber er sah die nahen Lichter der Mole. Er hatte einen Orientierungspunkt. Er schwamm genau auf die Lichter der Mole zu. Es war nicht sehr weit. Aber es war kalt.

Felix dachte an nichts, nur daran, daß er zur Mole schwimmen müßte, genau auf die Lichter zu. Er konnte nicht begreifen, warum es ihn vom Schiff geschleudert hatte. Sie alle würden bis morgen in Felixstowe sein, und ausgerechnet er würde sich verspäten. Was für eine Enttäuschung für seine Freunde in North Wolveringham. Er schwamm, was sonst hätte er tun sollen.

Endlich hatte Felix die Mole erreicht. Da war auch eine Treppe. Alles war so lächerlich einfach. Er stieg die Treppe hinauf und lief auf der ausgebauten Molenstraße zurück zum Fährhafen. Er spürte keine Kälte mehr.

Die Straße war durch eine Mauer an der Windseite geschützt. Felix rannte so schnell er konnte, bis ihn einige Männer aufhielten und ihn mit Fragen bestürmten. Wo er herkäme, wollten sie wissen – in Französisch, in Englisch und schließlich in Deutsch – warum er so durchnäßt sei, wie er ins Wasser gefallen war usw.usw.

Felix versuchte zu erklären, soweit er selbst verstand, was vorgefallen war. Aber das war wenig genug. In den Augenblicken nämlich, in denen er seinen Fragern Rede und Antwort stand, wußte niemand, was eigentlich geschehen war. Man hatte nur Ahnungen, an die man einfach nicht glauben wollte. Da kamen noch einige Männer. Sie waren ebenfalls von der Fähre herüber zur Mole geschwommen, und sie erklärten, daß das Schiff einfach umgekippt sei.

Felix fragte immer wieder nach der nächsten Fähre. Er müßte unbedingt auf dem schnellsten Wege nach England. Er müßte schnellstens zu seiner Reisegruppe. Er hätte die Verantwortung für die Reise. Er müßte schnellstmöglich nach North Wolveringham.

Noch immer hatte Felix keine Ahnung davon, daß er einer der ganz wenigen Überlebenden des Untergangs der ‚Herald of Free Enterprise' war. Das alles drang nur ganz, ganz langsam zu seinem Bewußtsein vor. Er wußte nichts davon, daß alle Angehörigen seiner Familie in diesen Momenten vielleicht schon tot waren oder noch verzweifelt und hoffnungslos mit dem Tode rangen. Und er wußte nichts davon, daß keiner von all denen, die seiner Reisegruppe angehörten, den Untergang der Fähre überleben würde.

Felix hatte nicht bemerkt, daß er beim Erzählen jemanden vor sich hatte, ein Gegenüber. Seine Erinnerungen waren mit ihm durchgegangen. Ihm war, als würde er diese Augenblicke nochmals – zum wieviel tausendsten Mal – schmerzgequält durchleben müssen. Da bemerkte er, daß er Antjes Hand hielt. Antje hörte ihm ergriffen zu und drückte seine Hand ganz fest. Sie fühlte, was es für Felix bedeuten mußte, so tief in den Wunden vergangener Jahre zu rühren. Aber sie saß ihm mutig gegenüber, blickte ihm gütig in die Augen, als müßte sie ihm Kraft geben, das alles genau zu berichten.

Felix' Knie zitterten. Er versuchte, seine Tränen zu unterdrücken. Aber sie rannen von selbst seine Wangen herunter. Er war machtlos dagegen. Antje nahm ihr Taschentuch, wischte ihm die Tränen fort.

Lange schwiegen sie beide.

„Weißt du, Antje, du bist der erste Mensch, dem ich das alles so einfach erzählen kann. Auch nach diesen vielen Jahren konnte ich das nie jemandem beschreiben. – Es gibt Wunden, die verheilen nie."

„Ich weiß, Felix."

Sie umarmte ihn, drückte ihn fest an sich. Dann hielt sie wieder seine Hände.

„Aber es tut mir gut, dir das alles zu erzählen."

„Ja, Felix, ich weiß", antwortete sie mit unendlicher Herzensgüte in ihrer Stimme.

„Laß mich dir alles erzählen, auch den Fortgang dieses schlimmsten Kapitels meines Lebens. Ich will mich erinnern, jetzt will ich mich erinnern, dir alles, alles schildern."

19.

Alles an diesem Wintertag war merkwürdig. Es war kalt. Und doch spürte man in den Knochen, daß die Sonne die Kälte bald brechen würde. Der Schnee auf der Straße war weich. Nicht matschig, man hatte noch einen festen Tritt, nur eben weich. Der Winter schien sich noch behaupten zu wollen. Aber die Tage wurden bereits deutlich länger, und sie brachten die Kraft der frühen Märzsonne. Aber noch war es kalt. Zwischen den Häusern zog der Wind eisig durch die Hauptstraße von Niewebüll.

Felix war noch nie zuvor mit dem Bus nach Niewebüll gekommen. Vielleicht erschien ihm deshalb alles so anders und so eigenartig. Wahrscheinlich aber war es die lange Zeit seiner Abwesenheit. Ganze zwei Jahre war er nicht mehr hier gewesen. Seine Augen sogen die Bilder auf: die Häuser entlang der Straße, die Kirche mit den üblichen feuchten Flecken im weißen Putz der Frontseite, der nackte kahle Saum der Straße. Noch immer hatten sie keine Bäume gepflanzt. Der Mangel an ästhetischem Empfinden, an Gefühl für Schönheit würde den Menschen hier wohl ewig bleiben. Felix überprüfte auf seinem Weg entlang der Straße an allen möglichen Einzelheiten, ob das wirkliche Niewebüll noch mit jenem Niewebüll übereinstimmte, das er während der letzen zwei Jahre in seiner Vorstellung bewahrt hatte. Viel hatte sich nicht verändert. Zwei neue Gebäude standen in einer ursprünglichen Baulücke. Neue Häuser im langweiligen importierten norddeutschen Standardstil. Felix erinnerte sich an die Namen der Personen, die die Besitzer der Neubauten sein mußten. Er erinnerte sich daran, in einer seiner letzten Gemeinderatssitzungen dem Grundstückskauf zugestimmt zu haben. Damals, als noch alles anders war.

Viele Dinge sah er jetzt genauer, die Sprossenfenster des Gasthauses ‚Traube‘, die er vorher nie wahrgenommen hatte, den häßlichen Wegweiser ausgerechnet vor der Kirche, durch den die Harmonie der kirchlichen Anlage gestört war, die Coca-Cola-Dosen auf dem Friedensengel am Kriegerdenkmal. Zwei Jahre Abwesenheit hatten den Ort kaum verändert, sie hatten nur seinem Blick andere Aufmerksamkeiten gegeben. Zwei Jahre hatte er in dieser Klinik am Ammersee zugebracht. Zwei

Jahre hatten sie gebraucht, um seine Psyche, sein Nervensystem, sein Vegetativum halbwegs zu stabilisieren. Nun endlich hatten sie ihn nach Hause geschickt, nach Hause in sein altes Leben, in seine gewohnte Welt, nach Hause nach Niewebüll. Für Felix war der Ort nie seine richtige Heimat gewesen. Er hatte sich in diesem Ort als Süddeutscher immer als Fremder gefühlt, auch wenn er sich dies lange Zeit selbst gar nicht eingestehen wollte.

Felix wanderte die Hauptstraße entlang. Es waren spannende Augenblicke für ihn. ‚Mal sehen, welches bekannte Gesicht ich zuerst sehen werde.‘ Früher, wenn sie immer nach zwei- oder dreiwöchiger Abwesenheit vom Urlaub zurückgekommen waren, war das Barbaras beliebtes Spiel gewesen, wenn sie in Niewebüll einfuhren. „Mal sehen, wem wir zuerst begegnen?" Das war dann immer so eine Art Omen für das kommende Jahr gewesen.

Felix begegnete niemandem. Die Welt schien wegzusehen, als er nach Hause zurückkehrte. Am Fleischerladen warb immer noch der übliche Aushang des Sportvereins für den längst vergangenen Sportlerball. ‚Einladung zum großen Karneval‘, klotzte das Plakat in gewaltigen Lettern. ‚Wir würden uns sehr über Ihren Besuch freuen‘, las Felix weiter. Und dann stand da noch ganz unten in kleinen Buchstaben ‚trotz allem.‘ Was sollte das heißen? Felix verstand nicht. Er ging weiter. Er fror. Und er war so gespannt auf sein Zuhause.

Irgendwie hatte er das Leben in der Klinik genossen. Aber jetzt war es Zeit geworden. Er wollte nach Hause. Er hatte sich die meiste Zeit nicht wirklich krank gefühlt. Es waren nur immer einzelne Tage gewesen, an denen es ihn so richtig gepackt hatte. Da war er dann machtlos gewesen gegen den Fall in endlose dunkle Tiefen, gegen maßlose peinigende Depressionen. Er konnte mit allen seinen geistigen, körperlichen und seelischen Reserven dagegen ankämpfen. Es half nichts. Wenn die Welle seines biologischen Pulsschlages eben wieder unten war, dann war er beherrscht von Gefühlen tiefster Schuld, von den Seelenstichen des Versagens. Anfangs glaubte er, alles sei nur so eine eingeredete Schuld, von der man sich mit dem Verstand befreien konnte. Er hatte alles zunächst für einen sinnlosen, absurden Vorwurf gehalten, den ihm die Menschen von Niewebüll in ihrer Wut gegen das blinde Schicksal gemacht hatten, irreal und unlogisch, überhaupt nicht haltbar. Wie hätte er an der schrecklichen Katastrophe schuld sein sollen? Wie hätte er irgend etwas dazu beigetragen? Alles war so widersinnig und verrückt.

Aber für die Leute in Niewebüll war die Frage von Schuld und Unschuld keine Frage der Logik. Da gab es die absonderlichsten und geheimnisvollsten Betrachtungsweisen. Felix war zu wenig in die Kirche gegangen, es mußte dieser Fluch über ihn und sie alle kommen. Felix hatte immer so eigenartige zeitkritische Ideen gehabt, immer so Gedanken, die nicht in das paßten, was man so normal in Niewebüll über Gott und die Welt dachte. Er hatte mit seinen schönen Reden die Leute für diese dumme Sache mit dieser Schulpartnerschaft eingenommen. Er war schuld, ganz allein er. Und es gab in Niewebüll auch Menschen, die an Bündnisse mit dem Teufel, an Hexerei, an übersinnliche Mächte und vieles andere glaubten.

Es gab auch besonnenere Leute, die Felix die Schuld an der ganze Sache gaben; solche mit angeblich gesundem Urteilsvermögen. Schuld und Unschuld, das waren nach ihrer Meinung nicht Dinge, die man nur an den Ursachen zu bewerten hatte, sondern vor allem auch vom Ergebnis her. Einundfünfzig Menschen aus Niewebüll hatten den Tod gefunden. Warum? Er, Felix, war derjenige gewesen, der die Bürger zu dieser unsinnigen Schulpartnerschaft verführt hatte mit seinem idealistischen Firlefanz. Ohne ihn wären sie nicht an Bord der Fähre gewesen. Wer von Niewebüll wäre schon jemals nach England gefahren? Felix, so ihre einhellige Meinung, traf die alleinige Schuld an der unfaßbaren Tragödie.

Felix widerstand solchen Anschuldigungen. Er konnte sie für sich nicht gelten lassen. Er fühlte sich frei von Schuld. Überhaupt war die Frage der Schuld für ihn anfangs recht nebensächlich gewesen. Die Tragödie selbst war es, die seine Seele nicht verkraften konnte. Warum mußte sie alle dieser Schicksalsschlag treffen? Warum mußte ein solches Unheil über seine Familie und über die ganze Gemeinde hereinbrechen? Er hatte doch alles so ungeheuer gut gemeint. Er wollte seinen Schülern eine wirklich großartige Bereicherung ihres Schülerlebens geben. Warum mußte alles so kommen?

Wenn der biologische Pulsschlag seines Körpers das Wellental wieder durchschritten hatte, sah er die Dinge gelassen, dann sah er alles mit den

Augen des Verstandes. Alles lag auf der Hand. Das Schicksal hatte schlicht blind zugeschlagen. Er konnte nichts dafür. Er hatte keine Schuld am Tod der vielen Menschen von Niewebüll. Sie waren ja beinahe alle seine Freunde, seine guten Bekannten und teilweise auch seine Schüler gewesen. Er hatte niemanden umgebracht. Die Katastrophe des Untergangs der ‚Herald Of Free Enterprise‘ war von anderen verschuldet worden. Die Presse war voll mit ausführlichen Analysen des Hergangs der Katastrophe. Und wenn er tatsächlich schuld gewesen wäre, dann hätte er ja auch am Tod der anderen dreihundertfünfzig Passagiere schuld sein müssen. Nein, eine Schuldzuweisung war wirklich absurd.

Wenn aber der Biorhythmus plötzlich und unerwartet seiner Seele wieder eine andere Gestimmtheit aufdiktierte, dann half alle Vernunft nichts. Dann schmetterten ihn Depressionen nieder, und er erfand Argumente, warum ihn allein die Schuld traf. Er war der Initiator dieser Schulpartnerschaft gewesen. Immer waren es seine hochfliegenden Ideen gewesen, die ihn in unfaßbares Unglück gestürzt hatten. Allein sein Ehrgeiz hatte ihn zu dieser Partnerschaft getrieben. Nur deswegen waren all die unschuldigen Menschen auf dem Wege nach England gewesen. Insofern war er es gewesen, der diesen Menschen den Tod gebracht hatte.

Die Leute von Niewebüll hatten ihn aus dem Ort hinauswerfen wollen. Sie hatten ihm alles mögliche angetan. Zuerst hatten sie ihm den Weg von seinem Häuschen in den Ort mit alten Karren, Holzverhauen und Sperrmüll verbarrikadiert. ‚Hau ab!‘ und ‚Wir dulden keinen Massenmörder!‘ hatten sie auf Schilder geschrieben. Felix bemühte sich, besonnen zu bleiben. Er beschwichtigte sich. Er wußte für sich selbst zu sicher, daß das alles Unsinn war. Aber er mußte es trotzdem verkraften. Seine Seele mußte dieses Unrecht aufnehmen. Sie mußte es registrieren und irgendwie verarbeiten, absorbieren. Felix erinnerte sich noch zu genau. Als er damals das Zeug zur Seite räumen wollte, um mit seinem Wagen zur Schule fahren zu können, hatten ihn einzelne von seinen ehemals guten Freunden angespuckt. Im Lebensmittelgeschäft wurde er nicht mehr bedient. Er müsse dafür Verständnis haben, hatte ihm die Eigentümerin erklärt. Sie hätte nichts gegen ihn und sie ginge die ganze Sache ja sowieso nichts an, denn sie hätte bei dem Schiffsunglück niemanden verloren. Sie empfände größtes Mitgefühl, dessen könne er sicher sein. Aber, so hatte sie Felix eindringlich und entschuldigend klarmachen wollen, sie müsse Rücksicht nehmen auf ihre Kunden. Sie würden nicht mehr bei ihr einkaufen, wenn sie ihn weiterhin als Kunden hätte. Er müßte Verständnis haben für sie in diesen schwierigen Zeiten. Und Felix verstand.

Nachts hatten ihm Rowdies vom Sportverein die Fensterscheiben eingeworfen, und immer wieder waren sie nachts in Prozessionen zu ihm vors Haus gekommen, kreisten über Stunden schweigend um sein Haus mit Kerzen in der Hand und mit langen Stangen, an denen Schilder mit den Namen der Toten angebracht waren. Felix konnte auf keine Veranstaltung mehr gehen. Selbst in der Kirche verlangten die Leute, daß er nicht unter ihnen sein durfte. Der Pastor war machtlos gegen seine aufgebrachten Schäfchen.

In der Schule setzte sich die Hetzkampagne gegen ihn fort. Die Eltern hatten vom Direktor verlangt, daß ihre Kinder nicht von Felix unterrichtet werden durften. Sie wollten ihre Kinder nicht in den Händen eines Massenmörders sehen, so hatten sie in Eingaben an die Schulleitung geschrieben. Das hatte seine Wirkung – nicht sofort, aber doch so mit der Zeit.

Felix versuchte verzweifelt, den Anschuldigungen und Vorwürfen mit logischen Argumenten entgegenzutreten. Aber die Wirkung des Giftes lag in der Zeit. Mehr und mehr beschlichen ihn zermarternde Selbstzweifel. Und ihnen war auch nicht mit den Kräften der Vernunft beizukommen. Felix kämpfte gegen sich selbst, gegen seine abgrundtiefe Trauer, gegen seine maßlose Einsamkeit, gegen seine wachsenden Selbstzweifel und gegen Schuldgefühle. Warum hatte er überhaupt Schuldgefühle? Und warum tat sein Verstand sie immer als abwegig ab?

Er war unschuldig, so sagte es ihm der Tag, denn er war nicht der Kapitän der ‚Herald Of Free Enterprise‘, der es eilig haben mußte, nicht der Reeder, der Gewinne machen wollte und zur Eile trieb, nicht der Offizier, der das Frontluk hätte schließen lassen müssen. Er war nur der Leiter und Organisator der Reisegruppe. Sie waren unterwegs nach England. Er war schon oft vorher mit solch einer Fähre gefahren. Ihn traf keine Schuld. Er war unschuldig. Er war selbst ein jämmerliches

Opfer dieser furchtbaren Tragödie. Er hatte Barbara verloren und seine beiden Söhne.

Aber das Leben hatte seine eigenen Spielregeln. Und es gab die langen, einsamen, schlaflosen, quälenden Nächte. Gegen die Nacht hat die Vernunft keine Chance. Die Nacht ließ ihn die Dinge anders sehen als der Tag. Die Nacht war eine gefährliche Macht. Sie hatte ihre eigene Art von Logik, sie deckte das auf, was der Tag zudeckte. Die Nacht brachte ihn zum Wahnsinn. Beinahe in jedem zweiten Haus von Niewebüll war ein Toter zu beklagen. Es war wie im Krieg gewesen. Es war schlimmer als im Krieg. Während des Krieges war nur aus jedem dritten oder vierten Haus einer im Feld geblieben. Und die Nachrichten von den Kriegsopfern tröpfelten über die Jahre in die Gemeinde. Dies hier war anders. Einundfünfzig Menschen mit einem Schlag. Was hatte er dem Ort angetan? Nachts stiegen die Gesichter der Toten vor ihm auf. Klagende, anklagende Gesichter. Und da waren immer auch die Gesichter von Barbara und von seinen beiden Jungs.

Was hatte er seiner Barbara und seinen beiden Jungen angetan? Er hatte ihnen so viel von seiner Zeit vorenthalten, er hatte ihnen so viel weggenommen von ihrem Leben. Er war dabei gewesen, das alles wieder gutzumachen. Diese ganze Reise war als Wiedergutmachungsversuch gedacht gewesen. Nun konnte er nichts mehr gut machen. Sie waren alle tot. Er war allein, allein in dunkler Nacht.

Der Kampf gegen die Mächte der Nacht war aussichtslos gewesen. Felix war schließlich in eine Nervenheilanstalt eingeliefert worden. Alles in ihm schien zerbrochen. Über Monate mußte er rund um die Uhr unter strenger ärztlicher Kontrolle leben. Über Monate schien sich sein Gesundheitszustand kontinuierlich immer noch weiter zu verschlimmern. Er mußte mit harten Psychopharmaka in Ruhe gehalten werden. Schließlich lebte er über Wochen in wahnsinnsartiger Apathien. Seine Persönlichkeit veränderte sich nach und nach. Felix war nicht mehr Felix. Er war ein alter Mann geworden. Es loderte keine Flamme mehr in ihm, er war abgeklärt, es gab nichts mehr, was ihn interessieren oder begeistern konnte. Er war gänzlich zurückgenommen von der Welt.

Wenn ihn ab und zu einzelne wenige Freunde aus Niewebüll besuchten, solche, die sich von der allgemeinen Hysterie des Ortes nicht hatten hinreißen lassen, waren sie bei seinem Anblick meist entsetzt. Das kümmerliche Männlein, das sie da im Sanatorium vorgefunden hatten, war nicht mehr der Felix, den sie gekannt hatten. Es war nicht mehr jener schlanke, drahtige und geistig unruhige, vitale Mann, der sie alle immer irgendwie in seinen Bann gezogen hatte. Und auch Felix schien nicht so richtig zu verstehen, wer eigentlich zu ihm sprach. Er zeigte keinerlei persönliches Interesse an seinen Besuchern. Er stellte keine Fragen, erkundigte sich nach nichts und niemandem. Alles war so weit weg gewesen von ihm. Nichts mehr in ihm war lebendig geblieben. Zumindest schien nichts mehr bis zu den tiefen Schichten seiner Seele vorzudringen. Er hatte sich in sich verschlossen. Seine bloße körperliche Existenz schien keine Seele mehr zu tragen, keine Sehnsüchte, keine Träume, keine lodernde Flamme.

Nur manchmal schien es so, als hätten sich Tränen in seine Apathie gemischt. Das war, wenn ihm die Erinnerung Bilder von Barbara einblendete. Er hatte so viele Dinge falsch gemacht in den kurzen Jahren mit ihr zusammen. Immer war sein ruheloser Ehrgeiz zwischen ihnen gewesen, ein Ehrgeiz, der ihn immer vorangetrieben hatte und der ihn das Glück mit ihr nicht sehen ließ. Wie mußte er sie all die Jahre verletzt und gekränkt haben? Wie mußte sie sich immer zur Seite geschoben gefühlt haben, wenn er dem Erfolg nachjagte, seinen Bücherträumen nachhing und mit seinen Gedanken und seinem Herzen in der Welt der längst vergangenen großen Entdecker lebte?

Erst in den letzten Monaten – unter den Spannungen des Unfalls mit ihrem Hund – hatte sich ihre Beziehung verändert. Erst jetzt war ihre Gemeinsamkeit zu einer wirklichen, großen Liebe gereift. Alles, was vorher war, hatte Felix immer nur dafür gehalten. Es hatte ihn nie sehr berührt, und er war manchmal sogar enttäuscht gewesen von jenen angeblich höchsten menschlichen Empfindungen der Liebe, die dazu geschaffen sein sollten, die Menschen zu Heldentaten und phantastischen Leistungen zu beflügeln. Nein, was er lange Jahre gelebt hatte, war nicht die Liebe, es war so eine Art Kumpanei zwischen Mann und Frau gewesen. In den letzten Monaten – nachdem sie angefangen hatten, den Kummer mit ihrem überfahrenen Hund zu überwinden – hatten sie sich geliebt. Es war eine große, mächtige Liebe gewesen; eine Liebe, die der

Anstrengung des Verstehenwollens nicht mehr bedurfte, weil das Verlangen zugleich Verstehen geworden war, das Geben ein größeres Bedürfnis als das Nehmen.

Felix hatte sich aus vollem Herzen darum bemüht, alle seine Fehler der vergangenen Jahre wieder gut zu machen. Jede Nachlässigkeit, jeden Fehltritt, jeden Tag, der durch seinen sinnlosen Ehrgeiz verloren worden war, wollte er mit seiner Liebe ungeschehen machen. Barbara war ihm in diesen wenigen letzten Monaten alles gewesen. Warum nur, warum nur wurde sie ihm genommen? Warum wurde seine späte und reife Liebe so schrecklich bestraft? Warum? – Er selbst war es gewesen, der diese Partnerschaft initiiert hatte und nun zu einem glücklichen Ende führen wollte. Er war es selbst gewesen, der damit das höchste Glück seines Lebens zerstört hatte.

Felix hatte diesen tiefen, nagenden, bohrenden Schmerz nicht überwinden können. Er war in ihm in der langen Zeit seines Sanatoriumsaufenthaltes immer gegenwärtig gewesen; ohne eine Veränderung. Die Zeit, die angeblich alles heilende Zeit, hatte ihre Heilsarbeit versagt. Trauer und Schmerz blieben immer so stark wie am ersten Tag, als sein Verstand, sein Herz, seine Seele erfaßt hatten, daß sie nicht mehr lebte. Und er wußte, daß dieser Schmerz nie in seinem Leben versiegen würde. Felix spürte ihn auch in diesem Moment, als er langsam und bedächtig durch die Kälte nach Hause stapfte. Er wußte, daß ihm die schlimmste Prüfung in den nächsten Augenblicken abverlangt würde. Eine Prüfung, die allein entschied, ob er wieder tauglich sein könnte für das Leben. Er ging zurück in sein Heim, in ihr gemeinsames Heim, ein Heim, das die meiste Zeit eigentlich nur Barbaras wirkliches Zuhause gewesen war.

Felix hatte gegen sich gekämpft in diesen zwei Jahren, gegen seine Angst vor dem Leben, gegen seine Trauer, gegen seine Schuldgefühle, gegen seine Depressionen. Sein Arzt war ein guter geduldiger Mann gewesen. Er hatte sich immer mit größter Hingabe um Felix gekümmert. Er hatte ihn nie aufgegeben. Er hatte sich darum bemüht, Felix auch gegen seinen eigenen Willen in dieses Leben zurückzuholen. Schnell hatte er ihn als passionierten Grübler erkannt, als einen Mann, den man aus der Denkwelt herausreißen mußte. Felix brauchte zu seiner Genesung irgendeine Aktivität, die ihn packte. Alles andere würde ihm nicht helfen. Sein Patient brauchte – soweit hatte der Arzt Felix bald durchschaut – eine neue Faszination, die ihn körperlich beanspruchte. Er nahm ihn ab und zu mit auf den Ammersee zum Segeln. Felix schien Gefallen daran zu finden. Wenigstens in den Stunden auf dem Wasser verwandelte sich seine Persönlichkeit. Im Sanatorium war er ein Kranker gewesen, auf dem Wasser war er ein Mann, der mit einem Boot umzugehen verstand, einer, der ein Boot mit Hingabe durch das Wasser dirigierte. Der Doktor nahm ihn häufiger mit, und mit der Zeit wurde ihm Felix ein unentbehrlicher Kamerad auf seinem Boot. Das Verhältnis Arzt – Patient schien an Bord aufgehoben, sie wurden gleichwertige Partner und gute Freunde.

Für Felix war das Segeln die beste Therapie gewesen. Er hatte immer davon geträumt, einmal ein Boot zu haben und zu segeln. Er lernte schnell, vor allem mit Interesse und aus der Seele strömender Begeisterung. Manchmal, wenn sie über Stunden in Flauten mitten auf dem See festlagen, die Sonne auf sich herunterbrennen ließen oder das stumme Spiel der Wolken beobachteten, erzählte Felix Geschichten über die Segelschiffahrt aus der Zeit der großen Entdeckungen. Er konnte endlos davon erzählen und so spannend, daß der Doktor die Welt um sich herum vergaß. Felix rezitierte seitenlang auswendig aus seinen noch gar nicht veröffentlichten Manuskripten die wundersamsten Legenden über die Fahrten von James Cook, Vasco da Gama, Bering, De Quiros, De Torres oder Magellan. Und immer wieder war es auch Columbus gewesen. Columbus war es vor allem. Columbus war der Edelstein unter den Entdeckern. Und der Doktor hörte zu. Er hörte still und ergriffen zu. Es lag Andacht in diesem Zuhören. Oft war er von Felix' Geschichten so fasziniert, daß er manche Geschichte immer wieder hören wollte, wie ein kleines Kind, dem man ständig das gleiche Märchen vorlesen mußte.

‚Gesegnet sei der Pfeffer!‘, hatte es damals in Venedig geheißen. Tatsächlich hatte der Handel mit dem Pfeffer Venedig so unglaublich reich gemacht, daß es keine Stadt in Europa gegeben hatte, die nur annähernd solche Schätze aufzuweisen hatte. Aber das alles hatte mit der Pfefferkrise, die die Araber über Europa hereinbrechen ließen, ein jähes Ende. Die europäische Pfefferversorgung war zusammengebrochen. Wir können uns das heute nicht als schlimm vorstellen. Aber damals war Pfeffer für die Menschen ein unverzichtbares Gewürz, nicht nur ein Gewürz. Pfeffer wurde auch zur Haltbarmachung der Speisen verwendet und vor allem als Medizin für und gegen alles. Aber damit war es plötzlich aus und vorbei. Jetzt, in dieser Krisenlage, begann man in Europa überhaupt erst zu fragen, wo denn der Pfeffer eigentlich herkäme und wie man ohne die Araber dorthin kommen könnte. Eben weil man nicht wußte, wo der Pfeffer herkam, sagte man ‚Geh' hin, wo der Pfeffer wächst!', wenn man jemanden nicht mehr sehen wollte. Die Pfefferkrise wurde zum Anstoß der Entdeckungen ferner Länder und Kontinente."

„Großartig! Wunderbar! Und wie ging's weiter? Erzählen Sie mir vor allem noch einmal, wie Columbus seine verschiedensten Beobachtungen zu seiner gefährlichen Westkurstheorie zusammengestrickt hat. Wissen Sie, das ist wie in der Medizin. Da hat einer Kreuzschmerzen, die Ursachen aber liegen in der Prostata, da aber auch nicht, sondern letztlich in einem psychischen Defekt. Das ist so faszinierend, diese Geschichte mit dem Treibholz auf Madeira."

„Doktor, sind Sie verrückt oder bin's ich?"

„Klar, wir sind beide ganz normal verrückt. Wissen Sie, wenn ich das Geld hätte, ich würde meinen Job hinschmeißen. Ich würde so eine Weltumsegelung machen. Einmal rundum. Das wäre mein Traum. Und Sie wären der richtige Mann zum Mitmachen. – Ja, das wären Sie. Sie haben das, was mir fehlt – Mut. Ich habe das schon oft beobachtet. Sie haben Mut. Sie haben so was wie eine fast religiöse Verbindung zum Element Wasser. Wenn Sie auf dem Wasser sind, sind Sie beherrscht von einer mystischen Ergriffenheit."

„Da liegt ja eine ganz phantastische Übereinstimmung in unseren Träumen. Das kann man fast nicht glauben, Doktor. Wissen Sie, Doktor, daß es, seit ich diese Bücher über die Entdeckungen geschrieben habe, mein heimlicher Wunsch ist, all diese Routen der großen Entdecker peinlich genau nachzusegeln: Vasco da Gama, Columbus, Cook – Cook vor allem, weil es die ausgedehntesten und interessantesten Törns wären. Das wäre mein Traum, wenn – wenn ich das Geld hätte, – und…"

„Was und?"

„Ja, und wenn ich gesund wäre."

„Sie und nicht gesund. An der Gesundheit fehlt's nicht. Es fehlt am Wollen. Und wie gesagt, es fehlt Ihnen auch nicht am Mut. Sie haben keine Angst vor dem Wasser. Das Wasser ist für Sie so selbstverständlich, als wäre es der Ursprung Ihres Lebens. Es fehlt Ihnen nur an Geld."

„Das Wasser ist der Ursprung unseres Lebens, Doktor. Ich kenne das Wasser gut. Aus Büchern. Ich habe die Originalberichte der frühen Entdecker verschlungen. ,Sieben vorbei, acht verweht!' Ich bin mit ihnen mitgefahren. Ich kenne alle ihre Aufzeichnungen. Christoph Columbus, das ist, als wäre ich damals selbst dabei gewesen."

„Manchmal hört es sich so an. Manchmal meint man wirklich, Sie waren dabei. – Und was reden Sie von Ihrer Gesundheit. Ich denke da nur an unseren letzten Mittelmeertörn. Da gab's ja wirklich nur noch einen an Bord, der die Nerven behalten hatte – unser Nervenpatient."

„Das Leben in unserer Welt ist die eine Sache, Segeln ist die andere. Vielleicht hänge ich auch nicht mehr so furchtbar am Leben wie früher."

„Das ist Quatsch. Das reden sich alle Patienten ein. Wir hängen alle am Leben. Aber Sie haben vielleicht recht. Segeln ist die andere Sache."

Der Doktor hatte Felix auf den richtigen Pfad zu seiner Gesundung gelenkt. Er jagte ihn von einer Segelprüfung zur anderen. Zuerst den Segelschein für Binnengewässer am Ammersee, dann für die Küste, dann sämtliche Seefunkzeugnisse und alles, was es eben gab. Felix gehorchte. Er hatte eine riesige Freude an all diesen Prüfungen und vor allem an den phantastischen Törns im Mittelmeer, auf die ihn der Doktor mitgenommen hatte. Sie waren gute Freunde geworden.

Sie wollten sich wieder treffen, sooft es ging, zum Segeln am Wochenende und zu einem großen Törn im Sommer, wenn es die Zeit und die Finanzen zuließen.

Aber nun mußte Felix erst mal durch die schwierigste aller Prüfungen. Er mußte nach Hause. Er war schon von der Hauptstraße abgebogen. Es war mühsam zu gehen. Es würde kalt sein im Haus. Trotzdem beschlich ihn eine unglaubliche Freude, als er die letzten Meter auf sein Haus zuging. Jetzt würde er wieder ganz frei leben können, ohne das Reglement der Klinik, ohne feste Zeiten zum Frühstück und zu den Mahlzeiten, ohne die ewig jammernden lästigen Mitpatienten, die apathischen Kopfschüttler, die leiernden Totbeter, die jämmerlichen Spinner, die ihren ewig gleichen Weibergeschichten von früher nachhingen. Er würde frei sein, er würde wieder schreiben und er würde sich wieder voll und ganz der Schule widmen. Er hatte große Pläne für seinen Englischunterricht. Manchmal hatte er sich in der Klinik methodische Kunstgriffe für den Englischunterricht zurechtgelegt. Einen ganzen Ordner mit guten Ideen hatte er zusammengestellt für die Zukunft. Jetzt lag diese Zukunft vor ihm. Endlich gab es wieder eine Zukunft für ihn. Aber auch da würde er durchmüssen. Das Fach würde ihn wieder sehr an alles erinnern, was ihn mit England verband. Was verband ihn mit England? Der Tod von einundfünfzig Bürgern aus Niewebüll, der Tod von Barbara vor allem. Er würde da durchmüssen. Und er wollte es auch.

In seinem Haus war alles, wie es immer gewesen war. Alles war ein bißchen verstaubt. Weniger, als er es sich vorgestellt hatte. Spinnweben hatten sich in den Ecken unter der Decke ausgebreitet, die harten Kanten menschlicher Rechtwinkligkeit ein bißchen abgerundet. Das war schon fast alles.

Felix ging vergnügt durch alle Räume. Überall sammelte er Erinnerungen zusammen, schöne Erinnerungen und Erinnerungen an ein vergangenes Leben, das er jetzt wieder neu beginnen wollte. ‚Erst mal Kaffee kochen.‘ Kaffee kochen, das war für ihn immer der erste Schritt des Nachhausekommens gewesen. Zuerst einmal in Ruhe eine Tasse Kaffee in der Kachelofenecke, das wäre der richtige Anfang seines neuen und alten Lebens. Aber es war kalt. Felix fühlte plötzlich die Kälte erbarmungslos in seinen Knochen. Er beschloß, das Kaffeetrinken zu verschieben. Es wäre kein Genuß in einem kalten Zimmer an einem eiskalten Kachelofen.

Er ging hinaus und holte sich Holz herein. Holz hatte er noch genügend. Es würde noch zwei Winter reichen. Er packte die Sachen aus, die er eingekauft hatte, um ein bißchen Papier zum Anschüren zu haben. Und schon bald knackste es im Kachelofen. Ein Stündchen später, als sich die Wärme des Ofens langsam im ganzen Haus ausbreitete, knackste es überall. Im Holz der Decken, in den Möbeln. Sogar der Fußboden knackste. Aus der Küche roch der Kaffee. Felix war zu Hause. Endlich wieder zu Hause.

Felix hatte es sich auf seiner Kachelofenbank gemütlich gemacht. Genießerisch trank er seinen Kaffee und ließ die Erinnerungen früherer Zeiten durch sein Hirn strömen. Er fühlte sich stark. Er fühlte sich der Tragik des Augenblicks gewachsen. Wie oft hatte er in Gedanken diesen Augenblick schon vorweggenommen? Er saß in seinem Wohnzimmer, allein nach zwei Jahren. Barbara war nicht mehr da. Er schaute ganz fest auf ihren Platz. Er starrte genau dorthin, wo sie immer gesessen hatte, wenn sie sich beim Kaffee unterhielten. Er sah sie vor sich sitzen, so als wäre sie wirklich da. Aber sie war tot. Sie war nicht mehr da. Sie würde nur in seinem Herzen ewig weiterleben. Sie war nicht mehr da. Aber Felix war stark. Er blickte hinaus auf die so vertraute Winterlandschaft, auf die verschneite Marschlandschaft, auf die Bäume in seinem Garten und auf die alte Windmühle. Er konnte das alles aushalten. Er war stark.

Unterwegs hatte er einige Plätzchen gekauft. Er hatte sie in eine Schale gelegt und auf den Kaffeetisch gestellt. Er haßte es, aus der Verpackung zu essen. Soviel Ästhetik mußte sein, hatte er Barbara immer erklärt. Ganz genüßlich nahm er sich nun ein Plätzchen aus der Kristallschale. Er teilte es automatisch in der Mitte, wie er es früher immer getan hatte, und hielt die eine Hälfte verstohlen unter den Tisch – ganz gewohnheitsmäßig und automatisch, als hätte er es gestern zum letzten Mal getan. Und dann kam der Schmerz. Sein Hund war nicht mehr da. Felix erinnerte sich daran, wie er immer die eine Hälfte des Plätzchens ganz still und vorsichtig aus seiner Hand geholt hatte. Er war nicht mehr da. Wo war sein Hund? – Die Erinnerung an jenen unheilvollen Morgen, als er ihn überfahren und dann erschlagen hatte, kam ihm wieder plastisch vor Augen. Barbara war damals über Monate vollkommen verändert gewesen. Sie wäre beinahe am Schmerz über das tragische Ende ihres Hundes zerbrochen. Barbara war nicht mehr da. Felix spürte plötzlich, wie ihm die Einsamkeit den Hals zuschnürte. Er brachte kein Plätzchen hinunter, und auch der Kaffee in seiner Tasse wurde kalt.

„Mein Gott, wie soll ich hier leben? – Ich muß hier leben. Ich bin hier zu Hause.“

Felix war den Tränen nahe. Aber da wurde er jäh aus seiner Nachdenklichkeit gerissen. Von draußen drang das laute Rattern eines Traktors in die Stille seiner Weltabgeschiedenheit. Ihm war so, als hätte er auch Stimmen gehört, laute zornige Männerstimmen. Wer sollte jetzt um diese Jahreszeit draußen auf dem Feld irgend etwas mit einem Traktor zu schaffen haben? Es konnte nur jemand zu ihm wollen. Felix wollte gerade aufstehen und zum Fenster gehen. Aber er hatte gar nicht mehr die Zeit dazu. Ein lautes Klirren ließ ihn zusammenzucken. Irgendwo im Haus ging eine Scheibe zu Bruch. Es mußte das Fenster im Hausgang gewesen sein. Dann wieder ein helles scharfes Aufschlagen und Klirren von Glas an der anderen Seite des Hauses. Das mußte im Schlafzimmer gewesen sein, schoß es Felix durch den Kopf. Plötzlich wieder ein fürchterlicher messerscharfer Aufschlag und wieder das Zerplatzen von Glas. Ein faustgroßer Stein polterte auf den Parkettboden und rollte in ungleichmäßigen Hüpfbewegungen durch das Zimmer. Ein zweiter Stein zertrümmerte den Rest der Fensterscheibe, rollte ebenfalls durch das Zimmer, genau auf Felix zu und blieb unmittelbar vor seinen Füßen liegen. Kurz darauf fiel noch ein Stein. Dann war Ruhe. Draußen ratterte der Traktor davon.

Felix machte sich gar nicht mehr die Mühe, nachzuschauen, wer die Steinwerfer waren. Wahrscheinlich waren es solche Jugendliche, die mit dem tragischen Unglück gar nichts zu tun hatten. Aber man war stark in einem Ort wie Niewebüll, wenn man sich gegen den wandte, gegen den sich alle wandten. Man durfte der größte Trottel sein, in diesem Falle war man ein Held. Felix begriff. Er war vogelfrei. Jeder durfte ihm ungestraft jedes Unrecht antun. Für ihn gab es keinen Platz mehr in Niewebüll. Und es würde hier auch nie wieder einen Platz für ihn geben können.

In dieser Situation zeigte die Schuladministration überraschende Menschlichkeit. Felix wurde versetzt. Man versetzte ihn vom Norden in den Süden des Landes, von Niewebüll nach Plönstorf, wo ihn keiner kannte, wo er neu anfangen konnte, wo er die Vergangenheit abstreifen konnte und sich gänzlich einer neuen Zukunft hingeben konnte. Er war dort ein unbekannter ‚neuer‘ Lehrer an der Schule. Niemand wußte etwas von dem, was in seinem Leben vorher gewesen war.

Nur sein neuer Schulrat wußte Bescheid. Es war Carolus Rapp, sein früherer Schulleiter, der inzwischen zum Schulrat aufgestiegen war. Er wußte Bescheid und er hatte Verständnis. Felix begann ein neues Leben.

20.

Hätte Felix sonderlich viel von den Charakteristika gehalten, die man stereotyp den Sternbildern zuordnete, hätte er Antje nur für eine Jungfrau halten können. Nur Jungfrau-Geborene haben einen so ausgeprägten Hang, nach Plan zu leben, nach selbst zurechtgelegten Tages-, Wochen- oder Monatsprogrammen und ohne jede Spontaneität. Später hatte sich herausgestellt, daß dies tatsächlich ihr Sternbild war. Sie war am vierten September geboren.

Antje hatte darauf bestanden, daß der von ihr festgelegte Tagesplan für den Sonntag eingehalten werden mußte. Felix hätte keine Chance gehabt, sich dagegen zu wehren. Aber er wollte sich auch nicht wehren. Er wollte selbst nach dem Abendessen noch einen Waldspaziergang machen – seinetwegen und auch wegen Amanda.

Das Wohnzimmer war ihm zu eng geworden mit all den Erinnerungen im Herzen, die er vor Antje offengelegt hatte. Auch er wollte raus an die Luft. Antje hatte sich Felix' leidvolle Lebensgeschichte geduldig angehört. Sie hatte auch mit ihm geweint, ihn festgehalten, wenn die Erinnerungen zu sehr von ihm Besitz ergriffen hatten, wenn alles wieder zu unmittelbar vor ihm gestanden hatte. Aber Felix hatte das Gefühl, daß sie am Ende doch nicht so betroffen war, wie er befürchtet hatte. Sie hatte gewußt – mehr gefühlt – daß Felix ihr eine bittere Vergangenheit darlegen würde. Sie war darauf gefaßt gewesen. Nun war sie dabei, dies alles innerlich aufzunehmen. Sie war schweigsam geworden, hatte ohne ihre sonst übliche Redseligkeit das Abendessen zubereitet, auch während des Essens nur wenig gesprochen.

Aber nun bestand sie auf den Abendspaziergang nach verkündetem Tagesprogramm. Sie nahm Felix bei der Hand, führte ihn hinaus zu Amandas Stall:

„So, nun geht's los. Amanda muß noch in den Wald. Sie braucht ihren Auslauf."

„Wirklich?" fragte Felix scheinbar ungläubig. „Sie war doch heute schon im Wald."

„Für ein Wildschwein ist das viel zu wenig. Als Biologielehrerin werde ich das doch wohl wissen."

„Du bist Lehrerin?" Felix stellte diese Frage sehr gefaßt. Er hatte immer eine ungewisse Ahnung gehabt, daß Antje nicht schon immer eine Bankangestellte war.

„Ich war Lehrerin. Die Betonung liegt auf w a r . "

Im Auto sprachen sie kein Wort. Auch als der Wald sie längst aufgenommen hatte, schritten sie schweigend ihren nun schon gewohnten Pfad entlang. Amanda war wildschweineinfühlsam dicht bei ihnen geblieben! Antje hielt Felix' Hand. Zweimal holte sie tief Luft, als wollte sie etwas sagen. Aber sie schwiegen, hielten einander fest und schwiegen. Und dann, als hätte sie endlich genügend Anlauf genommen, schien Antje zurückzufinden in ihre übliche Redseligkeit. Aber sie sprach langsam, so, als müßte sie jedes Wort genau abwägen.

„Ich bin dir dankbar, daß du mir Zeit gelassen hast. – Es war vielleicht unfair."

„Unfair, wieso?"

„Na, du hattest mir alles erzählt. Ich wäre doch eigentlich drangewesen. Aber ich brauchte noch ein bißchen Zeit. Ich brauchte auch deine Geschichte zuerst. Das hilft mir sehr. Ich weiß, daß ich dir vertrauen kann."

„Antje, wir haben Zeit. Ich meine – wenn es dir schwerfällt."

Felix drückte Antjes Hand ganz fest.

„Es ist schwer, Felix. Aber ich muß, ich will und ich muß."

Sie blieben stehen. Felix schaute sie lange mit großen Augen an. Er lächelte ihr zu. Dann streichelte er ihre Hand. Sie küßten sich. Er wollte ihr helfen, gab deshalb einen kleinen Anstoß:

„Du warst also Lehrerin?"

„Ja, für Biologie und Sport."

„Was für ein Quatsch."

„Wie? "

„Ich meine Sport. Und ich meine natürlich Sport bei uns im Westen."

„Du hast keine Ahnung, Felix. Bei euch im Westen! Bei uns im Osten war Sport das wichtigste Fach der ganzen Schule. Die ganze DDR war sportbesoffen. Manchmal hatte man das Gefühl, man lebte mit 15 Millionen Sportidioten zusammen."

„Noch wichtiger als im Westen? Das kann gar nicht sein."

„Doch. Aber bitte, laß mich erzählen. Ich will mich jetzt aufraffen, dir alles erzählen. Und heute abend möchte ich wieder mit dir zum Tanzen gehen."

Felix bemühte sich, nichts mehr zu sagen. Er nickte stumm und lächelte ihr zu.

„Nach der Wende wurden wir Lehrer alle gefragt, ob wir IMs waren."

Felix hielt sich den Mund zu und zog die Schultern hoch. Er wollte Antje erklären, daß er nicht wußte, was das war. Aber er wollte keine Fragen mehr stellen.

„Was ist?" fragte Antje.

„IM? Was ist IM?" wagte Felix nach dieser Aufforderung zu fragen.

„Felix!" rief Antje laut, als wäre sie zutiefst erschrocken. „‚Informeller Mitarbeiter'! Das waren die Leute, die für die Stasi gearbeitet haben. Die Staatssicherheit, das weißt du dann ja vielleicht auch nicht!Für unseren Geheimdienst. Aber der Geheimdienst war nicht nur Geheimdienst nach außen. Wir brauchten doch auch einen Geheimdienst nach innen. Der Staat wollte doch von jedem alles wissen. Alles, verstehst du. Anders hätte er doch seinen schützenden brüderlichen und schwesterlichen sozialistischen Mantel nicht über uns ausbreiten können. Und da gab es die IMs."

Felix nickte. Er hatte verstanden.

„Also, wir wurden gefragt, ob wir für die Stasi gearbeitet hatten. Das war so eine erste Entsozifizierungsmaßnahme, vielleicht so wie damals die Entnazifizierung. Wer das zugegeben hatte, war praktisch schon als Lehrer entlassen. Erst später gab es dann noch Möglichkeiten der Revision. Wer unterschrieben hatte, daß er nicht für die Stasi gearbeitet hatte, konnte im Dienst bleiben. Natürlich haben viele unterschrieben. Ich könnte dir heute noch eine ganze Reihe von Kollegen sagen, die IMs waren, aber im Dienst geblieben sind. Sie hoffen einfach, daß es nicht aufkommt, oder sie denken, daß sie eben, bis es vielleicht aufkommt, Arbeit haben. Ich weiß es nicht. – Ich jedenfalls war IM und habe das gleich zugegeben."

Felix schien das nicht besonders zu beeindrucken.

„Ich könnte dir jetzt eine lange Geschichte erzählen, warum ich IM war. Aber das führt jetzt zu weit. Das mache ich nicht."

Felix zuckte mit den Achseln.

„Was ist?" wollte Antje wieder wissen.

„Interessiert mich doch überhaupt nicht. Ist das dein ganzes Problem?"

„Nein, nein. Das machen wir vielleicht mal später, denn das ist gar nicht so wichtig. Ich hatte also erklärt, daß ich IM war und bin damit sofort aus dem Dienst entlassen worden. Biologie und Sport an der Schule am Alten Kanonenbohrturm fanden somit für alle Zukunft ohne mich statt."

Antje machte eine lange Pause. Felix zeigte sich von Antjes Bericht zwar gänzlich unberührt, aber Antje meinte, vielleicht doch noch etwas zu ihrer Rechtfertigung sagen zu müssen.

„Weißt du Felix – ach, du hast ja sowieso keine Ahnung, ich merke das schon."

Da mußte Felix einfach etwas sagen.

„Keine Ahnung vom Osten oder keine Ahnung von der Macht, von der sogenannten Staatsautorität? Im Westen gab es auch Staatsmacht, Radikalenerlaß, Hexenjagd, Hexenverbrennungen, vor allem im Schuldienst."

„Naja, ich denke schon, daß das ein bißchen anders war. Das merkt man ja auch jetzt bei uns."

„Vielleicht hast du recht."

„Weißt du Felix, jetzt tun sie alle so, als wären sie immer die größten Widerstandskämpfer gewesen. Als hätten sie schon immer gewußt, daß das mal so kommen würde, und als hätten sie immer schon alles getan, um diese Wende herbeizuführen. Heute verkaufen sich alle als Helden des Widerstands. Damals war es nicht so. Die Leute vergessen nur zu schnell, was alles war. – In Wirklichkeit hatten sich fast alle irgendwie mit dem Staat arrangiert, vielleicht aus Bequemlichkeit, aus Resignation, viel öfter aber als man meint aus ideologischer Überzeugung und Verblendung. Wir waren die vorauseilenden Vorauseiler in Sachen Sozialismus. Die anderen waren gar nicht so. Ich hatte nach meinem Studium mal die Möglichkeit, einige Jahre in Georgien und Armenien zu arbeiten – sozialistische brüderliche oder schwesterliche Kooperative, verstehst du. Dort gab es fast gar keinen Sozialismus, nur so ein paar aufgesetzte, oberflächliche sozialistische Faxen. Das hatte in diesen Ländern überhaupt nichts mit Sozialismus zu tun. In diesen Ländern herrschte immer das, was seit urdenklichen Zeiten dort herrschte: Frühkapitalismus pur. Geld, Dollars, Korruption, Schieberei! – Auch die Russen waren keine Sozialisten, sie waren eher so Lenin-Anbeter ohne Verstand, immer rückwärts gewandt, immer mit der Frage im Kopf: Was hat Lenin gesagt? Selbst Gorbatschow war noch so. Immer hatte er mit Lenin argumentiert. Als ob der in seinem superklugen Schnickschnack schon hätte voraussehen können, wie sich die Welt siebzig Jahre später entwickeln würde. Aber immer rückwärts! Vorauseilend gehorsame, sogar idealistische Sozialisten, das waren nur wir."

„Und wir waren die vorauseilend gehorsamen Antisozialisten. – Entschuldige, wenn ich dich unterbreche."

„Weißt du, wäre da nicht dieser ewige Mangel an allem gewesen, wäre es vielleicht gar nicht zu dieser Wende gekommen. Aber dieses Fehlen von allem an allen Ecken und Enden. Du sieht ja selbst. Rostock sieht heute – 1993 – noch aus wie eine Dritte-Welt-Stadt."

„Das kann man wohl sagen."

Felix hatte den Vorsatz, Antje geduldig zuzuhören. Diese kleine Bestätigung war ihm nur so herausgerutscht. Noch immer wußte er nicht, worauf sie eigentlich hinauswollte. Antje mußte das gemerkt haben. Sie machte eine kurze Pause.

„Was wollte ich dir eigentlich erzählen?"

Felix wollte etwas sagen. Aber da schoß sie schon wieder los.

„Nach dem Hinauswurf aus dem Schuldienst hatte ich großes Glück. Ich konnte gleich bei der Bank eine verkürzte Lehre machen, und so bin ich nun Bankangestellte."

Felix zögerte.

„Darf ich fragen, Antje. – Ah – du mußt mir sagen, wenn ich zu persönlich frage. – Es gab doch sicher auch einen Mann in deinem Leben?"

„Natürlich sollst du fragen. Ja, es gab einen. Der hat mir ja die Sache mit diesem IM aufgedrückt. Und dann ist er selber verschwunden. Ab, in den Westen. Plötzlich war er weg. Das ist schon fast zehn Jahre her. Ich habe nie wieder etwas von ihm selbst gehört. Über einige Ecken habe ich erst nach der Wende erfahren, daß er in Bayern im Schuldienst

– er war hier Schulleiter – eine ganz große Karriere gemacht hat. Ich habe mich damals scheiden lassen. Weißt du, das war einfach, wenn man sich von einem Republikflüchtigen scheiden lassen wollte."

Wieder schwieg Antje. Sie schien ratlos. Sie hatte das Gefühl, die Sache viel zu schnell und zu einfach erklärt zu haben. Und es irritierte sie, daß Felix so gänzlich unbeeindruckt war.

„Weißt du Felix, heute sagen viele der ehemaligen IMs, daß sie ja nur ganz belanglose, unwichtige Dinge über ihre Kollegen geschrieben hätten. Sie sagen das so. Meistens stimmt das nicht. Damit hätte sich unsere Stasi auf die Dauer auch nicht zufrieden gegeben. Die wollten schon ganz handfeste Informationen. Das kann mir keiner erzählen. Und außerdem, die Menschen hatten sich auch ohne Stasi ganz schön auf ihren Staat eingelassen. Das war nicht alles so oberflächlich und locker, wie das bei euch so ist."

„Oberflächlich und locker bis zu bestimmten Punkten, Antje. Da könnte ich noch so manches beisteuern."

Antje winkte ab.

„Du kennst dich ja mit den Verhältnissen, wie sie bei uns waren, überhaupt nicht aus. Da machen alle aus dem Westen den gleichen Fehler. Sie gehen nur auf die IMs los. Auf das, was auf Papieren festgehalten ist. Dabei waren die oft harmlos im Vergleich zu denen, die auf ganz anderen Wegen und in gemeinster Weise dem System zu Diensten waren – ohne Papier, ohne Berichte und ohne Bespitzelung. Einer Kollegin hatte unser Schulleiter mal mit dem Rauswurf gedroht, weil sie ihren Vater kirchlich beerdigen ließ. Viele Leute in Mecklenburg ließen ihre Kinder weit weg von ihrem Heimatort taufen, damit es niemand erfuhr. Es gab Zeiten, da hat mein Vater bei Nacht mit einer Decke über seinem Kopf und dem Fernseher Westfernsehen geguckt."

„Antje!" rief Felix empört. Aber nun ließ sich Antje nicht mehr aus dem Konzept bringen.

„Und da gab es viele, die gewissenlos das System benutzten und es, um es benutzen zu können, stützten. Die waren die schlimmsten: privilegierte Künstler, kaltschnäuzige Vorgesetzte, egoistische Amtsträger und so. Aber wie soll man da den Dingen wirklich auf den Grund gehen? Das verstehe ich schon."

186

Wieder schwieg Antje. Sie drehte nervös einen Grashalm zwischen den Fingern. Plötzlich legte sie das Gesicht in ihre Hände.

„Jetzt bin ich ganz schön im Minus bei dir?"

Sie begann zu weinen. Felix erschrak. Sie blieben stehen. Amanda schmiegte sich ganz fest an Antje.

„Antje, was soll das? Wieso denn Minus? Was kann ich dazu sagen? Ich habe nicht hier gelebt. Und selbst wenn. Blödsinn. – Nein – ach Antje, ich sehe dich nur als Menschen. Ich liebe dich. Ich will bei dir bleiben, wenn ..."

„Wenn? Felix, wenn?"

„Ich will mit dir zusammenbleiben, Antje. Das ist sicher. Ich weiß nur nicht, ob das hier in Ribnitz Damgarten gehen kann. – Aber daß du Lehrerin warst, das hatte ich gleich vermutet. Die Gattung ist überall gleich."

Und dann sprudelte Antje los. Sie sprach hastig und mit tiefer Unruhe in ihrer Stimme:

„Ich möchte nie wieder in meinem Leben Lehrerin sein. Nie wieder! Felix, gehen wir ein bißchen schneller. Ich habe es dir versprochen. Ich erzähle dir meine Geschichte. Die Geschichte, die mich wirklich bewegt."

„Ach, das war sie noch gar nicht?"

„Nein. Das bisher war alles nur Nebenschauplatz. Gehen wir. Ich erzähle dir meinen Kummer. Und dann – dann müssen wir vielleicht doch noch zum Tanzen gehen. Weißt du, ich habe noch nie in meinem Leben gespürt, wie sehr die Musik und dieses Sich-drehen und Bewegen den Menschen über allen Kummer der Welt erheben kann."

„Sie ist die erste Weltmacht, die Musik", meinte Felix.

Ihr Wanderweg war wie geschaffen zum Erzählen. Ein Weg mit weichem Waldboden, viel Unterholzbedeckung, wo sich Amanda verkriechen konnte, wenn sie wollte oder wenn lästige Spaziergänger oder Radfahrer kamen. Der Wald roch modrig, er gab Luft zum Durchatmen, Entrücktheit aus der Betriebsamkeit der Menschenwelt, Nähe zum göttlichen Fühlen. Käferkrabbeln, Vogelsingen, Eichelhähergekrächze, Schaben, Schabbeln, Zirpen, Piepsen, Rauschen, Säuseln, sanfte Resonanz der Schritte im weichen Boden, Knistern, Knacken, Wurzelstolpern. Sie gingen ganz ruhig. Antje hielt sich bei Felix fest. Amanda war ein anderes Wildschwein als zu Hause. Überall war Glück.

„Felix, du brauchst jetzt viel Kraft, das zu verstehen, was niemand auf dieser Welt versteht. Versprich mir, bis zum Ende zuzuhören und nichts zu sagen. Nur zuhören."

„Ja, Antje. Du weißt, ich bin ein geduldiger Zuhörer."

„Der beste, den ich kenne."

Sie küßten sich, gingen schließlich weiter. Da begann Antje loszusprudeln. Sie redete schnell und nervös. Es bereitete ihr große Anstrengung. Ihre Finger krallten sich in Felix Hand, und sie lief plötzlich schneller. Und sie sprudelte los.

„Wir hatten Nachmittagsunterricht. Wir waren nur zwei oder drei Klassen im Schulgebäude. Unsere Klassenzimmer lagen so weit voneinander entfernt, daß wir uns nicht störten, uns gar nicht wahrnahmen. Ich hatte Biologie in der sechsten Klasse. Wir sprachen von der Ehrfurcht vor allem Lebendigen, ein schon verdächtiges Thema in einer sozialistischen Schule. Der Sozialismus kannte nur Menschen, nicht die Kreatur. Aber ich sprach trotzdem im Unterricht davon. Auf dem Blatt unseres Abreißkalenders – es war ein Westkalender – stand ein Zitat von Albert Schweitzer. Er hatte mal wo geschrieben, daß Achtung und Ehrfurcht vor allem Lebendigen das oberste Ziel jeder Erziehung sein müßten. – "

„Ha, dazu kann ich auch eine Geschichte beisteuern."

„Felix!" rief Antje aufgeregt.

„Schon gut."

„Also, ein schönes Wort, und die Schüler brachten auch ganz gute Beiträge. Der Unterricht war ein bißchen gestört und zugleich thematisch unterstrichen, weil ein Schüler ein junges Kätzchen mitgebracht hatte. Ein bildschönes Tigerkätzchen mit großen wachen Augen und stolzem neugierigen Blick. Die Kinder hatten Freude an dieser jungen Katze. Ich auch. Es war ein ganz liebes Tier, ich hätte sie am liebsten mit nach Hause genommen. Die Katze wanderte während der Stunde hin und her. Ging mal hierhin, mal dorthin. Mal lag sie einem Schüler auf den Schenkeln, schnurrte und schmiegte sich an. Dann spielte sie wieder mit einem Faden oder einem Band, das wo herunterhing. Sie hatte die Aufmerksamkeit – und wie ich dachte – auch die ganze Liebe der

Klasse. Ich fand es so rührend, wie zärtlich die Schüler mit dieser jungen Katze umgingen. Und dann klingelte es. Wir hatten fünfzehn Minuten Pause. Ich war noch kurz im Klassenzimmer geblieben. Die Schüler sollten sich unten im Flur aufhalten. Irgendwie war ich stolz, weil diese Stunde so gut gelaufen war. Ich spürte, daß da auch erzieherisch was rübergekommen war.

Als ich hinunterkam, waren nur die Mädchen da. Die Jungs waren scheinbar verschwunden. Nicht alle, aber die meisten. Ich fragte mehrere Schüler, wo denn ihre restlichen Klassenkameraden wären. Es gab nur Achselzucken. Einer deutete vage nach oben, sagte aber laut, daß er es nicht wüßte.

Ich ging hinauf in den Dachboden. Wahrscheinlich waren sie wieder mit ihren Geheimbündeleien beschäftigt. Geheimbündelei war damals die große Mode unter den Jungs. Vom Treppenabsatz des Dachbodens gab es zwei Türen zu den eigentlichen Speicherräumen. Aber ich brauchte nicht zu raten. Von rechts hörte ich lautes Lachen von Kindern. Es war ganz laut und unnatürlich, so als ob nur Lachen vorgetäuscht würde, unnatürlich, gekünstelt, laut. Aber ich hörte auch jämmerliches Schreien. Es war, als ob ein Baby schreien würde, aber so jämmerlich, so herzzerreißend und manchmal fast nicht zu hören, weil es durch das Lachen der Kinder übertönt wurde.

Ich war unsicher, ob ich weitergehen sollte. Man spürte in der Luft, daß hier etwas Schlimmes passierte, etwas Fürchterliches. Man konnte das fühlen, verstehst du, Felix. Manchmal spürt man das Unheil wie eine Vorahnung. Ich ging weiter, machte die Tür auf und sah meine Schüler um etwas herum. Sie lachten verkrampft, schüttelten sich dabei, fuchtelten mit den Händen in der Luft. Und dazwischen hörte ich nun etwas leiser werdend dieses jämmerliche, bis ins Mark gellende Kindergewinsel. Die Schüler hatten mich nicht bemerkt. Sie waren so mit ihrer Sache beschäftigt. Ich trat näher, sah, wie ein Schüler etwas aus etwas herausfädelte. Und immer dieses Lachen.

Da bemerkte mich ein Schüler. Es war sofort still. Alle liefen weg, so schnell sie konnten. Einer der Jungen ließ eine Schnur oder so eine Art Kordel fallen und haute ab. Ich war schlagartig allein mit diesem furchtbaren kläglichen Schreien, das auf einmal ganz leise wurde. Ich stand vor einem Tisch. Sie hatten das Kätzchen auf diesen Tisch gebunden – wie auf ein Sezierbrett. Der ganze Bauch war aufgeschlitzt, und das, was ein Schüler so kräftig herausgefädelt hatte, war das Gedärm des Kätzchens. Vorher mußten sie ihr zwei Pfoten mit einer Gartenschere abgezwickt haben. Alles bei lebendigem Leibe. Der ganze Tisch war voller Blut. Als ich vor dem aufgeschlitzten, jämmerlich sich windenden Kätzchen stand – gelähmt, wie unter einem Schock –, röchelte es sein Leben aus. Du hättest die Augen sehen sollen."

Antje stand da und weinte bitterlich. Ihr ganzer Körper zitterte. Felix mußte sie festhalten. Amanda kuschelte sich an sie, wollte gestreichelt werden. Sie wollte immer nur von Antje gestreichelt werden. Felix war fassungslos.

„Weißt du, Felix, jede Nacht hatte ich dieses Bild vor mir, bis du kamst. Ich wollte nicht mehr schlafen, nicht mehr im Dunkeln liegen. Immer war es da, dieses Röcheln, dieses jämmerliche, das Leben endlich aushauchende Röcheln."

„Antje." Felix mußte Antje ganz fest halten. Er sah, wie ihre Knie sie fast nicht mehr aufrecht halten konnten. Sie mußte diesen furchtbaren Wahnsinn ausweinen. Ausweinen bei ihm, unter Mecklenburgischen Eichen und mit Amanda fest an ihre Beine gepreßt. Ausweinen, alles ausweinen.

Antje hatte damals den Vorfall am nächsten Tag ihrem Schulleiter gemeldet. ‚Kinderquatsch', hatte der gesagt, ‚man sollte denen mal ordentlich Bescheid sagen, den Bengels.' Er sprach von einer Mutprobe, die sie alle mal gemacht hätten, das würde bei Jungs eben so zum Erwachsenwerden gehören. Die Jugend dächte eben noch nicht. Da gäbe es solche Geheimbundfaxen, wo man so was eben machen müßte, um dazuzugehören. Das wäre so was wie früher der Ritterschlag. Man mußte eben zeigen, daß man wer war, der Mut hatte, der auch fähig war, etwas zu tun, was nicht jeder konnte, usw., usw.

„Und die Kreatur?" hatte Antje gefragt. Dürfte denn seiner Meinung nach der Mensch tatsächlich beliebig über die Kreatur verfügen? Hätte er tatsächlich das Recht, Tiere so kaltherzig seiner Beliebigkeit auszuliefern? Und lägen da nicht auch erzieherische Verantwortungen für die Schule?

Aber das hatte der Schulleiter ganz locker gesehen. ‚Was heißt schon Kreatur', hatte er gefragt. So eine Katze sei doch immerhin nur eine Katze, kein Mensch. Menschen müßten in nichtsozialistischen Ländern ganz andere Leiden ertragen, vor allem drüben im faschistischen Teil von Deutschland. Von den Ländern, die von diesem Teil der Welt unterdrückt und ausgebeutet werden, gar nicht zu reden. Und überhaupt, was sollte diese Gefühlsduselei. Klar, daß das nicht schön sei. Aber wichtig sei doch allein der allseits gebildete, werktätig schaffende, sozialistisch handelnde Mensch. Das allein sei das oberste Erziehungsziel. Hier lägen unsere Verantwortungen, und daß da auf dem Weg dorthin eben auch mal die Fetzen fliegen würden, das sei eben so. Das gehörte zum Mann-Werden.

Antje versuchte noch zu erklären, daß die menschliche Innenwelt und die menschliche Außenwelt in einer Harmonie zueinander stehen müßten und daß die Beschädigung der Innenwelt – der Seele – den Menschen erst befähige, auch seine Außenwelt verantwortungslos zu zerstören. Sie hatte gemeint, daß sie das alles nicht so präzise ausdrücken könnte, wie sie es fühlte. Sie hätte selbst nur so eine vage Ahnung von diesen Lebenszusammenhängen. Aber in sich spüre sie ganz tief, daß ihre Empfindungen die allein menschlichen seien.

Aber das Wort ‚Seele' mußte ein übles Reizwort für ihren Schulleiter gewesen sein. Es hatte bei dem Schulleiter, jenem sozialistischen Dummschwätzer, eine ganze Tirade von Belehrungen ausgelöst. Er sprach von bourgoiser Denkweise, von noch nicht überwundenen religiösen Sentimentalitäten, die wissenschaftlich nicht haltbar seien, von atheismusfeindlicher Infiltration, von Unvereinbarkeit mit sozialistischem Ethos. Und dann erzählte er noch irgendwas von Lenin und Hitler.

„Stell dir vor, Felix, ich berichte ihm von diesem bestialischen Dahinschlachten dieses kleinen Kätzchens, und dieser Idiot kommt mit Lenin und Hitler daher."

Felix blieb stumm.

„Felix, dieser Mann ist heute – nach der Wende also – Schulrat geworden. Er war auch IM. Ich weiß das ganz sicher. Du siehst also, wer bei uns oben war, schafft es auch bei euch. "

„Überhaupt keine Frage, Antje. Wir leben überall in der gleichen Welt."

„Weißt du, Felix, das mit der Schule und mit IM und so ist alles unwichtig. Ich bin froh, daß ich aus der Schule geflogen bin. Ich habe Kinder immer sehr gern gemocht. Aber seit diesem Erlebnis – seit dieser so positiven Unterrichtsstunde über die Achtung und Ehrfurcht vor allem Lebendigen und der unmittelbar daran anschließenden Hinrichtung dieses Kätzchens kann ich nichts mehr mit Kindern machen."

„Aber die Kinder sind doch unschuldig."

„Vielleicht, Felix. Ich habe viel darüber nachgedacht. Vielleicht sind sie ganz unschuldig. Unser menschlicher Wahn kann uns scheinbar zu allem verleiten. Wo menschlicher Wahn zu solchen Mordaktionen führt, ist alles Bemühen um Menschlichkeit zwecklos. – Oder?"

Sie schwiegen, gingen gemächlich und jeder für sich still denkend dahin.

„Weißt du, Felix, als du mir von diesem Schiffsunglück erzählt hattest, mußte ich immer an dieses Kätzchen denken. Es ist richtig. Einundfünfzig Menschen kamen ums Leben. Es war ein tragisches Unglück. Aber niemand hat sie mit Absicht umgebracht – regelrecht hingerichtet. Nicht einmal die Schuldigen an der Katastrophe hatten mit Absicht getötet."

Wieder viele stumme Schritte. Sie schwiegen in den ewig zauberhaften, geheimnisvollen Wald.

„Der Junge, der dieses Kätzchen hingerichtet hatte, hatte zu Hause selbst eine Katze, für die er alles tat. Er konnte nicht einschlafen, wenn sie nicht bei ihm im Bett lag. Später wurde er psychisch krank – zum Ritter geschlagen und psychisch kaputt. Heute kommt er ab und zu in die Bank. Ich habe gehört, daß er immer noch Depressionen hat. Er wollte auch schon Mädchen in der Stadt … "

Antje konnte nicht weitersprechen. Ihr war nur noch zum Heulen. Sie brauchte Felix, um sich auszuweinen. Sie mußte sich einmal vor einem Menschen ausweinen. Und an diesem Abend gingen sie nicht mehr zum Tanzen.

21

Fünftes Telephonat:

„Hallo, Niebergall. Sind Sie's, Niebergall?"

Die Stimme klang forsch durchs Telephon, markig, klar, scharf, militärisch. Schulleiter Niebergall war schon fast wieder dabei, stramm zu stehen. Schulrat Rapps Stimme klang laut durchs Telephon. Dabei war dieser Schulrat Rapp nun wirklich alles andere als ein militaristischer Typ.

„Ja, Herr Rapp, ich höre."

Schulleiter Niebergall war versucht, das ‚Herr' wegzulassen.

„Niebergall, ich rufe Sie schon gleich am Morgen an, ehe die Woche so richtig beginnt sozusagen. Ich muß nämlich gleich zu einer Visitation. Ich wollte nur wissen, ob es irgendwelche Nachrichten von Niesner gibt?"

„Bedaure, leider immer noch nichts. Er ist nach wie vor spurlos verschwunden."

„Mensch, Niebergall, die Sache wird langsam kritisch. Wo steckt der bloß? Was ist in den gefahren?"

„Ja, mir ist schon lange nicht mehr richtig wohl in meiner Haut. – Vielleicht müßte man seine dienstliche Abwesenheit doch mal weitermelden. Es sind immerhin schon über drei Wochen."

Da war eine kleine Pause.

„Lassen Sie mal, Niebergall. Sie wissen, ich mache mir Sorgen. Große Sorgen. Aber lassen Sie mal."

„Aber Herr Rapp, Sie tragen die Verantwortung. Stellen sie sich mal vor, was die mit uns machen, wenn wir irgendwann mal erklären müssen, daß dieser Niesner schon so lange spurlos verschwunden ist und wir das nicht gemeldet haben. Wenn sich herausstellen sollte …"

„Niebergall, ich vertraue da auf die Menschlichkeit unserer Schuladministration. Mensch, das sind doch alles Pädagogen. Wenn die so eine Situation nicht verstehen, wer soll denn dann noch menschlich sein in unseren Behördenapparaten!"

„Ich kann nur hoffen, daß Sie recht haben."

„Mensch Niebergall. Sie wissen genau wie ich, dieser Niesner ist ein guter Kollege, ein fähiger Kopf. Und das Leben und auch wir alle, wir haben ihm übel mitgespielt, das brauche ich Ihnen nicht zu sagen. Der hat unsere Menschlichkeit verdient. Sagen wir – heute ist Montag – sagen wir bis zum Ende dieser Woche noch. Wenn er bis dahin nicht auftaucht, müssen wir ihn melden. Der Himmel weiß, was das dann für Konsequenzen haben wird. Ich habe schon alle möglichen Passagen im Beamtengesetz angestrichen. Eigentlich ist alles wasserdicht. Aber Sie wissen ja, vor deutschem Recht und auf hoher See ist jeder in Gottes Hand."

„Bis Freitag. Ich bete zu Gott, daß er bis dahin auftaucht."

„Ja, Niebergall. Gibt's denn Probleme mit der Vertretung?"

„Darüber rede ich gar nicht mehr. Ich werde es schon schaffen."

„Gut. Ich danke Ihnen für Ihr Verständnis."

„Wissen Sie, Herr Rapp, es stimmt schon. Man hat ihn viel im Stich gelassen, diesen Niesner. – Ich – ah – ich auch."

„Sie auch, Niebergall?"

„Ja, wenn ich so nachdenke – und ich muß viel über diesen Niesner nachdenken, seit er weg ist -, dann fallen mir schon auch Episoden ein, wo ich meine, daß man ihm mehr hätte helfen müssen."

„Ja, man lebt so nebeneinander und macht sich gar keine Gedanken, was in dem, der neben einem steht, so alles vor sich geht."

„Erst wenn mal was schiefläuft, dann …"

„Wem sagen Sie das, Niebergall? Wem sagen Sie das! Wir haben uns angewöhnt, Menschen als Maschinen zu betrachten. Alles muß immer rund laufen. Gefühlswelt is nicht mehr, Niebergall."

„Damals vor allem, als diese Sache mit diesem Vogelhäuschen war."

„Vogelhäuschen? Was denn für ein Vogelhäuschen? Was hat denn Niesner mit Vogelhäuschen zu tun? Sie haben das schon einmal angesprochen."

„Ach, wissen Sie, an sich wäre diese Geschichte sicherlich jedem Kollegen bis ans Mark gegangen. Jedem! Aber – wissen Sie – einem anderen Kollegen vielleicht nicht so durch und durch."

„Niebergall, ich weiß gar nicht, wovon Sie reden. Vogelhäuschen? Mark? Was soll das?"

„Ja, unsere schneidige Abgeordnete im Landtag von der SPD."

„Niebergall, was woll'n Sie denn mit dieser Emanzentante? Was hat die denn mit Vogelhäuschen zu tun?"

„Sie hat ihn ganz schön fertig gemacht, unseren Niesner. Und ich Idiot habe das alles noch mitangesehen, sogar noch gegen ihn Partei ergriffen, obwohl er natürlich im Recht war. Mir ging's doch damals nur ums Geld. Jetzt ist sie diejenige, die sich ständig nach Niesner erkundigt."

„Niebergall, nun schieß'n Sie doch mal los. Was war das denn mit diesem Vogelhäuschen?"

„Ja, so 'ne Art Paradebeispiel, wie man in der Pädagogik aus einer Lächerlichkeit eine staatsgefährdende Sache machen kann. Da gibt's ja viele Beispiele, aber das war schon irgendwie der Hammer."

Schulleiter Niebergall lachte herzhaft ins Telephon.

„Das Vogelhäuschen und der Staat."

Wieder lachte Schulrat Rapp laut in den Hörer.

„Sie lachen, Herr Rapp. Aber so ein Vogelhäuschen kann gewissermaßen die Grundfesten unserer rechtsstaatlichen Ordnung erschüttern."

„Was für ein Quatsch, Niebergall!" Schulrat Rapp bellte das reinste Entsetzen ins Telephon.

„Ja doch", meinte Schulleiter Niebergall, „so ist das in unserem Staat."

„Niebergall, ich habe keine Zeit. Aber jetzt machen Sie mich neugierig. Das müssen Sie mir jetzt noch schnell erzählen."

22

Die Realschule in Plönstorf hatte Spezialisten für alles. Aber sie hatte keinen Werklehrer, und es bestand auch keinerlei Aussicht, daß sie einen bekommen würde. Da sich aber ein großer Teil der Elternschaft dafür ausgesprochen hatte, daß auch das Fach Technisch Werken unterrichtet werden sollte, stand Schulleiter Niebergall vor beträchtlichen Problemen. Mehrmals war er die Liste der möglichen Kollegen durchgegangen, die vielleicht in der Lage gewesen wären, dieses Fach wenigstens im ersten Jahr zu übernehmen. Aber alle seine Kandidaten hatten abgewunken. Die einen scheuten die zusätzliche Belastung durch ein neues Fach, in das sie sich hätten einarbeiten müssen. Andere betrachteten sich als zu unbegabt für derlei praktische Aufgaben, und wieder andere empfanden es als eine Zumutung, die weit unter ihrer akademischen Qualifikation läge. Es gab also vielerlei Ausreden.

Felix war übriggeblieben. Außerdem wußte Niebergall aus seinem Unterricht, daß er gerne bastelte, auch für seinen Unterricht gelegentlich eigene Medien herstellte. Hatte er für seinen Englischunterricht einen Kaufladen gebraucht, wurde der kunstvoll zusammengezimmert; ein selbstgebastelter, künstlerisch eindrucksvoller und funktionierender Haftkompaß zur Erarbeitung der Himmelsrichtungen hing in seinem Klassenzimmer, und da gab es auch eine große grün-blaue Tagesschauweltkarte mit einem interessanten Stecksystem für die jeweiligen aktuellen Ereignisse auf der Welt. Für den Geschichtsunterricht bastelte er gelegentlich Burgen, komplette Festungsanlagen. Ganze Regimenter von Zinnsoldaten hatte er einmal zur anschaulichen Darstellung von Napoleons Niederlage bei Borodino selbst gegossen und bemalt. Schulleiter Niebergall war überzeugt, daß Felix der ideale Lückenbüßer war. Er hatte ihn deshalb gebeten, wenigstens für ein Jahr den Werkunterricht in der sechsten Klasse zu übernehmen. Und Felix mußte nicht einmal überredet werden. Er hatte bereitwillig zugesagt. Felix war immer hilfsbereit und kollegial, hatte trotz all seiner Haken und Ösen immer das Gesamtinteresse der Schule im Auge.

Felix hatte sich gründlich mit seiner neuen Aufgabe befaßt, sich einen genauen Lehrplan zurechtgelegt mit nicht zu steiler handwerklicher

Progression der einzelnen Fertigkeiten und mit Werkstücken, von denen er glaubte, daß sie die Schüler ansprechen würden. Zuerst sollten fachmännisch zwei Buchstützen gebaut werden, um an ihnen die Verzahnungstechnik von zwei Holzteilen im rechten Winkel kennenzulernen und auch praktisch anzuwenden. Dann sollte als nächste Stufe das Vogelhäuschen mit Verzapfung und Leimtechnik drankommen, danach das stilisierte Segelschiff zum Erlernen von Feil- und Schleiftechniken bis schließlich zu einem Modell von einer Autolenkung.

Man war inzwischen bis zum Vogelhäuschen vorgedrungen. Es war früher November, so daß die Vogelhäuschen rechtzeitig fertig werden würden, um im Frühjahr aufgehängt zu werden.

Einige Schüler, die Praktiker, waren auch schon weit fortgeschritten. Andere, die mit den zwei linken Händen, mühten sich noch mit den Sägearbeiten ab. Und da gab es Klaus.

Klaus war derjenige, der an diesem Vogelhäuschen vielleicht die größte Freude hatte. Er war der stille Träumer, der Schüler, der auf dem Nachhauseweg jedem Spatzen nachschaute und auch noch die Vögelchen sah, die andere Schüler nicht mal mehr unterscheiden konnten, die Bachstelze, alle möglichen Finkenarten, den Zeisig, die Kohl-, Blau- und Tannenmeise. Aber Klaus hatte mehr als nur zwei linke Hände. So saß Felix geduldig bei ihm und arbeitete mit ihm zusammen. Und das Vogelhäuschen, das da am Entstehen war, war prächtig. So prächtig, daß Klaus Felix bat, noch eines mit ihm zu bauen, denn sie hätten einen großen Garten und vor seinem Zimmerfenster herrliche Bäume, in denen viele Vögel lebten. Das hatte er schon genau beobachtet. Felix willigte ein. Er lebte ja ohnehin fast nur für die Schule, für seine Schüler. Sie waren seine Welt im einsamen Plönstorf. Vielleicht sah er in seinen Schülern auch noch immer ein bißchen seine Jungen. Und diesen Träumer Klaus hatte er besonders ins Herz geschlossen. So arbeiteten sie sich also gemeinsam zu ihren zwei Vogelhäuschen vor.

„Herr Niesner, bitte ins Direktorat kommen", plärrte der Lautsprecher plötzlich in den Unterricht. Die Durchsage klang energisch. Und nach einer kurzen Pause wurde noch das Wort ,dringend' nachgeschoben.

Es war ungewöhnlich, daß Schulleiter Niebergall den Unterricht durch eine Lautsprecherdurchsage störte. Er verabscheute derlei moderne schulische Errungenschaften. Es mußte sich also um eine wichtige Sache handeln. Felix bat die Klasse, einen Augenblick ruhig zu sein und einfach weiterzuarbeiten, bis jemand zur Beaufsichtigung kommen würde.

Und dann stand Felix im Büro des Schulleiters vor dieser hübschen, sympathischen Frau mit verbindlichem Lächeln, Moderne und Modebewußtsein ausstrahlend und auch sonst in Fragen ihrer äußeren Aufmachung gewiß nicht sparsam. Felix sah ihr Unruhe an, Bekümmertheit. Sie hatte keine Zeit gehabt, sich hinzusetzen. Zu einer ungemütlichen Frau gehörten schließlich auch ungemütliche Attitüden.

„Sind Sie Herr Niesner?" fragte sie, ihm entgegengehend, forsch. Felix konnte ihr sofort ansehen, daß sie geladen war. Aber er fand sie sympathisch, attraktiv und mit ganz warmen, menschlichen Zügen.

„Ja ..."

„Kommen wir gleich zur Sache."

In ihrer Stimme lag Aggressivität.

„Ich muß Ihnen sagen, wir hätten uns hier in Plönstorf modernere Lehrer vorgestellt. Lehrer, die die Zeit verstehen. Wir brauchen keine Lehrer von gestern. Dafür haben wir 68er nicht gekämpft auf der Straße und in den Hörsälen der Universitäten. Was soll denn dieser Quatsch mit diesen Vogelhäuschen?"

Felix war überrascht und verdattert. Er war es nicht gewohnt, so angeredet zu werden. In Plönstorf jedenfalls empfand er das als sehr ungewöhnlich. Aber er blieb gelassen. Zunächst wollte er Zeit gewinnen und überhaupt mal herausfinden, worum es eigentlich ging.

„Ich kenne Sie nicht."

Das sympathische Gesicht mit Herzenswärme in den Augen wurde steinern, formte harte Züge. Da sprang Niebergall ein.

„Herr Niesner, das ist die Mutter von Klaus. Frau Carola Müller, Sie wissen schon, die Landtagsabgeordnete von unserem Wahlkreis."

Felix hatte verstanden, daß ihn Schulleiter Niebergall mit seinem Hinweis auf die Landtagsabgeordnete vorsichtig warnen wollte. Herr Niebergall wußte zu genau, wie zynisch Felix sein konnte, wenn man ihn zu sehr provozierte.

„Ja", fuhr die Dame fort, nachdem sie ihren Herzenscharme endgültig hinter kämpferischer Miene versteckt hatte, „jetzt wissen sie, wer ich bin."

Felix wollte eine höfliche Begrüßung plazieren. Aber die Frau Abgeordnete hatte schon längst wieder tief Luft geholt, um loszudonnern.

„Ich möchte sie mal ernsthaft fragen, ob das denn heute noch zeitgemäß ist, mit den Schülern ein Vogelhäuschen zu bauen. Schüler heute haben ganz andere Interessen als diesen Quatsch. – Diese – diese gekünstelte Neuhinwendung zu einem unreflektierten Pseudonaturverständnis."

Frau Müller redete sich ein. Felix als erfahrener Geschichtslehrer mußte sofort an die Technik des Einschießens bei der preußischen Artillerie denken. Pausen in ihrem Redefluß waren nicht vorgesehen.

„Was soll das? Vogelhäuschen? Die Natur braucht so was nicht. Das ist so eine ganz blödsinnige neumodische grüne Idee. Diese lächerlichen Naturapostel meinen, daß man unbedingt und immer und überall der Natur ins Handwerk pfuschen sollte. Wenn die Vögel tatsächlich keine natürlichen Lebensräume mehr finden, dann müssen sie eben eingehen. Das ist doch ein ehernes, ewiges Gesetz der Natur. Den Kindern auf diese billige Tour gänzlich falsche Orientierungen zu geben, wissen Sie was, das ist unverantwortlich. Unsere Kinder brauchen Orientierungen in der modernen Welt der Menschen. Der Mensch muß sich weiterentwickeln. Er muß die Erde für sich umgestalten. Der Mensch muß ... Der Mensch ... der Mensch ... in unserer Menschenwelt. Was soll da dieses nostalgische Naturgetue? Vogelhäuschen! Pa! So ein Quatsch! Das ist – wissen Sie was – das ist ideologische Infiltration. Gewissenloser Mißbrauch der Institution Schule zu politischer Indoktrination. Ich weiß schon, daß gerade Lehrer für diese blödsinnigen Grünen-Faxen besonders anfällig sind. Aber das sehen Sie falsch. Schon die Schöpfungsgeschichte gibt dem Menschen den Auftrag, sich die Erde untertan zu machen. Der Mensch ist eben von Natur aus ein Kulturwesen. Der Mensch kann die Erde nicht lassen, wie sie ist, er muß sie sich kultivieren. Der Mensch ist kein Affe, der auf den Bäumen lebt. Der Mensch muß sich die Erde umgestalten, sie sich lebensdienlich machen. Das macht ja den Sinn seines Lebens aus. Gestalten, verstehen Sie, gestalten. Gestalten durch Technik, Gestalten durch den Gebrauch seines Verstandes, Gestalten durch – ja, vor allem Gestalten durch Politik. Und damit verändert er eben auch die Natur. Die Natur hat sich eben unseren vorrangigen menschlichen Bedürfnissen anzupassen. Aber davon verstehen Sie ja offensichtlich nichts. Vogelhäuschen, welchen Sinn sollen die denn heute in der Schule haben?"

Felix schwieg und lauschte gespannt, was da wohl noch alles kommen würde. Und die Dame sprudelte wie ein Wasserfall. Felix mußte an ihren Sohn Klaus denken. Der arme Junge. Er hatte eine solche Freude an seinem Vogelhäuschen.

Während der ganzen Werkstunde sprach er nur davon, ob wohl ein Vögelchen in sein Häuschen einziehen würde, ob er denn Futter in das Häuschen legen mußte, ob er es regelmäßig reinigen sollte, aber da würde er ja die Vögelchen stören. Armer Klaus, dachte Felix. Der Junge mußte ja ein hoffnungsloser Träumer sein. Bei solch einer Trommelfeuer-Mutter konnte man ja nur in Träume fliehen.

Die Dame fuhr fort, ihren anziehenden Charme zu verstecken, donnerte weiter:

„Ihre Vogelhäuschenpädagogik schwimmt genau auf dieser Welle: Zurück in die Steinzeit! Fortschrittsverleugnung, weltfremde Industrieverweigerung. Jawohl, zurück in die Steinzeit. Alles grünes Gespinne! Als gebildeter Mensch müßten Sie doch wissen, daß die Natur nach anderen Gesetzen funktioniert. Wenn so ein doofer Vogel nicht überleben kann, dann, naja, dann ..."

„Stirbt er eben aus", fuhr Felix fort.

„Ja natürlich, dann stirbt er aus. Aber das Aussterben von Arten ist doch auch im Programm der Natur vorgesehen. Es ist naturgesetzlich. Was sollen da die Sentimentalitäten dieser Naturspinner. ‚Struggle for life', verstehen Sie? – Na, wahrscheinlich können Sie gar kein Englisch. Sie sind ja nur Werklehrer."

Schulleiter Niebergall wollte etwas einwenden. Aber da gab es keine Chance.

„Wissen Sie, die Vorsehung setzt die Lebewesen auf die Erde und gibt ihnen dann die Bahn frei nach dem einfachen Gebot: Friß Vogel, oder stirb. Erhalte dir dein Leben, oder gib es für andere."

„Adolf Hitler", unterbrach Felix energisch, „wörtliches Zitat."

„Was meinen Sie da?"

„Naja, Adolf Hitler. Er hat das gesagt, das mit der Vorsehung und mit der ‚Bahn frei‘ und mit dem ‚friß Vogel, oder stirb‘ – in seiner Weihnachtsrede 1944. Wir haben uns das erst gestern im Geschichtsunterricht in der zehnten Klasse angehört." Die Dame stutzte. Felix lächelte.

„Also was ist mit der Vorsehung?" fragte er ruhig. Die Dame, Felix hatte Mühe, sie sich als Klaus’ Mutter vorzustellen, stutzte immer noch. Nun setzte Felix nach: „Da muß ihnen wohl was verkehrt in ihren Computer gerutscht sein."

„Ach Quatsch! Jedenfalls, ja, jedenfalls bin ich der Meinung, daß so ein Vogelhäuschen kein zeitgemäßer Inhalt für den Werkunterricht ist."

Sonderbar, Felix hatte von diesen Emanzen immer die Vorstellung gehabt, daß sie häßlich und altjüngferlich waren. Diese Frau war ungewöhnlich schön. Sie hatte vermutlich keine Ahnung, wie ihr pseudointellektuelles Gehabe ihrer natürlichen Fraulichkeit im Wege stand.

„Wissen Sie, vermutlich basteln Jungen in der Schule Vogelhäuschen, so lange es Schule gibt. Sagen wir mal seit Napoleon. Und das hat ..."

Nun schien die Frau Landtagsabgeordnete wieder Oberwasser zu haben.

„Das ist es ja, was ihr altschulmeisterlichen Trottel mal lernen müßt. Die Schule kann nicht immer nur an den alten Zöpfen hängen. Ha, so lange es Schule gibt – letztes Jahrhundert, was. Dafür haben wir 68er nicht gekämpft. Wir wollen eine moderne, zeitgerechte Schule."

„Darf ich Sie ganz kurz unterbrechen", fiel ihr Felix ins Wort.

Aber allein diesen Einwand mußte die Frau Abgeordnete – gewohnt an das alltägliche Niederplappern in der Politik – schon als Ungeheuerlichkeit empfunden haben. Immerhin, sie horchte kurz auf.

„Wissen Sie, bei diesem Vogelhäuschen geht es mir – neben der Wichtigkeit des Gegenstandes an sich – um ganz bestimmte handwerkliche Techniken. Ich halte es nicht für legitim, so ein Vogelhäuschen gleich mit allen möglichen zusammengewürfelten philosophischen Schnapsideen und mit der großen Politik in einen Zusammenhang zu bringen."

Da ging nun auch der letzte Rest von Charme und weiblicher Schönheit verloren. Da legte sie los:

„Das ist es ja. Das habt ihr Pädagogen also noch immer nicht gelernt. Denken in vernetzten Bezügen. Alles ist mit allem verbunden. Auch die schulischen Inhalte kann man nicht einfach so isoliert betrachten. Man muß sie in große Zusammenhänge gestellt sehen, das Leben einbeziehen, in gesellschaftlichen Fließgleichgewichten denken. Verstehen Sie, in Interdependenzen, politisch gewissermaßen. Aber das könnt ihr Lehrer nicht. Verbindungen, Bezüge, Vernetzungen. Verstehen Sie, in großen Linien denken. Das Große sehen. Was wollen Sie denn da mit ihren Vogelhäuschen? Das Große … das Große … das Große …"

„Ist schon gewaltig, dieser parlamentarische Predigerton", meinte Felix gelassen.

Ansonsten wußte Felix nicht mehr, was er dieser Frau hätte sagen sollen. Er wußte nicht, wie er auf all diesen Blödsinn reagieren sollte. Er riskierte einen verstohlenen Blick zu Niebergall. Aber der stand da mit versteinertem Gesicht, aus dem man glatt überhaupt nichts herauslesen konnte.

Felix war längst klar geworden, daß es restlos sinnlos war, dieser Frau irgend etwas entgegenzuhalten. Aber die Sache begann ihn zu interessieren. Er wollte noch einen Versuch starten, vielleicht mehr, um zu erfahren, was sie jetzt alles hervorsprudeln würde.

„Wissen Sie, Frau, ah, Frau …"

Natürlich wußte Felix, wie die Frau hieß, aber er wußte auch, daß man gewisse prominente Menschen völlig durcheinanderbringen konnte, wenn man ihre Namen nicht behielt, ihnen vorführte, daß man ihren Namen für gar nicht so wichtig hielt.

„Müller, das habe ich Ihnen doch schon gesagt", meinte sie bestimmt.

„Ach ja, Frau Müller, entschuldigen Sie bitte. Also, wissen Sie, Vogelhäuschen halten Sie für altmodisch. Das machen nur die Lehrer, die nicht in vernetzten Bezügen denken können, die nicht das Große sehen."

„Ja, ökologisch denken, verstehen Sie. Wir 68er haben schon ganz früh angefangen, in solch vernetzten Bezügen zu denken. Wir machen schon lange das, was diese Grünen – diese Vogelhäuschenpolitiker – heute als letzten Schrei verkünden."

„Na gut, also wir Lehrer denken ja nicht so."

Frau Müller wollte schon wieder etwas einwenden. Aber diesmal war Felix schneller.

„Ich meine, wir altmodischen, altschulmeisterlichen Trottel."

Da legte sie wieder los:

„Steht doch schon in der Bibel. ,Gott gab dem Menschen den Garten Eden, damit er ihn bebaue und pflege'! Da haben sie wieder dieses ,Bebauen.' Das meint doch umgestalten, kultivieren, dem Menschen lebensdienlich umformen, sich die Welt bauen. Der Natur unter die Arme greifen ... "

„Ich muß Sie unterbrechen. Da steht auch was von pflegen. Aber wenn sie schon den Gesichtspunkt der Überlebenshilfe für unsere Vögel nicht gelten lassen wollen und auch meinen Hinweis auf die handwerklichen Techniken, die wir mit diesem Vogelhäuschen erlernen, nicht akzeptieren ... "

„Akzeptieren schon, aber da gibt es andere Dinge, die man basteln könnte. Zeitgemäße Inhalte, das ist die Aufgabe der Schule. Verstehen Sie?"

Für einen kurzen Augenblick spielte Felix mit dem Gedanken, ob er sie fragen sollte, ob er mit den Schülern kleine Modelle von Atomkraftwerken bauen sollte. Aber er ließ diesen Gedanken fallen. Er wollte nicht provozieren.

„Gewiß. Aber können Sie sich nicht vorstellen, daß Kinder, wenn sie so ein Vogelhaus in vollem Betrieb beobachten, wenn da die Vögelchen so ein- und ausfliegen, daß daraus die Kinder nicht auch einen Gewinn für ihr Leben ziehen können? Da gibt es doch auch die Ästhetik, die Schönheit der Kreatur, das Wunderbare, das Staunen, die Harmonie ...

„Was denn für 'ne Schönheit? – Ach, so einen dämlichen Vogel meinen Sie?" „Ja, Schönheit, Ästhetik, Poesie. Das ist alles der Quatsch auf der Welt, den ihr 68er in der Schule abgeschafft habt. – Zumindest fast. Ihr wart ja immer groß im Einreißen der Welt, ich meine natürlich im lebensdienlichen Einreißen. Das ist aber keine Kunst. Einreißen, das kann jeder. Was habt ihr denn bisher aufgebaut? Nichts! – Ich wiederhole: nichts! – Ich wiederhole und betone: nichts!"

Niebergall zuckte zusammen. Die Frau Abgeordnete bekam plötzlich leichte rote Flecken im Gesicht – auch durch das Make-up gut sichtbar.

„Sie sind wohl einer von den ganz alten Spinnern. Naja, man hört so manches von ihren seltsamen Methoden. Ich denke, da werden wir mal bißchen nachhelfen müssen."

„Gnädige Frau", Felix hatte das ganz akzentuiert gesagt, als wollte er die alten Zeiten heraufbeschwören, wo es noch Höflichkeit, Manieren und Ritterlichkeit gegeben hatte, „tun Sie das. Darf ich Ihnen zum Schluß unseres Gesprächs sagen, worin ich das größte Glück ihrer Partei sehe?"

„Nun bin ich aber gespannt?" fragte sie forsch und in wacher, vitaler Neugierde.

„Das größte Glück ihrer SPD scheint mir darin zu liegen, daß es auch in den anderen Parteien so profilierte intellektuelle Kapazitäten gibt wie Sie eine sind."

Die Gnädige schien das nicht so ganz verstanden zu haben. Die profilierte intellektuelle Kapazität schien sie total umnebelt zu haben. Sie lächelte verbindlich.

„Naja, dann machen Sie eben ihr Vogelhäuschen fertig. Aber denken Sie mal nach über das, was ich Ihnen gesagt habe."

Felix lächelte verbindlich.

„Ich werde es mir ganz bestimmt zu Herzen nehmen, gnädige Frau."

Die gnädige Frau konnte er sich nicht verkneifen, und er meinte zu beobachten, daß da ein bißchen von der Härte der Gesichtszüge dahinschwand, daß da wieder ein Stückchen Charme aufschien. Niebergall war peinlich berührt. Er hoffte, daß Frau Müller Felix' Spott nicht bemerken würde. Aber die schien gerührt und beeindruckt. Sie war eben eine Frau, 68er hin oder her.

Nachdem sie gegangen war, meinte Niebergall toben zu müssen.

„Was glauben Sie eigentlich, Niesner. So geht das doch nicht."

Felix war verdattert. Er begriff nichts mehr.

„Sind sie etwa auch der Ansicht, daß Vogelhäuschen kein Inhalt für den Werkunterricht sind? Sie auch: Erde untertan, und Menschenleben auf die Erde mit dem einfachen Gebot: Friß Vogel, oder stirb! Sie auch mit Kreatur behaupten oder vergehen und so?"

Felix war dabei, sich in Wut zu reden.

„Mensch Niesner, das sind doch überhaupt nicht unsere Fragen. Vogelhäuschen hin oder her. Is mir doch scheißegal!"

Schulleiter Niebergall wurde zornig, wie ihn Felix nie vorher gesehen hatte.

„Diese Frau haut mich jedes Jahr bei dieser knauserigen Gemeindeverwaltung raus. Ohne die brächte ich nie meinen Schuletat durch. Nur ihr verdanken wir unsere neuen Computer. Das laß ich mir doch nicht durch so ein Scheißvogelhäuschen kaputt machen."

„Ich verstehe", sagte Felix resigniert.

„Eines sage ich Ihnen: an den Bäumen auf unserem Schulgelände will ich kein Vogelhäuschen sehen. Ist das klar?"

Felix ging zurück in seine Klasse.

23

Felix war pünktlich. Trotz des schrecklichen Verkehrs stand er zehn Minuten vor zehn Uhr vor dem Rathaus in Stralsund. Die Herren vom Fernsehen waren bereits da. Sie hatten schon Posten bezogen und hantierten nun eifrig an ihren Gerätschaften. Herr Klimenta dirigierte seine Kameraleute, wies ihnen Plätze zu, wo man sie nicht sehen konnte, gab noch einige Bildeinstellungshinweise. Er hatte längst alles organisiert. „Also, Herr Niesner, Sie stehen am besten hier. Das ist die günstigste Position. Hier müssen alle Passanten vorbei, wenn sie hier aus dem Durchgang durch das Rathaus kommen. Unsere Kameras sind hier oben. Sehen Sie da drüben in diesem weiß-gelben Gebäude das offene Fenster im ersten Stock? Ja, genau das. Da ist eine Kamera."
Herr Klimenta zeigte dann noch auf ein anderes altes und ehrwürdiges Backsteingebäude, das im rechten Winkel zum Rathaus stand.

„Und eine andere Kamera ist hier oben in diesem Gebäude. Auch die Tonsache ist durchgecheckt. Und dort drüben, ja, oben im zweiten Stock, ist noch eine Kamera. Ja, wir haben uns große Mühe gegeben. Diese Kamera ist übrigens besonders wichtig, weil sie genau frontal auf Sie gerichtet werden kann. Ihr Programm wird sich ja sicherlich wiederholen. Wir haben also genügend Zeit, die günstigsten Einstellungen auszusieben. Wetter ist ja ausgezeichnet. Nicht zu helle Sonne, das ist immer wichtig. Wir werden phantastische Bilder bekommen – ein Mecklenburg wie im Märchen."

Felix wurde anders zumute. Bisher hatte er sich einfach hingestellt und losgesungen. Aber heute diese gewaltige Sache. Dieser Klimenta schleuderte seine Weisheiten nur so heraus.

„Ach ja, und – wissen Sie, ich habe ja die ganze Geschichte in Rostock und in Ribnitz Damgarten sehr genau beobachtet. Herr Niesner, wir sollten wirklich anschließend über einen Vertrag mit unserer Anstalt sprechen. Sie glauben gar nicht, was sich für Sie für Chancen auftun mit dieser Stimme, diesem Vortrag, diesen Geschichten, die Sie da so hinreißend und umwerfend erzählen.

Diese Sprache, ich sage Ihnen, von Unterhaltung, Show, klassischer Schauspielkunst bis hin zum Kinderprogramm, Sie sind universell."

„Ich singe heute nur, weil ich es Ihnen versprochen habe", meinte Felix kleinlaut.

Herr Klimenta zündete sich eine Zigarette an, sog einen kräftigen Zug ein. Felix bemerkte, daß er tiefgelbe Raucherfinger hatte.

„Nana, keine falsche Bescheidenheit, Herr Niesner. – Ach ja, da ist noch 'ne Kleinigkeit, die ich ihnen bloß so vorschlagen möchte."

Felix war ein bißchen nervös. Die ganze Situation war für ihn ungewohnt. Er hoffte auch, daß die kleine Einblendung seines Beitrages im Gesamtkonzept der Mecklenburgischen Impressionen ohnehin reichlich unwichtig sein würde – der übliche Riesenaufwand für fünf Sekunden Sendezeit.

„Was denn noch?"

„Herr Niesner, haben Sie keine Sorge. Nur 'ne Kleinigkeit. Wissen Sie, in Rostock war ihr Gitarrenkasten am Ende mit Geld gefüllt bis zum Überquellen. Das war eben perfekte Show, und da gehört das ja auch dazu. Aber – naja, wir können ja nicht wissen, wie sich die Dinge hier entwickeln werden."

„Ja, mal läuft's, mal geht's weniger. Aber das macht ja nichts."

Felix wollte wieder mal erklären, daß er gar nicht wegen des Geldes singen würde. Aber da redete Herr Klimenta schon drauflos.

„Wir vom Fernsehen müssen auch das Unplanbare planen. Wir müssen immer alles einkalkulieren. Da darf nichts daneben gehen. Wissen Sie, die Kosten."

„Was meinen Sie damit?"

Herr Klimenta zeigte auf seinen Wagen.

„Wir haben auch eine Menge Münzgeld dabei. Alles falsches Geld. Alles aus Plastik, ganz leicht, aber sieht absolut echt aus. Wissen Sie, wir könnten ihren Kasten schon mal ein bißchen vorfüllen. Das wäre für uns günstig für die Aufnahmen, wenn schon mal bißchen was im Kasten ist, Sie verstehen. Sieht dann nicht so von klein auf angefangen aus."

Felix hatte keine Einwände. Er hatte zu nichts Einwände. Er ging nach diesem Gespräch zurück zum Parkplatz, zog sich seine Landsknechtskleidung an, schob sich seine randlose, goldene Brille zurecht. Die Brille war der einzige Anachronismus an ihm. Sonst sah er wirklich aus wie ein Landsknecht aus dem siebzehnten Jahrhundert. Amanda hüpfte geschmeidig aus dem Wagen. Die beiden gingen auf Posten. Felix räusperte sich bedächtig, stimmte seine Saiten durch. Er gab den Kameraleuten in Deckung sein ‚Ready'-Zeichen. Ganz professionell, Daumen nach oben. Und dann begann die größte Schau, die Mecklenburg – oder war es schon Pommern, oder vielleicht nur davor dieses Vorpommern – jemals gesehen hatte. ‚Antje, ich singe für dich!' hatte sich Felix noch einmal inwendig vorgesagt. Und dann trällerte er los.

Der Platz – ein eher quadratischer und gänzlich von Gebäuden eingeschlossener Platz – erwies sich als ideale Bühne. Felix ließ seine volle Stimme – mal Eisen, mal Holz – in allen Modulationen erschallen. Er genoß es, wie die Melodien aus seinem Herzen, seiner Seele, seinem tiefsten Inneren flossen und wie er sie mit der Außenwelt in harmonischen Einklang brachte. Das war Kunst, das war die wirkliche, die echte Kunst. Ein altes Wort von Tagore kam ihm in den Sinn. ‚Gott achtet mich, wenn ich arbeite, aber er liebt mich, wenn ich singe.' Wie wahr! Wie golden wahr!

Schon nach den ersten Takten konnte man beobachten, daß sich Leute schüchtern umdrehten, um zu sehen, was hier geboten war. Sie bemühten sich noch, ihr Staunen, ihr Aufhorchen – vorsichtig in norddeutsche Zurückhaltung gepackt – lieber nicht zu zeigen. Nein, ja nicht mal aus sich herausgehen. Ja nicht mal die Sau rauslassen, wie es Felix immer ausdrückte. Manche glaubten vielleicht zuerst noch an einen dieser neumodischen Marktschreier aus dem Westen, an irgend so was Neues aus der neuen Zeit, Händler mit historischem Kick und in Wirklichkeit Straßenverkäufer von Universalschraubenschlüssel, Espressokocher oder Gurkenhobel. Aber dann blieben immer mehr Leute stehen, um zu sehen, zu hören, zu lauschen, zu lachen, zu weinen, zu genießen.

Da stand so ein rechter Landsknecht aus früherer Zeit. Hätte er nicht diese Brille mit Goldrand getragen, hätte man tatsächlich glauben mögen, daß er aus einem der vergessenen Gottesäcker des Dreißigjährigen Krieges auferstanden war.

Der Mann da vor ihnen sang mit zarter, sanfter Stimme:

‚Unser liebe Fraue vom kalten Bronnen, bescher uns arme Landsknecht ein warme Sonnen. Daß wir nit erfrieren, zieh'n wir dem Bauersmann, das wullen Hemd vom Leibe und ziehn's uns selber an.

Der Trommler schlägt Parade, die seid'nen Fahnen weh'n, jetzt heißt's auf Glück und Gnade ins Feld spazieren gehen.'

Schallmeiensüß, halsabschnürend, herzversengend, kriegsberauschend, göttlich. Der Kerl da sang seine Weisen wie süßes Gift in die Herzen der Menschen, die vor ihm standen. Wäre man nicht unter vielen Leuten gewesen, hätte man sich seinen Tränen hingeben wollen. Aber der Kerl ließ gar keine Zeit, Sentimentalitäten auszukosten. Markig und zornig hob er plötzlich an:

,Die Trommel, die Trommel, der Mann, der Mann, der Mann,
hei wiede wiede wamm, frisch voran, frisch voran.'

Laut klopfte er dazu seine Trommelwirbel auf dem Gitarrenkorpus. Und dann ging er wieder, sich bedächtig in die Seele schleichend, auf zarte Mollmelodien über und zog sein ,Landsknecht voran!' melancholisch in die Länge, als gäbe es da noch etwas zu zögern vor der schlimmen Schlacht. Da war auch ein Schwein – ein richtiges Wildschwein, noch jung zwar, aber ein wirkliches Wildschwein –, das den Kopf so schwermütig mitbewegte und grunzte, als würde es den Gesang dieses Burschen gänzlich mit ausleben.

Die Leute warfen Münzen in den Gitarrenkasten vor dem Sänger, manche sogar Scheine. Sie klatschten Beifall, wollten mehr hören, immer mehr und noch mehr. Und dann erzählte der Kerl doch wirklich vom Leben in Wallensteins Lager vor Stralsund. Und so lebendig erzählte er, daß man sich dabei fühlte. Er erzählte nicht nur, er zeigte sogar wirkliche Gauklertricks aus alter Landsknechtzeit, ließ plötzlich bunte Seidentücher in seinem Ärmel verschwinden und zog Meerschweinchen dafür wieder heraus. Und das Schwein grunzte, und die Sonne lachte. Der Menschenauflauf wurde immer größer.

Der Mann vor ihnen erzählte direkt ins Herz. Alles ging unmittelbar in die Seele, brauchte nicht den Umweg über den Verstand. Man mußte ihm einfach nur zuhören. Man konnte nicht mehr weitergehen, auch wenn man es noch so eilig gehabt hätte. Der Mann da vor ihnen war alles in einem: Talkmaster, Sänger, Entertainer, Herzensbrecher, Magier. Er war der leibhaftige Rattenfänger von Hameln.

Er legte seine Meerschweinchen dem Wildschwein vor die Schnauze, überließ es diesem, hier weiter nach dem Rechten zu sehen. Und er selbst zog einen Degen aus dem Gürtel, einen eleganten italienischen Rapier mit schlanker scharfer Klinge. Dräuend, angsteinflößend.

„So, so, meine Damen und Herren, aufgepaßt das ganze Wallenstein'sche Heerlager hier."

Felix schlug mit seinem Rapier durch die Luft, daß man den Luftzug hörte, sogar im Luftzug die Schärfe der Klinge spürte. Und dann fädelte er seinen Degen langsam in seinen Mund, schob ihn weiter, ganz langsam und sachte, aber immer weiter. Immer mehr verschwand von dem langen schlanken Degen im Mund des Landsknechts, immer mehr. Alles – die ganze lange scharfe Klinge – verschwand, bis schließlich nur noch der Handschutzkorb mit dem Griff aus dem Mund herausragte. Und nun, nun geschah das Unfaßbare. Der Mann ging zuerst in die Knie, ganz tief in die Hocke, krümmte seinen Körper und verharrte in der Embryonenstellung, als wäre nichts, als gäbe es diesen Degen in seinem Körper überhaupt nicht.

Blitzschnell stand er dann wieder auf, zog den Degen mit einem einzigen Ruck aus seinem Körper, und ehe man überhaupt nur mit dem Schauen mitkommen konnte, war der Degen in hellen Flammen. Wieder schob er ihn bis zum Handschutzkorb in seinen Rachen und blies in kräftigen Stößen immer wieder gewaltige Flammen aus seinem Mund.

Die Leute warfen Geld in den Gitarrenkasten, und das Schwein bedankte sich bei jeder Münze mit einem kräftigen Grunzen. Der Platz wurde voller und voller. Die Menschen unmittelbar vor ihm setzten sich auf den Boden, machten es sich auf den Pflastersteinen des Marktplatzes leidlich bequem. Der Platz glich langsam einem wirklichen Feldlager.

Da nahm der Mann wieder seine Gitarre und legte los mit tiefem Baß und kraftvollem Griff in die Saiten. Er sang in geheimnisvoller Erzählsprache und immer mit fragend lauerndem Blick:

,Trum, trum, terum tum, tum.
Die Landsknecht zieh'n im Land herum.
Hei, hei, heißa juhei,
Die Wallensteiner ziehen vorbei.
Trum, trum, terum tum, tum,
Und wieder geht die Trommel um.
Trum, trum terum tum, tum,

Sie wird nicht müde, wird nicht stumm.
Sie dräuet den Schweden den blutigen Krieg,
Wir hör'n sie beim Sterben, wir hör'n sie beim Sieg.'
Moll – geheimnisvoll klang es über den Platz. Mit welch salopper und lässiger Wildheit beschrieb dieser Mann das Leben der Landsknechte, und wie tief empfunden ließ er doch ihren Schmerz, ihre Wehmut, ihre Angst vor dem ewigen Raufen durchscheinen.

Der Mann erzählte vom Leben in Wallensteins Feldlager vor Stralsund, vom Leben von Helden und Narren. Und er erzählte es, als wäre er selbst dabeigewesen. Nein, er erzählte so, als wäre jeder seiner Zuhörer unmittelbar dabei. Er erzählte vom Lachen und Genießen, vom Fressen und Saufen, von Marketenderinnen und Kanonenweibern, vom Fischen, Jagen, Schlachten, vom Leben in der Zeltstadt bei sengender Hitze, bei Wind, Stürmen, Regengüssen und klirrenden Frostnächten. Er berichtete vom Herumschmieden an den Waffen und Ausrüstungen, vom Beschlagen der Pferde, vom Nähen und Flicken der Lederwamse und wieder vom Kämpfen, Leiden und Sterben, vom Lieben, Lachen, Genießen und Feilschen mit den Marketenderinnen, vom Auspeitschen von Dieben und Betrügern, vom Gewinnen und Zerrinnen bei Würfelspiel und Degentanz.

Und er erzählte vom Krieg, von Tilly, Kaiser Ferdinand, Gustav Adolf und Wallenstein, vom Würfelspiel der Großen. Dabei wurde er gebildet, lateinisch sogar, sprach mit Pathos und Dignität vom ‚theatrum mundi‘, von der ‚ars belli ad maiorem dei gloriam‘, von der ‚simplicitas sancta‘ und der ‚justitia divina aeterna katholica‘, die – wie alle Erfahrung der Welt zeige – auf die Länge der Zeit die ‚fortes adiuvat.‘ Und immer wieder – ‚ex nihilo lux‘ – Wallenstein – ‚ut sol inter planetas.‘ Als einige junge Frauen sich lauthals über das Schauspiel amüsierten, ermahnte er sie:

‚Mulieres taceant in ecclesia.‘

Und er sagte es so bestimmt, mit so eindringlich befehlender Stimme, daß die Frauen tatsächlich sofort verstummten. Frauen, die verstummten, was für ein Phänomen!

Der Mann sprach gar nicht richtig zu den Menschen, er erzählte fast mehr nur vor sich hin, manchmal sogar nur so, als würde er das alles seinem Wildschwein berichten wollen. Aber die Menschen auf dem Platz lauschten inbrünstig, sogen jedes Wort von ihm ein, warteten gebannt, bis er wieder Einzelheiten seiner fesselnden Erzählungen mit einem Lied besondere Anschaulichkeit geben würde. Und der Mann sang, sang sich in die Herzen der Menschen, rührte in ihren Seelen, daß es weh tat, und tat trotz allem nur so, als wäre er ein lustiger Zeisig. Ein Jongleur der Gefühle. Dann ließ er wieder Würfel auf dem Corpus seiner Gitarre hüpfen, ließ sie so über die Saiten tanzen, daß sie das Lied ‚Maikäfer flieg' anschlugen. Als die Leute applaudierten, meinte er lässig, daß das alles gar nichts sei gegen damals, im Juni 1628, als sie dieses widerspenstige Stralsund dem Schweden entreißen wollten.

„Aber damals waren wir schon zu erschöpft, zu weit heruntergekommen. Jahrelange Plünderungszüge, endloses Mordbrennen und Brandschatzen, Angreifen, Belagern, Davonlaufen. Das hat uns entkräftet. Und dann stellten sich auch noch Hunger und Pestilenz ein. Nichts war mehr zu holen bei den Bauern. Das meiste hatten ihnen die reichen Pfeffersäcke längst abgenommen, damit sie ihren heiligen Krieg führen konnten. Und das bißchen Habe, das ihnen – versteckt in Heuschobern und vergraben unter Misthaufen – noch geblieben war, hatten wir ihnen längst herausgepreßt. Viele von uns waren schon hinübergedämmert in winterlichen Fieberphantasien, waren heimgegangen zu Ihm, weit weg von Weib und Kind und ohne Wehklagen und Beweinen."

Und dann erzählte der Mann vom wirklichen Krieg. Stoßen, Spießen, Stechen, Sterben. Zerfetzte Leiber, Angst, überschäumender Mut, mitreißende Tapferkeit. Und zu allem die klare Sprache der Trommeln. Trommelwirbel zur Attacke, Trommelwirbel zum Rückzug, Trommelwirbel als Zeichen für den Sieg und immer wieder die Trommel zum Sterben.

Sachte begann der Mann wieder zu singen.

„Der Tod reit' auf einem kohlschwarzen Rappen, er trägt ein undurchsichtigen Kappen. Wenn Landsknecht durch die Stadt marschieren, läßt er sein Roß daneben galoppieren. Flandern in Not, in Flandern reitet der Tod."

Es war mäuschenstill, als der Mann dieses Lied darbrachte, getragen und erhaben, mit auf den Putz hauender Männertraurigkeit und doch so herzstechend, daß die Seele zersprang. Er zelebrierte es, trommelte zwischen den Strophen. Die Leute hörten zu, blickten zu Boden, vermieden es, sich anzuschauen. Selbst das sonst so muntere Wildschwein war in Andacht verstummt.

Der Mann erzählte nicht viel vom Sterben vor den Toren von Stralsund, nur, daß es diesen Wallenstein wenig bekümmerte, wieviele gefallen waren, nicht mehr mitlaufen und nicht mehr mitraufen konnten, sich verschnaufen durften, bis an den Jüngsten Tag.‘

Als er dann das Lied von den fünf Schwänen sang, wagte es keiner mehr, seine Geldbörse zu öffnen. Überall war es still. Nur die Sonne schien gleichgültig. Aber sie war es nicht. Sie hatte längst in das Geschehen eingegriffen, die erhabene Nachdenklichkeit mit Lebenszuversicht durchmischt.

„Zogen einst fünf junge Burschen stolz und kühn zum Kampf hinaus. Sing, sing, was geschah? Keiner kehrt nach Haus, ja.“

Und dann leitete der Mann über zu einem langen Intro. Man konnte ihm ansehen, daß er sich innerlich sammelte, sich auf eine besondere Darbietung konzentrierte. Schon zwei- oder dreimal hatte er angesetzt, wollte von seinem Intro in das Lied einsteigen, hatte dann aber jedesmal abgebrochen. Er mußte atmen, sich räuspern, den Ton suchen, verzögern, als hätte er eine innere Hemmung, sein nächstes Lied preiszugeben. Schließlich aber fing er doch an: schlichte Akkorde, leichte rauchige und ein bißchen zittrige Stimme, aber doch sonor und zu Herzen gehend, steinerweichend:

„Sag mir, wo die Blumen sind? Wo sind sie geblieben …

Einige der Zuhörer sprachen den Text ohne Stimme mit. Man sah nur die Bewegungen ihrer Lippen. Außer der Stimme des Mannes hörte man nichts. Der sang mit solcher Ausdruckskraft, daß man meinte, die Backsteine der umliegenden Häuser müßten – genauso wie die Herzen der Menschen – zerspringen.

„Sag mir, wo die Mädchen sind? Wo sind sie geblieben …“

Einige der Zuhörer summten mit, leise und schüchtern. Man sah Tränen da und dort über Wangen rinnen. Der Mann schien das trotz seiner Versenkung in den Liedvortrag zu bemerken. Irgendwie wurde seine Stimme ein bißchen rauchiger, unsicher, zittriger sogar. Dann aber wieder fest und sicher bis zur letzten Strophe. Einige der Zuhörer wollten klatschen, merkten aber sogleich, daß dies nicht der Augenblick war. Der Mann spielte noch einen Abspann, immer einen Dur- und einen Mollakkord gleichmäßig durchwechselnd. Und dann setzte er wieder ein.

„Where have all the flowers gone? Long time passing ...“

Die Leute hörten andächtig zu, lauschten auf das, was da so fremdländisch klang und doch verband, und verstanden; verstanden vielleicht besser als irgendwo sonst auf der Welt, daß es viele Sprachen sind, viele Völker, viele Nationen – alle Nationen -, die über die Sprachen hinweg alle nur eine große Sehnsucht nach Frieden haben, mit vielen Zungen das auszudrücken versuchen, was sie alle verbindet, den Krieg zu ächten, den Frieden zu leben.

Und Felix sang weiter, sogar immer leiser werdend, weil alle lauschten und nichts dieses zarte Liedchen störte. Er hatte es auch noch in Französisch gesungen und sang und spielte es nunmehr mit viel Tremulo in Spanisch.

Eine junge Frau – sie mochte vielleicht fünfundzwanzig Jahre gewesen sein, zart, schmächtig, mit roten frischen Backen und langen goldblonden Haaren – war aus der Menge um ihn herumgeschlichen, hatte sich dicht neben ihn gestellt. Als Felix gerade seinen endgültigen Abspann herunterzupfte, flüsterte sie ihm zu:

„Tonartwechsel, einen halben Ton nach oben.“

Felix nickte, leitete langsam in die nächsthöhere Tonart über, brauchte sein Intro nur einmal durchzuspielen. Da begann dieses schmächtige Persönchen das Lied in Russisch zu singen, in höchster künstlerischer Vollendung, engelssüß und weltentrückt, seelenberstend, als müßte alles zerspringen – heilige, ewige Kunst. Die Menschen auf dem Platz gaben sich die Hände, hielten sich fest, ließen ihren Tränen freien Lauf oder weinten in stiller Ergriffenheit vor sich hin. Auch Felix weinte schüchtern und verschämt. Natürlich fühlte er mit all diesen Menschen mit. Aber seine Tränen entsprangen auch einer anderen Herzensnot. Er hatte es endlich wieder hevorgehoben aus den tiefsten Urgründen seiner Seele, das verbotene Lied, mit dem er seine Schüler ‚verdorben‘ hatte, rattenfängerisch in politische Abgründe verführt, unkritisch pazifistisch indoktriniert. Er hatte sich freigesungen von jahrelangen Seelenqualen.

Felix hätte sich gerne noch ein bißchen mit der jungen Frau unterhalten, sich bei ihr bedankt, ihr seine Bewunderung mitgeteilt. Aber so wie sie aus der Menge hervorgetreten war, war sie auch wieder dort verschwunden.

Felix war am Ende seiner Kräfte. Er spürte, daß er nun nichts mehr geben konnte, seinen Zuhörern nichts und auch sich selbst nichts mehr. Er legte seine Gitarre ab, streichelte Amanda, zauberte seine Meerschweinchen wieder irgendwohin. Er war müde, gab den Menschen zu verstehen, daß seine Vorstellung nun beendet sei. Er bedankte sich bei seinem Publikum. Aber die Leute wollten ihn nicht einfach abziehen lassen. Einige wollten Autogramme, andere fragten, von welchem Theater oder von welcher Fernsehtruppe er wäre. Ein solcher Mann kann doch nicht bloß ein einfacher Straßensänger sein, ein Student, ein Arbeitsloser, ein Bummelant, ein Halbverkrachter, ein Gammler oder was man sich sonst so unter Straßenmusikanten landläufig vorstellte. Und überhaupt, dieses Outfit, diese Zauberstücke und diese originelle Idee mit diesem Wildschwein. Grandios und unbeschreiblich, absolut professionell. Die Menschen bedrängten ihn, wollten seine CD kaufen, ihn wieder hören. Wann? Wo? Am besten gleich morgen wieder hier in Stralsund. Oder noch besser, gleich nochmal das ganze Programm.

Felix erklärte den Leuten, daß Amanda nun ihre täglichen zwei Stunden Waldspaziergang bräuchte und auch ihn hätte die große Show ziemlich mitgenommen, vor allem das Mädchen, das am Schluß so engelsmächtig gesungen hatte. Die Leute ließen sich schließlich überzeugen, zerstreuten sich, gingen ihren Alltagsbesorgungen nach. Felix war wieder mit sich und Amanda allein.

Er packte seine Sachen, schürfte das viele Münzgeld, das aus dem Gitarrenkasten gerollt war, steckte es in eine seiner vielen Taschen. Es war nicht ganz leicht, den Gitarrenkasten zuzuklappen. Er war randvoll mit Münzgeld, und die Klapp- und Spannverschlüsse ließen sich nur schwer schließen. Zwei davon waren ohnehin längst kaputt. Felix mußte es mehrmals versuchen. Aber er schaffte es schließlich. Da der Kasten schon vor seinem Auftritt zur Hälfte mit Plastikgeld gefüllt worden war, war er auch nicht so schwer wie damals in Rostock. So zog er also los.

Amanda tippelte treu neben ihm her, und irgendwo in seinen Taschen regten sich die Meerschweinchen von Antjes Nachbarn.

Felix war ziemlich abwesend gewesen. Dieses ‚Sag mir, wo die Blumen sind‘ ließ ihn nicht los. Es hatte ihn tief aufgewühlt. Die Menschen waren so bewegt, so unglaublich berührt, dieses Lied in so vielen Sprachen zu hören. ‚Die tiefe Sehnsucht nach Frieden ist eine internationale, eine alles überschreitende interkulturelle Sehnsucht, eingemeißelt in die Herzen der Menschen‘ sagte er vor sich hin. ‚Das werde ich mir aufschreiben müssen. Das werde ich noch mal brauchen.‘ Er dachte an damals.

Damals – da war er sich ziemlich sicher – hatte er sich seine Zukunft, oder das, was man so allgemein dafür hielt, verbaut. Damals war es schlagartig vorbei mit seinen Träumen von einer guten Schule. ‚Sag mir, wo die Blumen sind?‘ Was hatte er damals falsch gemacht? Die Menschen auf dem Platz hatten sofort verstanden. Er hatte ihre Herzen bewegt. Er hatte auch damals die Herzen seiner Schüler bewegt. Warum seinen Schulrat – diesen doch sonst so leidlich vernünftigen Rappy – damals nicht? Felix wollte nicht weiter darüber nachdenken. Er hatte heute eine Barriere eingerissen.

Das Mädchen ging ihm nicht aus dem Kopf. Was mochte sie bewegt haben, mit ihm zu singen und dann einfach wieder zu verschwinden?. Sie hatte seine Message mehr als verstanden. Und wie schön hatte dieses Lied in russischer Sprache – vielleicht der schönsten aller Gesangssprachen – geklungen.

Felix und Amanda hatten bereits den Parkplatz erreicht. Felix sah schon sein Auto. Er kramte mit einer Hand in der Tasche nach dem Schlüssel. Da versperrte ihm ein junger Mann den Weg.

„So, du Scheißtrobadour, hast du endlich deinen Schmalz abgelassen. Sieht ja lustig aus, deine Verkleidung.“

Felix war so in Gedanken versunken, daß er nur schwer in die Wirklichkeit zurückfinden konnte.

„Na, wach auf Mann“, schrie ihn der junge Mann vor ihm an.

Felix blieb stehen. Vor ihm stand ein Mann mit vielleicht zwanzig Jahren, blaß, mit eingefallenem Gesicht, tiefliegenden, geröteten Augen, dunklen Augenrändern und grauen Zähnen.

Der Mann war hager, vielleicht ausgehungert. Er hielt ein schwarzes Etwas drohend in der Hand.

„Wir haben nicht viel Zeit. Ich mach's kurz. – Geld her! Laß deinen Gitarrenkasten hier stehen und geh' weiter! Unauffällig! Los, hau ab!" Zur Bekräftigung seiner Forderung ließ er aus dem schwarzen Etwas eine Klinge springen.

Felix zweifelte einen Augenblick an der Ernsthaftigkeit der Situation. Vielleicht hatten sich das diese Fernsehleute noch ausgedacht.Vielleicht brauchten sie noch so eine Szene, benutzten ihn ganz gegen die Abmachung noch für solcherlei. Aber der Blick des jungen Mannes. Man kann niemanden so verkommen zurechtschminken. Das mußte echt sein. Vielleicht …

„Na, wirds bald. Ich hab nicht viel Zeit. Ich brauch Stoff, verstehst du! Stoff!"

Der Mann fuchtelte mit seinem Messer herum. Felix verstand noch immer nicht. Aber da brauchte er auch nichts mehr zu verstehen. Er brauchte nichts zu machen. Da wurde Geschehen von anderen gemacht. Zuerst hörte er nur ein leichtes Knacksen an seinem Gitarrenkasten. Dann sprang – ohnehin nur notdürftig verschlossen – der Klappverschluß auf. Das Geld – das falsche und das richtige – plätscherte wie ein Wasserfall auf das Straßenpflaster, sprudelte aus voller Quelle, baute sich wie im Sandkasten zu einem schillernden Kegelberg auf.

Der junge Mann bekam große Augen.

„Mann!" schrie er mit überschwenglicher Begeisterung, vergaß Felix, vergaß sein Messer, stürzte sich auf das Geld und steckte sich in seine Taschen, was er nur fassen konnte – benommen, besoffen, hysterisch, geisteskrank. Felix bemerkte, daß er an einer Hand auch einen Messingschlagring mit langen spitzen Dornen trug. Aber da gab es keine Zeit mehr, sich auf diesen jungen Mann zu konzentrieren. Zwischen den Wagen stürzte noch ein zweiter junger Mann hervor, kniete sich vor den Geldhaufen und wollte ebenfalls einhamstern. Aber da stand der erste auf, verteidigte mit brutaler Entschlossenheit seine Beute. Er schlug gnadenlos auf seinen Konkurrenten ein. Zwei-, drei-, viermal oder noch öfter. Felix konnte das nicht so genau registrieren. Er mußte ihn mit seinem Schlagring so schwer getroffen haben, daß der Mann fürchterlich blutete – im Gesicht, am Hals, auch sein Hemd rötete sich schnell, Hände und Arme waren übel zugerichtet. Der Mann ging zu Boden, blieb bewußtlos liegen. Aber das kümmerte den Schläger nicht. Er fing wieder an einzusäckeln.

Da sprang ein älterer Mann, bärtig und bieder, mit einer Pistole auf sie zu, befahl dem jungen Mann, aufzustehen und die Hände hochzunehmen. Er sagte auch etwas wie ‚Kriminalpolizei'. Aber der junge Mann schien in einem Rausch, in einem Trancezustand. Er kümmerte sich nicht um die Pistole. Sprang auf den Mann zu und schlug ihn brutal nieder, noch ehe dieser mit seiner Pistole etwas anzufangen verstand. Als der Bärtige schon am Boden lag, griff der junge Mann blitzschnell nach seinem Messer und stach zu, stach, stach und stach.

Zwei Polizisten erschienen plötzlich von irgendwoher, schlugen den jungen Mann nieder, faßten ihn schließlich, führten ihn ab. Das alles war so blitzschnell vor Felix' Augen abgelaufen, daß er kaum folgen konnte, vielleicht nie in der Lage gewesen wäre, das Geschehen exakt in einem Polizeiprotokoll wiederzugeben.

Vor ihm lagen zwei Menschenleiber, aus denen Blut auf die Straße quoll, in mächtigen Strömen und in langsam abebbenden Stößen im Rhythmus des Herzschlages – und über falsches und echtes Geld. Geld und Blut, Blut und Geld. Felix schien keine Empfindungen zu haben. Er fühlte weder Mitleid noch Trauer. Es gab kein Erschrecken in ihm, keine Angst, kein Mitgefühl. Er verstand sich selbst nicht.

„Amanda, komm", sagte er energisch.

Ganz innen in seiner Seele gab es aber vielleicht doch eine Art von Rührung. Als er zu seinem Wagen ging, kamen die Fernsehleute auf ihn zu:

„Mann, Sie waren großartig heute auf dem Rathausplatz. Wir haben alles im Kasten. Wenn wir Sie nur für uns unter Vertrag nehmen könnten. Sie hätten die Zukunft: Entertainment, Talkbusiness und nicht zu vergessen Kinderprogramme. Kinderprogramme haben die Zukunft. Da ist richtig Geld zu machen. Die sind aber auch am schwierigsten. Da ist noch wirkliche Professionalität gefragt."

„So", meinte Felix voll Bitterkeit.

„Naja, und auch die Nummer, die da eben abgelaufen ist.

So ein Zufall. Haben wir alles im Kasten."

In Felix keimte ein kleines Fünkchen Hoffnung. Er wagte nicht zu glauben. So echt konnte Show nicht sein. Aber es war, als könnte er doch ein bißchen hoffen.

„Das da eben vor mir war also nicht gestellt?" fragte er zweifelnd.

„Ach was. Wo denken Sie hin? Das war live. Das kriegt man nicht alle Tage in den Kasten. Einfach super."

24.

Sechstes Telephonat

„Niebergall, hören Sie! Wissen Sie's schon?" Schulrat Rapp klang erregt. Man hatte das Gefühl, daß er sich sehr zusammennehmen mußte, um nicht aus der Fassung zu geraten.

„Ich höre, Herr Rapp. Was soll ich denn schon wissen?"
Niesner wird doch nicht endlich irgendwo aufgetaucht sein, dachte Schulleiter Niebergall. Wenn's nur so wäre. Wenn es nur endlich so wäre.

„Mensch, Niebergall, natürlich wissen Sie's schon."

„Was denn, Herr Rapp?"

„Tun Sie nicht so, Niebergall! Sie haben doch sicher ferngesehen gestern abend."

„Ach so." Schulleiter Nierbergall konnte man die Enttäuschung anhören. „Selbstverständlich. Fußball hat bei mir oberste Priorität. Das wissen Sie doch. War'n tolles Spiel. Im Ergebnis leider nicht sehr befriedigend. Sehr überraschend, sehr überraschend! Naja, die Dortmunder sind eben immer für eine Überraschung gut."

„Nein, Niebergall. Davor!"

„Was davor?"

„Na, vor dem Spiel! N3! Bilder aus dem Mecklenburger Land."

„Hab' ich nicht gesehen. Das Zeug da drüben interessiert mich nicht."

„Niebergall, Sie fassen es nicht."

„Was denn bitte, Herr Rapp?"

„Nein, das ist überhaupt nicht zu fassen."

Schulrat Rapp machte eine längere Pause. Dann sprach er ganz ruhig weiter.

„Ich hab ihn gesehen", sagte er leise.

„Wen gesehen?"

„Niesner. – Mensch, Niebergall! Da fragen Sie, wen!" Schulrat Rapp wurde wieder etwas heftiger.

„Wie? Im Fernsehen?"

„Ja, stellen Sie sich das mal vor!"

„Haben Sie sich da nicht getäuscht?"

„Stellen Sie sich vor, Niebergall. Nein, Niebergall, das können Sie sich nicht vorstellen. Niebergall, das gibt es überhaupt nicht. Da zeigen die Bilder aus, aus, aus … "

„Aber doch nicht Niesner? Das kann ja nun wirklich nicht sein."

„Natürlich Niesner."

Schulrat Rapp sprudelte hastig weiter.

„Ach, ich bin so aufgeregt, ich kann Ihnen nicht mal mehr den Namen der Stadt sagen. Aber da zeigen die auf einem Platz einen Straßenmusikanten in Landsknechtskleidung. Niebergall, in Landsknechtskleidung! Mit Gitarre, und dann war da noch ein Wildschwein dabei."

Niebergall lachte schallend.

„Herr Rapp, Sie wollen mich auf den Arm nehmen. Landsknecht, Wildschwein, Niesner. Das paßt ja nun wirklich nicht zusammen."

„Ich sage Ihnen, es war Niesner."

„Herr Rapp, das ist doch Quatsch! Niesner mit einem Wildschwein."

„Ich sag's Ihnen doch, Niebergall. Da war ein Niederschwein. Ach ich – ich bin so aufgeregt, Niebergall, ein Wildschwein natürlich. – Jedenfalls steht dieser Niesner da, umringt von einer unglaublichen Volksmenge, und erzählt da so ganz locker seine Geschichten von Niebergall."

„Waaas! Was will denn der für Geschichten von mir erzählen?"

„Nein, nicht von Ihnen. Niebergall, von Störtebecker und dann noch von diesem – diesem – na, wie heißt er?"

„Von wem?" fragte Schulleiter Niebergall laut, als hätte er den Namen nicht verstanden. Er wurde nervös. Für einen Augenblick dachte er sogar, daß Schulrat Rapp betrunken sein mußte.

„Na der, der in dieser Stadt war und sie nicht einnehmen konnte, dieser – ach, wissen Sie, Geschichte war nie mein Fall."

„Wann nicht einnehmen konnte? Im Zweiten Weltkrieg oder im Ersten?"

„Nein, nein, Niebergall, früher, viel früher. – Naja, dieser Quallenklein oder Ballenbein, Gallenstein, nein, das auch nicht. Naja …"

„Sie meinen doch nicht etwa Wallenstein.- Ja, der hat Stralsund belagert."

„Genau. In Stralsund war das alles."

„Niesner in Stralsund! Wie kommt der denn da hin?"

Schon beim Fragen bemerkte Schulleiter Niebergall, daß das eine ganz dumme und überflüssige Frage war.

„Weiß ich nicht, Niebergall. Jedenfalls erzählt dieser Niesner die originellsten Geschichten aus dem Heerlager von diesem Waffenschwein, ne, Fallenstein natürlich, ne, Wallenstein natürlich. Ich kann Ihnen gar nicht sagen, wie aufgeregt ich bin. Und dieser Wildschweinkoloß turnt da rum, grunzt und unterhält die Leute. Dann führt er den Leuten noch die tollsten Zauberkünste vor."

„Wer, der Wildschweinkoloß?"

„Ach Quatsch. Niebergall, Sie bringen mich ganz durcheinander. Der Niesner natürlich. Wissen Sie, schmeißt da Karten in die Luft und greift nach Pik-As, steckt sich einen brennenden Degen in den Rachen und spuckt Feuer wie ein Drachen aus den Zeiten von Prinz Eisenherz. Und dann singt er drauflos wie ein Zeisig. Alle Achtung, muß ich sagen. Und massenhaft Leute stehen um ihn herum. Niebergall, ein Menschenauflauf, eine Begeisterung! Eine Stimmung! Niebergall, das gibt's nicht!"

„Und sind Sie sicher, daß das unser Niesner war?"

„Absolut, Niebergall, absolut. Ich kenne doch unsern Niesner. Stellen Sie sich vor, spielt da den Superentertainer, und wir hier heulen uns die Augen aus, zerfließen in Schuldbewußtsein und Selbstanklage."

„Im Fernsehen täuscht das oft. Vielleicht war es doch nicht der Niesner."

„Nein, Niebergall, das war unser Niesner! Todsicher!"

„Naja, das mit Pik-As sieht ihm ähnlich. Auch das mit dem Störtebecker ist ihm zuzutrauen. Wissen Sie, wenn der im Englischunterricht eine Lektion über Robin Hood durchnehmen sollte, hat er erst mal zwei Stunden von Klaus Störtebecker erzählt."

„Sauber. Da kommen ja schöne Sachen raus."

„Nein, nicht was sie meinen. Das war absolut super, was der da gemacht hat. Heute würde man sagen: interkulturell. Er war eben seiner Zeit voraus, wie immer. Meine Tochter hatte damals immer nur geschwärmt von seinem Unterricht. Ich glaubte zuerst auch, daß die da nichts lernen würden. Aber genau das Gegenteil war der Fall. Meine Tochter studiert heute Anglistik und sagt oft, daß sie selbst an der Uni noch von dem lebt, was sie bei Niesner gelernt hat."

„Na gut, Niebergall. Aber was geht in dem vor, haut einfach ab und tingelt durch die Gegend wie der Rattenfänger von Hameln."

„Wissen Sie, dieser Niesner war ein Phänomen. Er war ganz unauffällig. Altmodische Goldrandbrille, meistens Hosen, die viel zu kurz waren, Pullis, die zu eng waren, Krawatten, die nicht zum übrigen Outfit paßten. Immer auf Hochglanz polierte Schuhe. Und trotzdem, die Schüler mochten ihn. Den ganzen 68er Schnickschnack, das brauchte der alles gar nicht."

Es war eine Pause entstanden.

„Was meinen sie mit 68er Schnickschnack?" fragte Schulrat Rapp betroffen.

„Naja, Sie wissen doch, Jeans, kragenoffene kanadische Holzfällerhemden, Pflückerlatschen, Ohrringe und womöglich allen Schülern noch das ‚Du' anbiedern. Und dann immer noch dieses kameradschaftliche Herablassen ‚Wir reden ganz offen über alle deine Probleme.' Das hatte der alles nicht nötig. Er war beliebt bei seinen Schülern. Sein Trick waren Distanz und doch Wärme, Verständnis, Vorbild und Können. Vor allem Können, und das nicht nur in seinen Fächern. Andere kamen mit Unfallmeldungen von der Pausenaufsicht. Niesner zog dem einen Schüler den Schal aus dem Mantel und entdeckte ihn dann ganz erstaunt in der Manteltasche eines anderen wieder."

„Und das sollte dann Pädagogik sein?"

„Es war es – ohne euren ganzen akademischen Plunder und Firlefanz."

Schulrat Rapp, selbst ein bekennender 68er, ließ wieder eine Verlegenheitspause entstehen. Dann wechselte er zu anderen Fragen über:

„Naja. Was machen wir jetzt, Niebergall? Wir können die Sache nicht mehr vertuschen. Wir wissen jetzt definitiv, daß er lebt – Gott sei Dank –, daß er seit Wochen unentschuldigt nicht mehr seinen dienstlichen Pflichten nachkommt. Der kümmert sich einfach nicht mehr um die Schule."

„Er hat sich vielleicht zu lange und viel zu intensiv gekümmert."

„Alles klar, Niebergall. Aber jetzt dürfen wir nicht mehr vertuschen. Ich muß die Sache melden."

„War er es denn wirklich?"

„Ja, Niebergall. Sie sagen ja selbst, daß das alles zu ihm paßt. – Geschichten über Störtebecker und diesen Krallenklein."

„Wallenstein."

„Wie? – Na gut. Ich muß die Sache nach oben melden. Aber deshalb wissen wir immer noch nicht, wo wir ihn finden. Es gibt keine Adresse, keinen neuen Wohnsitz, nichts. Der tingelt einfach."

„Können wir nicht noch warten?" fragte Schulleiter Niebergall ängstlich.

„Niebergall, jetzt sind Sie zimperlich. Sie wollten doch die Sache gleich melden."

„Ja, aber ich habe viel über diesen Niesner nachgedacht. Vielleicht ist er im Recht, vielleicht sind wir im Unrecht – moralisch meine ich natürlich."

„Niebergall, ich werde den Vorgang melden, und wir können von Glück reden, wenn die Sache auch für uns glimpflich ausgeht."

Schulrat Rapp hatte den Hörer ohne Verabschiedung aufgelegt. Schulleiter Niebergall saß in seinem Büro und schaute den Fischen in seinem Aquarium zu. Er war ratlos. Konnte das in Stralsund denn wirklich Felix Niesner gewesen sein? Irgendwie war die Sache nicht so richtig faßbar. Wo sollte der denn in so kurzer Zeit ein Wildschwein herhaben – und offensichtlich ein zahmes und intelligentes Wildschwein. Tierfreund war er ja immer gewesen. Aber was für eine Idee!

Landsknechtkleidung, Störtebecker, Wallenstein! Würde ja alles passen. Und dann seine Geschichten zum Träumen und Augen- und Mundaufreißen. Würde auch passen. Und dann noch diese Zaubereien. Auch das war Niesner. Es mußte Niesner gewesen sein. Aber warum? Warum haut der Kerl einfach ab, läßt alles liegen und stehen, läßt Schule Schule sein. Läßt seine Schüler im Stich. Er hatte sie doch immer so gerne gemocht. Sie waren immer sein ganzer Lebensinhalt gewesen seit dem Tod seiner Familie. Immer hatte man das Gefühl gehabt, daß er nur für die Schule lebte. Und nun trieb er sich da irgendwo in Mecklenburg herum – als Straßenmusikant, Geschichtenerzähler und Zauberer – noch dazu mit einem Wildschwein.

Schulleiter Niebergall saß da und dachte über Felix nach. Er stand von seinem Schreibtisch auf, ging in seinem Büro auf und ab. Auf, ab, immer mit den Gedanken bei Felix. Schulrat Rapp sollte vielleicht doch noch ein paar Tage warten. Wenn je ein Lehrer diese Zeit des Sich-Wiederfindens verdient hatte, dann Niesner. Rapp mußte ihn zu sehr abgemahnt haben wegen dieser Lächerlichkeit. Natürlich ist es schwierig, wenn ein Kollege die anderen Kollegen alle aussticht durch Können, gar nicht mit Absicht, einfach nur durch bloße Qualifikation. Man mußte ihn um des Schulfriedens willen ein bißchen herunterholen, ein bißchen zur Mittelmäßigkeit ermahnen. Was für eine Schnapsidee. Wer in der übrigen Arbeitswelt könnte so etwas verstehen?

Niebergall ließ die gemeinsamen Jahre mit Felix wieder und wieder in Gedanken an sich vorbeilaufen. Er war immer ein zuverlässiger und kollegialer Mann gewesen. Mit ihm konnte man reden. Er hatte immer Verständnis gehabt für alle Schwierigkeiten seiner Schüler und auch für die Probleme seiner Kollegen. Die oben mochte er nicht, und sie mochten ihn auch nicht. Er hatte sie immer als 68er Welteinreißer bezeichnet, die Welteinreißer, die alles Traditionelle in der Schule abschaffen wollten und nichts Vernünftiges an dessen Stelle aufwachsen ließen. ‚Einreißen kann jeder!‘ hatte er immer gesagt. Und die oben, das wußte Niebergall nur zu gut aus eigenen Erfahrungen, konnten nie diejenigen brauchen, die sich durch Leistungen, durch Können, durch Zivilcourage hervortaten. Die oben brauchten immer den unauffälligen Ja-Sager, den Mittelmäßigen, den Mitläufer, denjenigen, der sich die Zeit mit Tennis, Golf, Sauna, Skat oder sonst was vertrieb und möglichst wenig über die Schule nachdachte. Nein, man sollte diesem Niesner noch einige Tage zubilligen.

Vielleicht würde er doch noch kommen, und man könnte die ganze Sache vielleicht noch ungeschehen hinkriegen.

Niebergall zupfte unschlüssig an der ewig verdorrenden Zimmerlinde vor seinem Schreibtisch. Eiskalt konnte dieser Niesner auch sein, wenn ihm einmal etwas wirklich wichtig gewesen war. Er hatte so seine Prinzipien gehabt, seine Prägungen, wie er es immer nannte. Der Streit vor drei Jahren im Lehrerkollegium war nicht von schlechten Eltern gewesen. Ob der vielleicht auch ein Grund für seine überzogene Stralsunder Aktion gewesen war? Aber das war doch schon lange her. Da war doch längst Gras drüber gewachsen. Und doch, Niesner war kein Fire-and-forget-Typ. Bei dem ging alles immer ganz schön in die Tiefe. Und die Sache von damals hatte ganz bestimmt ihre Spuren in seine zerbrechliche Innenwelt gerillt.

25.

Schulleiter Niebergall hatte die Sonderkonferenz eröffnet. Er hatte die Kollegen gebeten, sich für diese Zusammenkunft etwas mehr Zeit zu nehmen. Sonst waren die Konferenzen an der Realschule Plönstorf immer sehr kurz gewesen. Heute sollte es um eine Frage von weitreichender Bedeutung gehen. Das brauchte eben seine Zeit.

„Liebe Kolleginnen und Kollegen", begann Schulleiter Niebergall feierlich. Man spürte, daß es um eine ernste Angelegenheit gehen würde.

„Ich hatte sie ja schon vorab gebeten, sich zu der Frage, die wir heute zu diskutieren haben, Gedanken zu machen. Ich kann deshalb gleich in ‚medias res' gehen und sie um ihre persönlichen Vorschläge bitten. Um es nochmals klar herauszustellen: Wir wollen – oder vielleicht besser: wir sollen – unserer Schule ein Schulprofil geben. So eine Art unverwechselbares Markenzeichen, etwas, was an der ganzen Schule – für alle Klassen, vielleicht auch über alle Fächer hinweg und besonders im Kontext des Schullebens – als übergreifendes pädagogisches Motto unserer Schule nach innen und außen gelten kann."

Schulleiter Niebergall hatte sich zu seinen Einleitungsworten offensichtlich Notizen gemacht. Das war ungewöhnlich. Es mußte also tatsächlich um eine wichtige Sache gehen.

„Das soll natürlich nicht nur einfach so eine Floskel sein – da gibt es ja schon genügend – nein, es soll ein übergeordnetes Prinzip sein, dem wir uns alle in unserer täglichen Arbeit verpflichtet fühlen, wie gesagt, über alle Fächer, im Kontext des Schullebens, nach innen und außen – ein Profil eben."

Niebergalls pathetische Einleitung hatte ihre Wirkung. Seine wohlgesetzten Worte wirkten immer. Die Kolleginnen und Kollegen blickten finster und akademisch vor sich hin. Manchem sah man schon an, daß er meinte, nun seiner Stunde entgegenfiebern zu müssen. Andere begannen leise in sich hinein zu schmunzeln. Nur hinten links gab es Flüstern, hörbares Schmunzeln, sogar Gelächter.

Niebergall hatte noch niemanden aufgefordert, seinen Vorschlag einzubringen. Er blickte verlegen in diese Schmunzelecke.

„Dürfen wir denn auch teilhaben an der Heiterkeit da hinten?" fragte

er lässig und vielleicht auch in der Hoffnung, die Atmosphäre ein bißchen zu entspannen.

Es herrschte Stille.

„Na?" forschte er weiter.

Ein junger Kollege tat sich hervor.

„Es ist nichts. Wir lachen nur, weil sie ‚in medias res gehen' gesagt
haben und die Kollegin das nicht verstanden hat. Ich habe ihr erklärt,
daß das ‚in die Mitte von Resi gehen' heißt."

Kurzes herzhaftes Gelächter und Buhen. Dann wieder Stille.

„Also, nun bitte, liebe Kolleginnen und Kollegen, wir haben eine ernste und weitreichende Frage zu diskutieren. Ich bitte um Wortmeldungen und Vorschläge."

Schulleiter Niebergall war deutlich um Ergebnisse bemüht, um etwas,
das er dann nach oben melden konnte. Er mußte seine Bitte mehrmals
in variablen Satzmustern wiederholen. Aber alle Kolleginnen und Kollegen blickten nur finster vor sich hin. Es herrschte allgemeine Zurückhaltung.

„Gibt es denn Beispiele für solche Schulprofile? Das müssen doch andere Schulen schon praktizieren, wenn das so eine neue Idee von oben
ist?" fragte eine Kollegin zögernd. Sie versuchte, mit ihrer Frage ein
bißchen Eis zu brechen.

Niebergall legte los.

„Beispiele gibt es genügend. Es gibt Schulen, die sich den Umwelt-
gedanken auf ihre Fahnen geschrieben haben. Es gibt so Profile wie
‚Forschen in der Schule' oder ‚Lebensschule' als Abhebung zur Lernschule. Sie wissen ja, daß man unserer Schule heute gerne nachsagt, daß
sie eine Lernschule sei, ohne Lebensbezug, ohne Orientierung an den
tatsächlichen Bildungsbedürfnissen der Zukunft. Dann gibt es so Profile
wie ‚e i n e Welt' oder ‚die multikulturelle Schule' und so weiter. Sie
verstehen schon, wie man sich das vorzustellen hat. So was beträfe ja
immer alle Klassen, alle Fächer und den ganzen Schulalltag."

Bei jedem der Beispiele, die Niebergall genannt hatte, gab es zustimmendes Nicken oder ablehnendes Kopfschütteln von jeweils wechselnden Personen. Eine andere Kollegin meldete sich zu Wort:

„Um ganz ehrlich zu sein, ich halte von solchen Dingen überhaupt nichts. Solider Unterricht, solide Schule, das ist mehr als genug. Müssen wir uns denn so ein Profil geben? Das ist doch alles immer nur so spinniger neumodischer Blödsinn, den sich so Superschlaue irgendwo ausdenken."

Schulleiter Niebergall schien nicht zufrieden.

„Ich möchte das, was Sie sagen, nicht kommentieren. Ich kann Ihnen nur sagen, wenn wir hier nicht mitmachen würden, würden wir sehr unangenehm auffallen. Diese Profilgeschichte kommt vom Ministerium."

„Na und?" riskierte die Kollegin noch.

„Ich habe da auch meine Bedenken", meinte eine andere Kollegin, „ein verbindliches, allgemeines Motto birgt immer die Gefahr in sich, daß man auch den Schülern, die damit gar nichts anfangen können, etwas aufzwingt."

Aber da waren nun endlich einzelne Kollegen aus ihrer Reserviertheit gelockt. Von der Fensterseite, die ja immer so eine Art Fraktion darstellte, kam nun der Vorschlag ‚die Sportschule'.

Man konnte Niebergall nicht ansehen, was er selbst von diesem Vorschlag hielt. Er nahm ihn lediglich zur Kenntnis und bat um nähere Erläuterungen und Begründungen. Und nun ging es auf einmal lebhaft zu in der bisher so schläfrigen Konferenz. Argumente wurden wild durcheinander in die Menge geworfen. Niebergall hatte Schwierigkeiten, die Diskussion geordnet ablaufen zu lassen, was ihm oft genug nicht mehr gelang. Manchmal klangen all die Beiträge von der Fensterseite wie einstudiert oder wie aus einschlägigen Magazinen und Fernsehreihen abgekupfert – gedankenlos auswendig gelernt.

Der Sport hätte eine Schlüsselstellung in der Gesellschaft. Eine noch mehr sportlich orientierte Schule hätte sicherlich ein besseres Image in der Gemeinde. Der Sport gewänne in der heutigen Zeit immer mehr an Bedeutung, weil die Haltungsschäden und -krankheiten als Folge von Bewegungsarmut unserer computerisierten Jugend erschreckend zunähmen. Sport fordere zu Leistungsbereitschaft heraus, und gerade das sei bei unseren heutigen leistungsverweigernden Schülern besonders wichtig. Sport gäbe der Schule die Möglichkeit, sich noch mehr in die Gesellschaft zu integrieren, man könnte Mannschaften und Einzelkämpfer verstärkt in Wettkämpfe schicken. Und nicht nur Schülermannschaften, auch Lehrer könnten ihre sportlichen Leistungen verstärkt in der Öffentlichkeit darstellen. Der Sport fördere den Mannschafts- und Kameradschaftsgeist, und auch das wäre wichtig, weil gerade dadurch gefährdete Schüler – vor allem gefährdete Einzelgänger – sozial aufgefangen werden könnten. Der Sport würde ihnen Halt geben, Selbstwertgefühl, Leistungsbereitschaft ..., Leistungsbereitschaft ..., Leistungsbereitschaft ..., Leistungsbereitschaft ..., Leistungsbereitschaft ...

Der gesunde und natürliche Wettkampfgeist der jungen Menschen würde geweckt werden. Er würde sie bewahren vor körperlicher und schließlich auch psychischer Verweichlichung. Sport – so hieß es – würde ja auch Werte vermitteln: Teamgeist, Verantwortung für die Mannschaft, Zurückstehen im Interesse der Mannschaft, Einsatzbereitschaft. Das wären doch alles Tugenden, die in der heutigen Zeit so wichtig wären wie noch nie.

Und dann kamen da noch unvermeidlich von einem weiteren dieser Wichtigtuer die Hinweise auf die kompensatorische Bedeutung des Sports. So könnten Schüler, die in den akademischen Fächern schlecht wären, im Sport durch gute Leistungen ihr Selbstwertgefühl wieder aufpäppeln, sich hier die Anerkennung durch die Klassenkameraden holen, die andere eben in anderen Fächern erwerben.

Die Fensterseite begann, die Konferenz mit Argumenten für die Sportschule zu bombardieren.Es waren selten wirklich neue Gesichtspunkte eingebracht worden. Man peitschte mit den üblichen Wendungen ein. Niebergall hatte Mühe zu ordnen. Man sah ihm aber an, daß er mit dem Verlauf der Konferenz zufrieden war. Die Wortmeldungen überschlugen sich. Aber es gab nie Widerspruch, nur zustimmende bestätigende Beiträge. Die Phase der Einpeitschung zog sich in die Länge. Ein letzter Beitrag von der Fensterseite sollte noch zugelassen werden.

„Ich schlage vor, daß sich unsere Schule das Motto gibt: Orandum est, ut sit mens sana in corpore sano.“

„Ist das wieder was mit Resi?“ wurde von irgend jemandem gefragt.

Vorsichtiges Lächeln von hinten links. Aber die Sache war –scheinbar zu ernst – zu bierernst –, zu wenig geeignet, Heiterkeit aufkommen zu lassen.

Die Begeisterung der Sportfans unter den Lehrern war so groß und so überschwenglich, daß Niebergall das vorgeschlagene Sportprofil schon nicht mehr in Frage stellen wollte. Für ihn war es ersichtlich, daß die überzeugende Mehrheit des Kollegiums eine Entwicklung der Schule in diese Richtung wünschte. Schließlich fragte er aber doch – mehr der Form wegen -, ob es denn im Kollegium noch andere Vorschläge für eine Schulprofilierung gäbe. Eine längere Pause entstand. Die Kolleginnen und Kollegen der Fensterseite blickten siegesgewiß in die Runde. Da meldete sich eine ältere Kollegin, die von allen nur liebevoll Bruni genannt wurde.

„Liebe Kolleginnen und Kollegen, nicht daß sie denken, ich hätte etwas gegen den Sport."

Ein leicht vernehmlich spöttisches und abfälliges Grinsen und Gemurmel konnte man von der Fensterseite hören. Die Kollegin war füllig, sprach während der Pausen im Lehrerzimmer gerne von ihren Gewichtsproblemen und ihren vielen Diäten, die ihr in den letzten Jahren alle nichts eingebracht hätten. Vor allem war sie alles andere als sportlich.

„Mir ist die Bedeutung des Sports für unsere heutige Jugend sehr wohl klar. Aber ich denke, daß man die Dinge auch übertreiben kann. Unsere Schüler haben in der Woche vier Stunden Sport. Die meisten sind noch außerhalb der Schule in einem Sportverein aktiv. Die es nicht sind, hätten aber die Möglichkeit, sich dort einzubringen, wenn sie es tatsächlich wollten. Sie wollen eben nicht noch mehr Sport. Das muß man auch gelten lassen. Die Fußballer trainieren zwei- bis dreimal wöchentlich. Dann haben sie noch ihr wöchentliches Spiel. Das alles zusätzlich zu vier Stunden Schulsport. Das kann doch genug sein. Warum diese maßlose Übertreibung? Gut, Sport mag wichtig sein heutzutage. Aber wir sollten ihn im Interesse unserer Schüler nicht überbetonen. Die Arbeitswelt sieht anders aus. Ich war – wie Sie alle wissen – in den letzten Ferien bei einer Freundin und Kollegin in Namibia. Nun ja, da geht es noch ein bißchen deutsch-kaiserlich zu. Da haben alle Schulen seit jeher so eine Art Motto. Diese ganze Profilgeschichte ist ja nicht so neu, wie man hier tut. Jedenfalls, über der Pforte einer Schule habe ich gelesen: Singen – Spielen – Lernen – Forschen. Sie mögen sagen, daß das alter Schnee sei. Habe ich anfangs auch gedacht. Aber – wenn man dieses Motto einmal genau bedenkt und sich vor allem auch die Reihenfolge dieser Aktivitäten betrachtet, kommt man zu ganz anderen Schlüssen. Ich möchte dieses Motto zur Diskussion stellen. Und, liebe Kolleginnen und Kollegen, Ihr Sport in Ehren, er wäre hier ja auch berücksichtigt, wenn Sie das Wort spielen betrachten, nur daß hier eben auch andere schulische Aktivitäten angesprochen werden."

Ein Lächeln ging durch die Konferenz. Nur Felix klopfte Beifall. Da meldete sich gleich wieder einer von den Schnellschießern und Niedermachern der Fensterseite.

„Liebe Kollegin, ich darf Sie da aufklären. Sport ist heute nicht einfach nur so herumspielen. Das ist so eher Grundschulpädagogik. Sport bedeutet heute auch kämpfen. Seine Grenzen erfahren durch Kampf um Leistung. Ich denke, daß das heute gelernt werden muß, wenn unsere Schüler in der Leistungsgesellschaft bestehen sollen. Das Wort kämpfen fehlt in ihrem Motto, und das ist es, was den heutigen Sport auszeichnen muß. Kämpfen und Wettbewerb."

Einige von der Fensterseite klopften Beifall, nicht alle allerdings.

„Und wenn ich fragen darf, wie soll diese sportliche Profilierung unserer Schule denn in der Praxis aussehen? Das würde doch hauptsächlich den Sportunterricht berühren." Die Kollegin wollte sich noch nicht so einfach geschlagen geben.

Ein besserwisserisches Raunen ging durch die Reihe der Fensterseite. Es meldeten sich gleich mehrere Kollegen zu Wort.

„Herr Marz, ich denke, Sie haben sich zuerst gemeldet."

„Schulprofilierung im Bereich Sport, das muß man gleich ganz klar herausstellen, meint nicht nur den Sportunterricht selbst. Nein, das ganze Schulleben und die Inhalte der Fächer sollten sich weitgehend an sportlichen Themen orientieren: Im Geschichtsunterricht könnten Themen zum Sport in den verschiedensten Zeitepochen aufgegriffen werden."

„In Längsschnittprofilen gewissermaßen!" ergänzte einer der Schlaumeier der Fensterseite fachkundig. „Ich möchte dich aber nicht unterbrechen", meinte er dann wieder zu seinem Kollegen.

„Im Englischunterricht kann die Entwicklung des Sports in den englischsprachigen Ländern behandelt werden, bei dir, Bruni, im Biologieunterricht ginge es beispielsweise um die sportrelevanten anatomischen Fragen. Das Schulleben könnte geprägt sein durch Meisterschaften, Schulolympiaden, sportliche Wettkämpfe mit Partnerschulen. Solche Dinge haben wir im Blick, wenn wir von Profilierung reden."

Aus einer Ecke war ein brummeliges ‚Gute Nacht' zu vernehmen. Man kümmerte sich aber nicht darum.

„Und dann noch die Lehrermeisterschaften. Die wären eine gute Möglichkeit, das Image unserer Schule und ihrer Lehrerschaft in der Öffentlichkeit aufzubessern."

„Dringend nötig!", rief einer der Kollegen von der Fensterseite engagiert dazwischen. „Dringend!"

Ein Moment Stille.

„Gibt es noch irgendwelche Vorschläge zum Thema Schulprofilierung?"

Wieder hatte man das Gefühl, daß Niebergall diese Frage nur aus formalen Gründen gestellt hatte. Es war zu offensichtlich, wie die Sache ausgehen würde. Da meldete sich Felix zu Wort. Er redete langsam, bedächtig, sogar mit einem gewissen Pathos.

„Liebe Kolleginnen und Kollegen, ich möchte niemandem hier zu nahetreten. Aber ich möchte auch ehrlich sein. Ich habe selten in meinem Leben irgendwo soviel Unsinn gehört wie heute in dieser Konferenz."

Ein kurzes Räuspern. Felix sprach unsicher, mit zittriger, belegter Stimme. Seine Sicherheit in pädagogischen Fragen hatte er seit damals – seit ‚Sag mir, wo die Blumen sind' – verloren. Er redete nur, weil ein tiefes inneres Gefühl ihm sagte, daß er hier nicht schweigen dürfte. Und doch klang er irgendwie entschlossen:

„Alles, was Sie hier bisher über den Sport gesagt haben, ist aus meiner Sicht moderne populistische Spinnerei.

Nichts hält ernsthaft-pädagogischen Betrachtungen wirklich stand. Sie reden von der Wichtigkeit des Wettbewerbs. Haben sie überhaupt eine Ahnung, was dieser ewige Wettbewerb in den Gesellschaften der Menschheit anrichtet? Sie reden von der Leistungsgesellschaft, von der Arbeitswelt. Sie kennen sie doch gar nicht. Sie kennen doch nur Schule. Sie waren im Kindergarten, in der Grundschule, im Gymnasium, auf der Universität, und jetzt sind Sie als Lehrer wieder in der Schule. Sie haben nur die Seite gewechselt. Für Sie ist doch das ganze Leben nur sportliches Spiel und ein Leben mit Zensuren gewesen, ein Leben zwischen den Noten eins und sechs. Und da waren Sie immer auf der Seite der Erfolgreichen, sonst wären Sie ja nicht Lehrer geworden. Was wissen Sie davon, was die Erfolglosen in dieser Leistungsgesellschaft mitmachen. Sie werden erdrückt, erschlagen, zerquetscht, vernichtet von den sogenannten Tüchtigen. Ich kenne die von ihnen so hochgejubelte Leistungsgesellschaft. Ich weiß, wovon ich rede. Ich habe sie acht Jahre durchlitten. Und je mehr Sie unsere Schüler immer noch mehr auf Wettbewerb und Leistungsorientierung konditionieren, desto erbarmungsloser wird diese Leistungsgesellschaft. Das ist ein Automatismus, ein sich verselbständigendes Prinzip. Ich möchte aus dieser Konferenz kein Seminar machen, ich möchte auch nicht zu lange reden. Ich möchte nur folgendes festhalten: Unsere Schüler haben in der Schule Wettbewerb genug. Sie konkurrieren mit ihren Klassenkameraden um Zensuren, um Ansehen in der Gruppe, um Achtung bei ihren Lehrern und um vieles mehr. Nicht wenige kämpfen verbissen um gute Noten, weil sie sich nur noch so die Liebe ihrer Eltern erkaufen können. Arme Welt! – Ein noch weiteres Anheizen von Wettbewerb halte ich für unverantwortbar. Sie würden die Starken noch stärker machen und die Schwachen noch schwächer und hilfloser. Ihre irgendwo auswendig gelernte und unkritisch nachgeplapperte Kompensationstheorie, wonach der akademisch Schwache mit sportlichen Leistungen kompensieren kann, ist – so verallgemeinert – ein ausgekochter Blödsinn, der jeder Grundlage entbehrt."

Abfälliges Gemurmel von der Fensterseite.

„Aber die Praxis, Herr Kollege", versuchte da einer von der Fensterseite einzuwerfen. Aber Felix ließ ihm keine Chance: Er hatte das Wort, er hatte sich eingeschossen, er legte los:

„Außerdem hat die Schule heute noch ganz andere Aufgaben als nur immer Leistung einzufordern. Wie bitte, meine lieben Kolleginnen und Kollegen, wollen Sie denn Mitmenschlichkeit, Sensibilität für die Not der anderen, Verständnis für die Natur, Friedenserziehung, ästhetisches Empfinden, Herzensgüte, Achtung und Ehrfurcht vor der Würde des Menschen, usw. usw. im Wettbewerb trainieren? Gehen Sie einmal ein bißchen in die Geschichte. Was war denn der Erste Weltkrieg? Er war ein reiner Wettbewerbskrieg. Seine tieferen Ursachen liegen in den unmenschlichen Wettbewerbsorientierungen der damaligen Schulen für die Oberschichten der beteiligten Länder. Da hatte man den Kindern der feinen Leute in ihren Nobelschulen so absurde Denkmuster verpaßt. Keine Schwäche zeigen, immer nur der Starke, der Überlegene sein, keine Gnade für den Konkurrenten. Jeder fürchtete nur um sein Prestige und hatte Angst, daß der andere irgendwelche noch so lächerlichen Vorteile irgendwo haben könnte."

„Nun gehen sie aber zu weit", meinte Niebergall lakonisch.

„Gehe ich nicht!" erwiderte Felix ungewöhnlich energisch. „Ich will es kurz machen. Wer kritisiert, muß auch selbst konstruktiv sein. Ich mache deshalb einen Gegenvorschlag, obwohl mir das Motto meiner lieben Kollegin gut gefallen würde. Da gab es einen bedeutenden Mann, der sich auch einmal über Erziehung geäußert hat. Ich möchte ihn zitieren. Er hat geschrieben: Grundlage und Ziel jeder Erziehung müssen Achtung und Ehrfurcht vor dem Leben und allem Lebendigen sein. Ich halte dieses Zitat für das beste Motto, das sich eine Schule heute angesichts der erschreckenden Frontalangriffe auf das Leben – auch von der Seite des Sports – geben kann. Gleichzeitig würde ich als Schulnamen den Namen des Mannes vorschlagen, von dem dieses Zitat stammt: Albert Schweitzer."

Die Fensterseite war schon lange voller Ungeduld. Niebergall hatte wieder Schwierigkeiten, die Reihenfolge der Wortmeldungen festzulegen. Da war wieder dieser Marz, ein ganz junger Mann, ein Hitzkopf, der sehr von sich überzeugt war. Als Lehrer war er aber eigentlich noch sehr unerfahren. Er war ein fanatischer Sportler, der meinte, bei seinen Schülern super anzukommen, und er bemerkte gar nie, wie unbeliebt er tatsächlich war.

„Herr Kollege Niesner", für Felix klang das merkwürdig, als ihn dieser junge Bursche mit Kollege ansprach, „ich darf Ihnen da heftig widersprechen.

Gerade wir Sportler, die wir den Wettkampf suchen und geübt darin sind, auch Niederlagen einzustecken, den Mannschaftskameraden zu akzeptieren, dem Gegner gegenüber fair zu sein und nach dem Spiel mit ihm ganz freundschaftlich ein Bier zu trinken, wir sind besser gerüstet – davon bin ich ganz fest überzeugt –, in der Leistungsgesellschaft und auch in der Arbeitswelt unseren Mann beziehungsweise unsere Frau zu stehen."

Felix bat Niebergall, gleich unmittelbar darauf antworten zu dürfen.

„Herr Kollege, Sie wissen ganz genau, wer bei unserem jährlichen Lehrer-Schüler-Fußball regelmäßig die Tore schießt. Sie haben noch keines geschossen. Ich schon viele. Sie dürfen nicht so tun, als würde ich den unzweifelhaft vorhandenen erzieherischen Wert des Sports nicht kennen. Aber im Gegensatz zu Ihnen allen kenne ich auch die Arbeitswelt und ihren Leistungsdruck. Das Leben ist kein Fußballspiel, kein sportliches Sichmessen. Das geht an die Grenzen der Sklaverei. Das dürfen Sie mir glauben. Ich will hier nicht den weisen und überlegenen Älteren spielen, der alles besser weiß. Aber wer diese Leistungsgesellschaft kennengelernt hat, der weiß, wie unsinnig das ist, was sie hier vertreten. Wenn jemand, dessen Leben sich immer nur in einer Notenskala – und da vermutlich immer nur im oberen Drittel – ausgedrückt hat, dessen Lebensprüfstand immer nur die Bundesjugendspiele und sonstiger Unsinn waren, meint, die Arbeitswelt zu kennen, der macht sich einfach lächerlich."

Arrogantes Buhen und Grinsen von der Fensterseite. Niebergall hatte einen der etwas gemäßigteren Kollegen aufgerufen.

„Vielleicht können wir diese Frage sowieso nicht klären. Ich möchte darum mehr auf Ihren Vorschlag zur Schulprofilierung eingehen. Diese Sache mit der Achtung und Ehrfurcht vor dem Leben scheint mir – ehrlich gesagt – ein bißchen altmodisch und unzeitgemäß. In unserer Gesellschaft haben alle Menschen Achtung vor dem Leben. Wir leben nicht in einem Staat mit Folter, Gewalttätigkeit, Korruption und Mord und Totschlag. Das würde hier doch gar niemand verstehen. Nehmen Sie mir das nicht übel. Ich empfinde das als grünes Gespinne, das wir gerade hier bei unserer Abgeordneten nicht brauchen können."

Heftiges Klopfen auf den Tischen von der Fensterseite. Die Konferenz nahm ihren Fortgang. Die Sportseite erging sich in immer neu formulierten alten Argumenten für das Sportprofil der Schule. Bruni und Felix hielten lange dagegen. Und da gab es auch eine gleichgültige, schweigende Gruppe, deren Mitglieder eher dadurch auffielen, daß sie häufiger auf die Uhr schauten. Schließlich meinte ein Kollege, daß die Mehrheitsverhältnisse doch auf der Hand lägen. Der Schulleiter sollte endlich eine Abstimmung herbeiführen und dem Kollegen Niesner nicht gestatten, die ganze Sache durch sein Gelabere in die Länge zu ziehen. Wieder heftiges zustimmendes Tischeklopfen von der Fensterseite.

Das Kollegium stimmte schließlich ab und sprach sich mit großer Mehrheit für das neue Sportprofil der Schule aus. Niebergall drückte in seinem Schlußwort seine Freude darüber aus, daß so rege und engagiert – wenn auch manchmal kontrovers, aber das müßte ja in einer so wichtigen Frage so sein – diskutiert wurde und wünschte allen Kolleginnen und Kollegen viel Freude und gutes Gelingen bei der Umsetzung des neuen Profils der Realschule Plönstorf. Danach ging man forsch auseinander.

Gleich am nächsten Morgen war Felix bei Schulleiter Niebergall vorstellig geworden. Er war aufgeregt, innerlich aufgewühlt, wie ihn Niebergall nie vorher gesehen hatte. Er hatte ihm erklärt, daß er ihn dringend dienstlich sprechen müßte. Niebergall – ganz dem zeitüblichen, saloppen, modernen Führungsstil verpflichtet – bat ihn, ungezwungen loszuschießen. Die umstehenden Kollegen wären ja keine Fremden und könnten doch ruhig mithören.

„Nein, Herr Niebergall, ich wünsche ein persönliches Gespräch unter vier Augen", hatte Felix energisch gefordert. „Ihre Treppenhauskonferenzen ‚on the side line' können Sie sich bei mir sparen!"

Schulleiter Niebergall war verdattert.

„Ich verstehe. Gehen wir also in mein Zimmer", sagte er schließlich.

Und nun legte Felix los. Niebergall wüßte, daß er in all den Jahren ein korrekter und loyaler Kollege gewesen sei, nie ein Mann der Renitenz oder Aufsässigkeit. Nie ein Nörgler, immer hilfsbereit. Im Falle der Frage der Schulprofilierung hielte er aber die Entscheidung des Kollegiums für pädagogisch unverantwortlich. Die Schule könnte von ihm in dieser Frage keinerlei Loyalität erwarten.

„Aber Herr Niesner. Dies war eine demokratische Entscheidung. Ich denke, daß man solche Entscheidungen akzeptieren muß, sich der Mehrheit ... Für mich ist das in einer demokratischen Schule nur recht und billig.“

„Recht und billig!“ brauste Felix auf. „Recht und billig. Ich sage Ihnen, was das ist. Reiner Egoismus ist das. Nur weil im Kollegium zufällig so viele sportbegeisterte Kollegen sitzen, Kollegen, die sich ja auch gerne selbst sportlich hervortun wollen, sollen nun ganze Schülergenerationen mit diesem Unfug terrorisiert werden.“

„Nun mal langsam, Niesner.“

„Gegen ihren Willen.“

„Aber Herr Niesner, Sie singen auch gerne. Und Sie tun das, weil Sie es gerne tun, auch mit ihren Schülern.“

„Aber nicht gegen deren Willen.“

Schulleiter Niebergall überlegte.

„Langsam“, meinte er.

„Gar nicht langsam. Fragen Sie doch die Schüler. Die sind doch nicht dumm. Praktizieren Sie doch mal Basisdemokratie. Fragen Sie doch mal die Schüler nach einem Motto. Lassen Sie sie doch Vorschläge einbringen.“

„Schüler gehen, Lehrer bleiben. Eine Schülerentscheidung wäre im Sinne der Kontinuität undemokratisch.“

„Ja, eine Schülerentscheidung. Aber es gäbe doch gar keine Schülerentscheidung. Nie würde sich eine Minderheit von einer Mehrheit so tiefe Eingriffe in die ganz persönlichen Belange jedes einzelnen gefallen lassen. Ich sage nur: Wo Recht zu Unrecht wird, wird Widerstand zur Pflicht. Das – das – das.“

Felix stand mit hochrotem Kopf da und wußte nicht mehr weiter.

„Was das?“ fragte Schulleiter Niebergall ernst.

„Das steht auch in unserem Beamtengesetz, natürlich nicht so prägnant. Aber da ist ganz klar von einer Widerstandspflicht die Rede bei Bedenken gegen die Rechtmäßigkeit einer übergeordneten Anweisung.“

„Aber Herr Niesner ...“, erwiderte Schulleiter Niebergall energisch. Er wollte noch etwas sagen, sich um Versöhnlichkeit bemühen, über einen Kompromiß reden. Aber da war der Kollege Niesner schon verschwunden.

Über die Umsetzung des Schulprofils ‚Sportschule‘ war von diesem Tag an mit Felix nie mehr zu reden gewesen. Für die Fensterseite der

Konferenzteilnehmer allerdings war das nie zum Hindernis geworden. Sie setzten um, was ‚demokratisch' beschlossen worden war. Pädagogik hin oder her. Bedauern wurde nur darüber ausgedrückt, daß Felix von diesem Zeitpunkt an nie wieder für das Lehrer-Schüler-Fußballmatch am Ende des Schuljahres zur Verfügung stand.

26.

Der Wald in Mecklenburg war anders als anderswo. Er war von einmaliger Schönheit – mecklenburgisch eben. Großflächig gestreute, mächtige Eichen, da und dort mal einige Buchen, dazwischen nur selten eine wenig aufragende Fichte. Das alles entwarf ein Waldstück von paradiesischer Pracht. Weit ausladende Baumkronen hatten sich im Wettlauf um Licht und Sonne ineinander verflochten. Überall drängten saftig grüne Blätter zum Licht, behaupteten sich, verdrängten andere, drückten ihnen sanftgrünliche Blässe, sogar gelbliche Ockerbräune auf, malten filigran gemusterte Blätterteppiche, sparten kein Stückchen freien Himmel aus, ließen nur wenige Sonnenstrahlen in scharfen hellen Strichen bis zum Boden herunter. Das grelle Sonnenlicht war unter den schwebenden Blätterschichten gedämpft wie durch eine Sonnenbrille, auch die sommerliche Hitze wurde von den Blättern zurückgehalten. Schütteres Strauchwerk und darunter dichtes Untergehölz bedeckten als untere Waldstockwerke den Boden, aber nicht so dicht, daß schwarzgrüne Moosflächen nicht mehr hätten durchschimmern können. Anemonen, dazwischen aufschießende Grasflecken, vereinzelt üppig wuchernde Waldblumen, wo die Sonne den Boden erreichte. Und manchmal die blendenden Spiegelreflexe einer herzlos weggeworfenen Coca-Cola-Flasche. Der schon heiß gewordene Septembertag sog die Feuchtigkeit aus dem Boden. Die Waldluft roch wäßrig frisch, angereichert mit phantastischen Moderdüften, die aus dem Boden hervorwölkten.

Alles war ruhig in diesem Kosmos, gab dem Herzen zeitlose Ewigkeit. Ehrfurcht lag über allem. Und dennoch war es nicht still in diesem Paradies von überschäumendem Leben. Ab und zu ein Piepsen und Zirpen, manchmal ein Flattern und Knistern von Ästen, fern das Rätschengehämmer eines Spechts. Irgendwo ganz in der Nähe sagte ein Eichelhäher ‚Achtung an alle!', Finken schlugen.

Wenn man lange genug in die Ruhe hineinstarrte, entdeckte man überall Leben und Betriebsamkeit. Ameisen krabbelten über den Federboden, Käfer mühten sich in Rindenritzen, Schmetterlinge besuchten Blumen. Bienen sammelten und summten, dumpfes Gebrumme von Hummeln, zwischen den Bäumen Flügelschlagen. Der Wald erging sich in ehrfürchtiger Umtriebigkeit und gab doch Ruhe, Beschaulichkeit, inneres Wiederfinden.

Der Wald war Philosophie, Heiterkeit und ernste Standhaftigkeit zugleich. Alles, was die Welt all denjenigen bieten konnte, denen sie das Wunder des Lebens geschenkt hatte, wurde hier sichtbar. Leben in all seinen Etappen und Äußerungsformen: aufwachsendes junges Leben, blühendes Leben, in Leidenschaften verglühend – sorgend, kämpfend, genießend, liebend, leidend, – Leben, das vergeht und weichen muß, seine Materie hergeben muß, sich zersetzen lassen muß, um wiederum zahllosen Wesen und Organismen neues Leben – Glück, Liebe, Freude, Schmerz, Leid – zu ermöglichen. Das alles war der Wald, ein einzigartiges Voneinander, Miteinander, Füreinander, Ineinander, Gegeneinander; ein Kosmos voller Lebensrastlosigkeit und doch ein Kosmos der Harmonie und der Stille. Nirgendwo hatte Felix solche Erquickung und Sammlung seiner Gedanken finden können als eben hier – im mecklenburgischen Wald.

Er stapfte hastig über den weichen Boden, stolperte manchmal über hervorspringende knorrige Wurzeln. Er ging immer schnell, wenn er nachdenken mußte, in seiner Seele Ordnung brauchte. Im schnellen Gang lag Schöpferkraft, nur so lockerten sich die geheimnisvollen Ströme seiner Phantasie. Nur so lösten sich die schmerzenden Seelenkrämpfe, die ihm das Leben immer wieder aufnötigte.

Für Amanda allerdings ging Felix noch zu langsam. Sie legte seine Wegstrecke vielfach zurück, indem sie ihm nicht geradewegs folgte, sondern in kleinen und großen Abschweifungen von seinem Wanderpfad. Amanda fand an Felix' Seite immer noch genügend Zeit, in weiten Schwüngen auszuschwärmen, alles genau abzuriechen, den Boden durchzuschnüffeln und immer auch mal Moos oder verfilztes Gras abzuschürfen, um zu sehen und zu kosten, was der Wald für sie bereithielt.

So gingen sie beide lange jeder auf seine Weise durch den Wald. Felix verkrampft, verzweifelnd in forschen Schritten, Amanda genießend. Ihre Waldstrecke bestand aus etwa drei Kilometern Einsamkeit. Zuerst hatte Felix die Strecke hastig durchschritten. Dann ging er zurück, schließlich machten sie wieder kehrt, und Felix wurde etwas langsamer. Amanda kannte das. Sie wußte, daß er jetzt zur großen Konzentration gekommen war. Seine Gedanken hatten sich endlich in eine Sache vertieft. Das kannte sie von ihren früheren Waldspaziergängen. Aber an diesem Sommertag war alles anders. Felix schien nervöser. Er wollte nicht zur Ruhe kommen.

Seine Gedanken flimmerten wild durcheinander, überblendeten, ließen sich nicht festhalten, streuten in alle Richtungen. Da ein Erinnerungsfetzen, der, kaum wahrgenommen, schon wieder verflogen war, verdrängt und weggewischt wurde durch eine andere Erinnerung. Sein Denken war durchsetzt von Filmrissen.

Nichts wollte zur Ruhe kommen, obwohl er alles schon intensiv mit Antje durchgeackert hatte. Aber was war das für ein Tag gewesen – gestern in Stralsund.

Dieser junge Mann, der ihn mit dem Messer bedroht hatte, fix und fertig, diese Gestalt, vom Leben gezeichnet, blaß und grau, das Gesicht faltendurchfurcht, verlebt, nur noch ein bedauernswertes Geschöpf – Filmriß – dieses Mädchen mit ihren schönen semmelblonden Haaren, engelgleich – mecklenburgisch –, das so herzzerreißend schön gesungen hatte – Filmriß – die Menschen, die begeistert zugehört hatten, mit großen Augen, Lachen, Freude, Klatschen – Filmriß – das Blut dieser beiden Menschen, das über den Geldhaufen auf dem Parkplatz nur so herunterrieselte – Blut und Geld – Filmriß – der junge Mann, der diese beiden Männer so eiskalt, so brutal und gnadenlos niedergeschlagen hatte, in vielleicht nur wenigen Sekunden zwei Menschen umgebracht hatte – Filmriß – die Menschen, die sofort verstanden hatten, was er ausdrücken wollte mit diesem ‚Sag mir, wo die Blumen sind‘ in allen möglichen Sprachen, ihre Ergriffenheit – Filmriß – dieser Schulrat Rapp, der genau diese Botschaft nicht verstehen wollte, ihn bis ins tiefste Herz getroffen und gedemütigt hatte – Filmriß – dieser Polizist, der pflichtbewußt ... – Filmriß – wenn dieser Verschluß des Gitarrenkastens nicht zufällig ... – Filmriß – die Nummer mit dem brennenden Rapier – Filmriß – diese gelungenen lebensnahen Erzählungen aus dem Feldlager Wallensteins – Filmriß – das Abführen dieses jungen Mannes, ein Elend, ein erbarmungswürdiges Elend –Filmriß – die Toten, die vor ihm lagen und er – ohne Empfindung – Filmriß ...

Felix' Schritte waren unregelmäßig, sie wollten nicht langsamer werden, wurden es schließlich für wenige Schritte, bis er wieder ordentlich zulegte.

Amanda tippelte schon ein längeres Stück an seiner Seite. Nicht, daß sie müde gewesen wäre und nach Hause gewollt hätte. Amanda war die Zeit im Wald nie zu lang. Es war auch nicht der Waldboden, dem sie womöglich keine Genüsse mehr hätte abgewinnen können. Amanda sorgte sich um Felix.

„Du möchtest heute nicht mit mir sprechen?" Sie ging so dicht an seiner Seite, daß ihr Körper beim Laufen seine Beine berührte. Aber nur ganz vorsichtig und ohne ihn zu behindern.

„Ich kann nicht, Amanda. Ich möchte schon. Ich müßte eigentlich. Aber ich kann nicht."

„Probleme mit Antje?

„Wieso denn Antje?"

„Na, ich habe euch beobachtet. Antje sorgt sich um dich. Sie liebt dich, und sie sorgt sich um dich."

„Ich weiß, Amanda. Sie befürchtet, daß ich diesen Tag in Stralsund nur schwer verkraften kann. Vielleicht hat sie sogar Angst, daß er auch für sie und mich zu einer Belastungsprobe werden könnte."

„Ist es so?"

„Das glaube ich nicht, Amanda. Aber ich habe an diesem Tag zu knabbern. Ich habe so schöne und so schlimme Dinge erlebt. Von einem Moment zum anderen, ohne Übergang, ohne Vorwarnung. Wie soll man damit leben?"

„Was war denn so schlimm?"

„Das ist ja das Problem. Das Schlimme war gar nicht so schlimm, wie es sein müßte. Und das eben verstehe ich nicht in mir."

Felix blieb stehen, stellte sich vor Amanda hin, beugte sich ein wenig zu ihr hinunter und redete mit wilden Gesten auf sie ein.

„Amanda, da hat mich dieser bedauernswerte kaputte Mensch bedroht, mit einem Messer. An dem, was kurz darauf passierte, kann man ablesen, wie ernst diese Bedrohung eigentlich war. Aber ich war innerlich ungerührt. Da gab es keinen Schock, kein tiefes Getroffensein, keine Angst. Ich war ganz ruhig. Und dann hat dieser Mann vor meinen Augen kaltblütig innerhalb von vielleicht Sekunden zwei Menschen umgebracht, eiskalt, brutal, grauenvoll. Einen Komplizen oder so etwas und einen Polizisten, der vielleicht Frau und Kinder zu Hause hat. Vor meinen Augen, Amanda. – Hat es mich gerührt? Hat es mich in tiefster Seele bewegt? Ich weiß es nicht. Normalerweise kann ich überhaupt kein Blut sehen. Wenn früher irgendwo ein Huhn geschlachtet wurde, bin ich immer davongelaufen. Hier strömte das Blut gewaltig über einen Haufen Münzgeld. Auch eine interessante Kombination: Geld und Blut. Das war alles, was ich in diesem Moment gedacht habe. Und das ist eben etwas, das ich nicht verstehe. Warum hat mich das nicht in tiefster Seele getroffen? So etwas muß einen doch aufwühlen, erschrecken, erschaudern lassen. – Am meisten beschäftigt mich noch immer dieser junge Mann, sein Elend, sein fertiges Aussehen und doch die Güte seiner Augen, wenn man durch die kaputte Fassade seines verlebten Gesichtes hindurchgesehen hatte. Wie entschlossen hatte er mich bedroht, und wie gleichgültig fatalistisch blickte er in die Welt, als ihn die beiden Polizisten abgeschleppt hatten? Was für ein bitteres Elend? Es beschäftigt und berührt mich, Amanda, daß mich das alles so wenig berührt hat."

„Es hat dich berührt, Felix. Es arbeitet und rumort in dir. Ich bemerke das an deinen Schritten. Es wird sich noch zeigen."

„Vielleicht. Weißt du, Amanda, als das alles ablief – es lief ja fix und ohne jede Beteiligung von mir vor meinen Augen ab – da war ich vielleicht noch viel zu sehr mit den Erlebnissen auf dem Rathausplatz beschäftigt. Für mich war das nicht einfach nur eine tolle Show, obwohl ich da ja ganz schön auf den Putz gehauen habe. Und so methodisch – richtig professionell – wie früher bei meinen Schülern. Erst die schillernde Welt des Feldlagerlebens, die einnehmende Romantik, die Heiterkeit und Unbeschwertheit der Soldaten, das Vagabundendasein der Landsknechte mit Zauberei und Feuerspucken und alldem Zeug. Dann die Bitterkeit und Härte des Krieges: Hunger, Kälte, Hitze, Pestilenz, Spießen, Stechen und Sterben. Und darin als dramatischen Höhepunkt die Frage nach dem Sinn. – Wann wird man je verstehen?"

„Du hast alle Menschen auf dem Platz zum Lachen und Weinen gebracht. Sie waren alle so gerührt. Du hast sie wirklich glücklich gemacht. Du hast in ihnen so viel in Erinnerung gebracht, so viel aufgewühlt." „Am meisten habe ich selbst geweint, Amanda. Inwendig. Als dieses Mädchen sang, konnte ich nur ein Stückchen die zweite Stimme halten – zaghaft und zittrig. Mir schlotterten die Knie, und es fuhr mir eiskalt bis in die Seele."

Felix wollte gerade umkehren, ihre Strecke wieder zurückgehen. Da blieb Amanda vor ihm stehen.

„Wir sollten noch die paar Meter bis zum Wasser gehen. Es ist sicher wunderschön am See."

„Wo soll denn hier ein See sein? – Ich sehe keinen."

„Das riecht man. Man riecht den See, die Schilfpflanzen, den Modergeruch des sumpfigen Wassers, ein bißchen Algenduft. Ich rieche sogar die Fische, wie sie schwimmen."

„Kann man das riechen, Amanda?"

„Man kann, wenn man Wildschwein ist und sensibel für diese Welt."

Sie gingen weiter. Es waren tatsächlich keine fünfzig Meter mehr zum See. Eigentlich war es nur ein größerer Teich. Aber er lag so herrlich in diesem Waldstück, daß man an das Paradies glauben mochte. Die Reflexionen der Sonnenstrahlen gaben grelles Licht. Das satte saftige Grün, das Gelb und Ocker der Schilfpflanzen entwickelte ungewöhnliche Leuchtkraft. Über den Schilfgewächsen standen flimmernd Libellen, warfen Licht und Farbe, als wären sie bunte Glasperlen. Nichts an diesem Teich erinnerte an menschliches Wirken. Hier war die Natur unberührt, seit Jahrhunderten – wie es schien – im Gleichklang mit sich selbst.

Felix sog das Panorama in tiefen Atemzügen ein, ließ die Bilder, die Düfte, die Sonnenwärme, die Stimmungen der Natur, die Melodien dieses Sommertages in sich hinein – Vogelgezwitscher, Piepsen, Zirpen, Summen in hohen und tiefen Tönen. Seine Seele öffnete sich. Die Hast seiner Gedanken verflog. Da war nichts mehr, was gedacht werden mußte in diesem Moment. Das Leben stand still. Alles Vergängliche schien aufgehoben. Menschliche Kümmernisse wurden klein, belanglos – kümmerlich eben. Es gab nur das gedankenlose Einsaugen dieser einzigartigen Kompositionen der Natur. Nie würde der Mensch diese Schönheit, diese vollkommene Harmonie des Seins verstehen, diese eigentlichen Geheimnisse der Welt lüften können. Er würde die Elemente auf dem Sezierbrett der Wissenschaft herausisolieren, ihre Teilfunktionen definieren, ein komplexes Ökosystem akribisch beschreiben. Das würde er können mit seinem Verstand. Aber das Ganze war mehr als nur Elemente, Funktionsmechanismen, Interdependenzen. Das Ganze hatte eine unergründliche Seele.

Felix setzte sich ins Gras, zupfte, sich selbst beruhigend, an einem Grashalm, zog ihn durch die Finger, daß die grünen Körnchen nach oben zusammengeschoben wurden. Amanda legte sich neben ihm ins Gras, stand wieder auf, wälzte sich im Gras eine Mulde zurecht, fletzte sich wieder hin, grunzte genüßlich. Zwei Wesen hielten inne, um Glück zu genießen.

Felix konnte nicht sagen, wie lange sie so weltentrückt im Gras gesessen und gelegen hatten – eins mit der Ewigkeit. Er summte ein Lied vor sich hin, ganz leise und verträumt. ‚Bright eyes‘. Er erinnerte sich, daß er einmal mit seinen Schülern für dieses Lied einen deutschen Text erarbeitet hatte. Wie lange war das schon her. Einige Schüler hatten ungeahnte Übersetzerkünste geoffenbart. Das war die Gruppe hinten links. Er sah sie noch in ihrem Klassenzimmer, wie sie ganz vertieft an diesem Text arbeiteten, um jedes Wörtchen rangen, sich den Vers immer wieder vorsagten und vorsangen, um die optimale Passung in die Melodie aufzuspüren und doch genau am Text zu bleiben. Poesievolle Arbeit mit der Poesie. Sie hatten einen text- und versmaßtreuen Refrain zusammengebastelt, der respektabel war. Und sie hatten ihn der Klasse vorgesungen:

Leben blüht in Sehnsucht nach Glück.

Leben glüht in Liebe und Haß, Freud und Leid.

Wie kann ein Herz, das brennt wie Feuer

Vergehen im Flug der Zeit?

Leben glüht.

Felix fühlte dieses blühende und glühende Leben in sich, und er spürte, wie diese Melodie zusammengeflossen war mit den einzigartigen Wahrnehmungen des Augenblicks. Seine Seele wurde offen und schmerzfrei, so unbeschwert und leicht wie nie wieder seit seinen frühesten Kindertagen. Leben glüht.

Und dann war es Amanda, die Felix wieder in die Erinnerung an den Rathausplatz in Stralsund zurückholte.

„Dieses letzte Lied ist dir schwer aus der Kehle geflossen. Du mußtest mehrmals mit deinem Intro beginnen. Und dann dieses Verlegenheits-räuspern. Das gibt es sonst nie bei dir. Sonst schlägst du einen Akkord an und hast deinen Ton."

„Amanda, ich bin so glücklich, daß ich dieses Lied überhaupt singen konnte. Es war wie das Zerbrechen eines massiven Eisberges. Explodie-rendes Krachen, Bersten, Poltern, Rollen, Schmettern, Donnern, Tosen. Das alles gab es in diesem Augenblick in mir. Ich habe dieses Lied seit damals nie wieder gesungen. Ich konnte nicht."

„Seit damals?"

„Es ist schon lange her. Ich hatte dieses Lied in einer Schulklasse be-handelt – mit der ganzen pädagogischen Professionalität, die man sich denken kann."

Felix machte eine Pause.

„Naja, auch so 'ne Sache. Was ist schon pädagogische Professionali-tät? Jedenfalls hatte ich damals dieses Lied im Unterricht behandelt. Mein Schulrat, dieser Rapp, den wir alle liebevoll Rappy nennen, war zur Beurteilungsvisitation gekommen. Weißt du, Lehrer müssen alle vier Jahre beurteilt werden. Ich hatte alles in diese Stunde hineingelegt: Textaufbau, Texterschließung, Textinterpretation, Liedform und all das. Wir hatten das Lied gesungen, auch auf die internationale Verbreitung war ich eingegangen. So wie in Stralsund. Wir hatten uns Beispiele in verschiedenen Sprachen angehört. Die Schüler waren wunderbar. So wie die Menschen auf dem Platz in Stralsund. Sie hatten auch ganz von selbst die Hintergründe der internationalen Verbreitung aufgespürt, hat-ten mit dem Verstand und dem Herzen begriffen, daß das Lied einen Schicksalskreislauf der Menschheit beschreibt und mit der Frage ‚Wann wird man je versteh'n?' einen Traum, eine Vision aller Menschen aller Sprachen und Völker ausdrückte – eben so wie in Stralsund. Es war, um es ganz kurz zu sagen, eine runde Sache, vielleicht die beste Unter-richtsstunde, die mir je in meinem Leben gelungen ist."

„Nachdem, was ich miterlebt habe, kann ich mir das vorstellen."

„Nein Amanda, das kann man sich nicht vorstellen. Die Stunde war nach Ansicht meines Schulrates eine Katastrophe. Schon das Lied selbst sei politische Beeinflussung, meinte er. In Zeiten der Demonstrationen der Friedensbewegung, angesichts der Menschenketten in Mutlangen und all der gesellschaftszersetzenden friedenshysterischen Tendenzen der Gegenwart sei es unverantwortlich, mit Schülern ein solches Lied zu behandeln. Wo dieses Lied überhaupt herkäme? Und diese gefühlsduselnde Aufarbeitung, die jeder akademisch sachlichen Auseinandersetzung widerspreche. Und dann noch diese Sprache bei 16jährigen Kindern. ‚Männer nahmen sie geschwind‘. Und überhaupt, und überhaupt ... Wir brauchen heute den Lehrer, der streng sachorientiert Wissen vermittelt und sich nicht auf so gefährlichem infiltrierendem ideologischen Glatteis bewegt – und schon gar nicht so unreflektiert. Sachlich! Sachlich! Sachlich! Nicht den ideologischen Lehrmeister spielen, sondern Wissen vermitteln, und wenn man schon mal erzieherisch wirksam sein will, dann verantwortungsbewußt. So ungefähr waren seine Worte. Entsprechend fiel dann meine Beurteilung aus. Hätte ich für mich je eine Karriere geplant, wäre dies ihr Ende gewesen.“

„Aber das ist doch alles Schwachsinn.“

„Schwachsinn, Amanda, was ist das? Was glaubst du, aus wieviel Schwachsinn die Schule der Menschen besteht?“

„Dein Schulrat hätte da in Stralsund dabeisein sollen.“

„Schlimm war, Amanda, was ich seit diesem Tag mitgemacht habe – inwendig, verstehst du. Man ist nie im Leben so über alles erhaben, daß Kritik nicht verletzt. Mich hat sie damals unsicher gemacht. Ich habe damals angefangen, an mir, an meinen Qualitäten als Lehrer zu zweifeln. Ich habe mich über die Jahre gefragt, ob er nicht doch recht gehabt hatte, dieser Rapp. Vielleicht war doch alles schlecht. Vielleicht war meine Botschaft gar nicht so bei den Schülern angekommen? Vielleicht war es die falsche Botschaft, vielleicht die richtige zur falschen Zeit? Du kannst dir nicht vorstellen, an was man alles zweifelt, wenn man mal angefangen hat, an sich zu zweifeln. Man verzweifelt selbstzerstörerisch. Dieser Rapp mußte doch Gründe gehabt haben, mich so niederzumachen.“

„Aber er ist doch auch nur ein Mensch wie andere. Warum sollte er denn das alles so viel besser wissen als du?“

„Solche Fragen stellt man sich nicht. Er hatte mir klargemacht, daß ich ein pädagogischer Versager war. Ein Versager, verstehst du. Seit dem

Tod meiner Familie habe ich nur für die Schule und für meine Schüler gelebt. Jetzt war ich plötzlich ein staatlich beurkundeter Versager. Niemand auf der Welt kann sich vorstellen, was ich seit diesem Tag mit mir herumtrage. Ich bin eben ein Versager. Andere Kollegen spielen nachmittags Tennis, gehen abends zum Kegeln, stehen am nächsten Morgen in der Schule und sind super. Naturtalente eben. Ich versage. – Jedem das Seine."

„Aber das ist doch Quatsch."

„Amanda, bei uns Menschen gibt es viele Dinge, die so lange nicht Quatsch sind, solange sie uns nicht persönlich berühren. Wir nehmen sie nicht wahr. Erst wenn sie uns ..."

„Verstehe. Es tut mir weh, wenn du das alles so erzählst."

Amanda begann zu weinen. Felix streichelte ihr borstiges Fell, um sie zu trösten.

„Seit dieser Zeit habe ich dieses Lied nie wieder gesungen. Wenn ein neues Musikbuch für den Unterricht erschienen war, war meine erste Frage, ob wohl dieses Lied darin zu finden sei. Es ist in allen. Oft sogar mit Unterrichts- und Arbeitshinweisen, die man bei mir hätte abschreiben können. Verstehst du, Amanda, was es für mich bedeutet hat, nach diesen Erlebnissen wieder dieses Lied zu singen?"

„Ich verstehe, Felix."

„Und dann noch zu erleben, wie die Menschen spontan begriffen ..." Felix hatte Tränen im Gesicht.

„Und dieses Mädchen, wie sie das Lied in Russisch gesungen hatte. Als wollte sie noch eins draufsetzen. Es hat mich bis in die tiefsten Gründe meiner Seele berührt. Nichts auf dieser Welt kann Menschen so tief erschüttern wie die Kunst. Die Kunst zeichnet das wahre Leben. Ich hätte ohnmächtig werden können in diesem Moment."

Amanda preßte sich fest an Felix' Seite. Rubbelte tröstend ihren Kopf an seinem Körper.

„Nun verstehst du auch, warum ich von der Schule einfach abgehauen bin. Es reichte eben jede Kleinigkeit – noch so unwichtig. Gerade hatte ich mich wieder ein bißchen gefangen – nach Jahren -, da sollte ich meinen Unterricht überprüfen wegen diesem Klüger, diesem Trottel. Er ist ein wirklicher Versager."

Wieder rubbelte Amanda ihren Körper an Felix.

„Kannst du das nicht einfach alles vergessen? – Ich meine, die Schule geht dich doch gar nichts mehr an? – Jetzt, wo du bei Antje bist".

„Unser Leben ist komplizierter, Amanda. Ich habe auf dem Platz in Stralsund mein Selbstbewußtsein, mein inneres eigenes Ich, wiedergefunden. Jetzt wäre ich wieder gewappnet für die Schule."

Amanda sprang auf. Blitzschnell war sie auf den Beinen.

„Felix, du willst doch nicht etwa wieder zurück. Denke an Antje, denk doch auch mal an mich", schrie sie entsetzt in die Stille des Waldes.

„Amanda, du verstehst das Leben der Menschen nicht. Wir müssen doch auch von etwas leben. Wir müssen Geld verdienen."

„Ich verstehe euer Menschenleben ganz gut. Diese Fernsehleute haben dir einen Vertrag in die Hand gedrückt. Glaube ja nicht, daß ich dumm bin. Du hast eine Woche Zeit zum Unterschreiben. Eine Woche. Und es ist ein Fünfjahresvertrag. Und du verdienst dort besser als in der Schule."

Amanda wurde energisch. Sie ließ Felix nicht zu Wort kommen.

„Keine Ausreden. Ich bin ein Wildschwein. Ich bin nicht dumm. Ich habe das alles mitbekommen."

Jetzt waren sie beide wieder auf den Beinen, machten sich wieder auf den Weg. Drei Kilometer zurück zum Auto. Eine ausreichende Zeit, alles nochmals und nochmals genau durchzusprechen, nach allen Seiten hin abzuwägen. Manchmal klang ihre Unterhaltung ein bißchen wie Streit, dann ging es wieder ein Stückchen moderater zu.

„Das sage ich dir, Felix, als Wildschwein habe ich den besseren Instinkt. Sie werden nie aussterben, eure Rapps und Klügers und Brunnhubers und Niebergalls und wie sie alle heißen. Sie werden dich immer in die Pfanne hauen, immer unterbuttern. So ist nämlich die Welt nicht nur bei euch Menschen. Die Dummen und Trottel haben einen feinen Instinkt für die Könner. Und die buttern sie immer unter, lassen sie nicht hochkommen, wollen sie sich als ihre Lakaien halten."

„In meinem Falle übertreibst du. Im Prinzip hast du vielleicht recht."

„Natürlich habe ich recht! Und da gibt es noch andere Bedürfnisse. Menschen brauchen immer ihre Jagderlebnisse. Das hat sie ja so mächtig gemacht. Ihr Hunger nach Jagd und Siegen. Sie müssen sich immer beweisen, daß sie größer, besser, schöner und bedeutender sind als andere. Sie haben immer das Bedürfnis, zu ihrer Selbstbestätigung andere niederzumachen. Aber du bist ja nicht zu überzeugen. Gut. Dann geh du zurück in deine Schule. Es wird nicht lange dauern, und du wirst wieder zu uns kommen."

„Wieso zu uns?"

„Zu Antje und mir. Ich bleibe bei Antje. Ich bleibe da, wo wir beide hingehören."

„Ich will ja auch mit Antje zusammenbleiben. Aber vielleicht in ..."

„Daraus wird nichts."

Langes Schweigen.

„Es kränkt mich schon ein bißchen, daß du so einfach von mir weggehen kannst", sagte Amanda, und dann war sie auf einmal wieder ganz Schwein, das die menschliche Sprache nicht verstand und sie auch nicht sprechen konnte.

‚Leben glüht!' tickte es in Felix.

27

Siebtes Telephonat.

„Hallo, Niebergall, sind Sie's?"

„Ja, Herr Rapp, hier wieder mal Realschule Plönstorf."

„Was gibt's, Niebergall. Gibt's was Neues? Ist er aufgetaucht? Haben Sie ihn gesehen in der Wiederholungssendung? Ich habe mir das noch mal angesehen. Ich bin ganz sicher, daß das unser Niesner ist. War ja mächtig beeindruckt. Hätte nie gedacht, daß wir solche Leute in der Schule haben!"

„Leider haben nicht nur Sie ihn gesehen."

„Was soll das heißen, Niebergall, leider?"

Niebergall sprach hastig weiter.

„Eigentlich müßten Sie es schon fast durchs Telephon hören können. Unsere Schule steht auf dem Kopf. Es geht hier drunter und drüber. Ich würde sie fast bitten, hierher zu kommen, um mit den Schülern zu reden."

„Wie, Niebergall, mit den Schülern reden? Was soll das denn?"

„Lassen Sie sich's erzählen."

„Quatsch, mit den Schülern reden. Niebergall, das ist doch ihre Sache. "

„Weiß ich, Herr Rapp. Aber lassen Sie sich das alles erzählen. Der Unterricht wurde heute ganz normal begonnen, so wie immer. Die ersten zwei Stunden liefen ohne Zwischenfälle. Aber dann kam die große Pause. Die Schüler stellten sich im Hof in Zweierreihen auf, ganz diszipliniert. Einige haben Gitarren, andere Flöten, auch eine Trompete ist dabei, viele Klopfinstrumente, Trommeln – richtige Landsknechtstrommeln. Kein Mensch weiß, wo die herkommen. Jedenfalls ging's dann los. Die ganze Schülerschaft marschiert seit der Zehnuhrpause durchs Haus, durchs Lehrerzimmer, durchs Rektorat, durchs Sekretariat und immer wieder hinunter in die große Pausenhalle. Da bleiben sie dann stehen und fangen an zu singen:

„Where has our Niesner gone, long time passing? Where has our Niesner gone, long time ago?"

„Was, das singen die?"

„Ja, und die Strophe geht noch weiter. Nur kann ich das in Englisch nicht so gut sagen."

„Lassen Sie hören, Niebergall."

„Naja. Where has our Niesner gone? We'd like to ask you, everyone. When will you ever learn, when will you ever learn? Ganz laut. Können Sie das verstehen Herr Rapp? – Herr Rapp, es ist schrecklich."

„Verbieten! Verbieten!"

„Ja, wenn das so einfach wäre. Aufforderungen über die Lautsprecheranlage, Gespräche mit einzelnen Schülern, mit Klassen, mit kleinen Gruppen. Alles zwecklos."

„Verbieten! Schule schließen, Niebergall!"

„Herr Rapp, das geht alles nicht. Vor einer halben Stunde wollte eine Delegation mit mir sprechen. Ich habe sie hereingelassen. Sie wollten von mir eine klare Auskunft haben, wo ihr Lehrer Niesner sei. Warum er nicht mehr an der Schule sei? Was los sei?"

„Und, was haben sie denn erzählt? Die haben doch nichts zu fragen, Niebergall. Das wird ja immer noch schöner."

„Es war zwecklos, irgend etwas zu erzählen. Die Schüler erklärten mir, daß sie nicht so dumm seien, wie sie die Lehrer gerne hätten. Sie hätten Niesner im Fernsehen gesehen – in Mecklenburg als Landsknecht, Straßensänger und Zauberkünstler. Er sei phantastisch gewesen. So wie eben immer. A real good show, meinten sie. Neu sei nur das Wildschwein gewesen. So ganz neu auch nicht. In der Schule hatte er ja immer seinen Murphy dabei. Sie wollten sich nicht abspeisen lassen. Sie wüßten genau, was an dieser Schule los sei. Da hätte man mal einen vernünftigen Lehrer gehabt und den hätte man loswerden wollen. Jetzt hätte man es ja endlich geschafft."

„Frechheit. Was diese Jugendlichen sich einbilden und herausnehmen. Wissen Sie, Niebergall, die mögen ja recht haben. So ganz abwegig ist das ja alles nicht. Aber wo kommen wir da hin?!"

„Sie meinen, das mit dem einzigen vernünftigen Lehrer."

Es entstand eine kurze Pause.

„Nein, das natürlich nicht, Niebergall. Das haben die emotional überzogen."

„Es ging aber noch weiter. Sie wollten eine Erklärung der Schulleitung, warum Niesner nicht mehr an der Schule sei. Sie haben immer wieder erklärt, daß sie nicht so dumm seien, wie man sie an der Schule immer macht. Sie würden streiken, bis die Sache aufgeklärt sei. Sie kämen in die Schule, würden sich aber an keinem Unterricht beteiligen. Es war nicht zu reden mit ihnen.Sie meinten, wenn Niesner in Mecklenburg sei, dann sei er ja nicht krank. Dann könnte er ja auch in Plönstorf sein.

Wenn er jetzt darauf angewiesen ist, sein Geld auf der Straße zu verdienen, dann müßte es dafür doch Gründe geben. Und sie könnten sich schon vorstellen, welche. Immer wieder meinten sie, sie könnten sich gut vorstellen, welche."

„Niebergall, diese Schüler sind nicht übel. Vielleicht wirklich manchmal klüger als ihre Lehrer."

Pause

„Ja, man bleibt nicht unberührt, wenn man sowas erlebt."

„Niebergall, wir müssen aufpassen, daß das nicht weitere Kreise zieht."

„Leicht gesagt. Die Presse hatten sie selbst mitgebracht. Ich habe sie der Schule verwiesen. Das hatte keinen Sinn. Presse ist im Hause. Und immer wieder ,Where has our Niesner gone?' Was ich denn von dieser Frage hielte, wurde ich von einer Reporterin gefragt."

„Und?"

„Was, und?"

„Ja, was haben Sie darauf geantwortet?"

„Ich habe gesagt, daß ich die Antwort auf diese Frage selbst gerne wüßte."

Schulrat Rapp wurde ungewöhnlich laut.

„Niebergall", brüllte er in den Hörer, „das ist doch keine Antwort für die Presse. Ich komme, Niebergall. Ich komme sofort."

„Ja, das wäre gut. Lassen Sie sich noch erzählen, was diese Delegation noch mitgeteilt hat. Damit Sie gleich wissen, was Sie erwartet.

Sie haben erklärt, sie würden sich auch nach der Aufklärung der Sache mit ihrem Lehrer Niesner an keiner schulischen Sportveranstaltung mehr beteiligen. Diese ganze Sportspinnerei sei ohnehin ein ausgekochter Blödsinn, der nur zur Selbstbefriedigung einiger sportbegeisterter

Lehrer ins Leben gerufen wurde. Stellen Sie sich vor, Selbstbefriedigung haben die gesagt."

„Kann ich mir schon vorstellen. Pubertätsbedingter Fehlgriff in der Wortwahl. Tatsache ist, daß ich diese Sache an sich verstehe. Wissen Sie, dieses Sportprofil hat mir noch nie gefallen. Diese ganze Profilgeschichte ist ja auch nur so 'ne Spinnerei von oben. – Was – was meinen denn die Kollegen dazu?"

„Die stehen dumm da und sagen nichts. Ich denke, die verstehen gar nicht, daß das alles auch was mit ihnen zu tun haben könnte."

Schulrat Rapp räusperte gekünstelt.

„Hm, Niebergall, haben Sie schon mal einen selbstkritischen Lehrer erlebt?"

„Ja, einen."

„Das ist aber doch jetzt übertrieben."

„Na gut, aber Sie wissen, was ich meine. Und dann haben die Schüler noch etwas verlauten lassen. Sie hätten wegen des spurlosen Verschwindens ihres Lehrers auch eine Anfrage an die Schulabteilung der Regierung gerichtet. Seien sie also gefaßt, daß wir eine Rückfrage von oben bekommen."

„Mensch, Niebergall. Und ich habe auf ihren ausdrücklichen Wunsch noch mal zugewartet. Die Sache noch nicht gemeldet. Da kommt was auf uns zu, wenn die nun auf diesem Wege erfahren, daß da ein Lehrer seit Wochen verschwunden ist."

Längere Pause.

„Hören Sie, Herr Rapp? Hören Sie? Jetzt grölen sie unten in der Pausenhalle wieder los."

Schulleiter Niebergall hielt den Hörer in die Luft. Schulrat Rapp lauschte aufmerksam. Gitarrenklänge, Flötengepiepse, Trommeln, Klappern, Rätschen, alles durcheinander und wenig rhythmisch zusammen. Hätte man bei diesem Lied auch nicht erwarten können. Und ganz dumpf Gesang:

Where has our Niesner gone? Long time passing.
Where has our Niesner gone? Long time ago.
Where has our Niesner gone.
We'd like to ask you, everyone.

When will you ever learn?
When will you ever learn?
Schulrat Rapp wurde sehr nachdenklich.

„Ich kann ihn doch auch nicht herzaubern!" brüllte er verzweifelt in den Hörer und knallte ihn auf den Apparat.

28.

Felix steuerte gutgelaunt seinen Wagen, lauschte der leichten Musik im Radio, sang mit, pfiff vergnügt. Er genoß die Autofahrt, obwohl er eine Fahrt wie diese zu früheren Zeiten niemals genossen hätte. Er hätte sich empört, aufgeregt, die vulgärsten Beschimpfungen abgelassen, Aggressionen ausgelebt, Jagdinstinkte freigelegt, sein Leben bei hirnlosesten Überholmanövern riskiert. Es war eine der in Mecklenburg üblichen Stoßstange-an-Stoßstange-Fahrten. Aber heute störte ihn das alles nicht. Zunächst war es ja auch zügig vorangegangen, nachdem er Schwerin, diesen Stop-and-go-Horror, endlich hinter sich gelassen hatte. Aber nach Grevesmühlen war es wieder schlimm geworden. Ab und zu mal ein oder zwei Kilometer zügige Fahrt, dann wieder alles vor der Nase, was Frust hieß. Aber Felix war trotzdem vergnügt, heute war er vergnügt und ganz und gar locker. Er schwelgte in der Erinnerung an Schwerin. Schwerin, das war die perfekteste ad-hoc-show, die ein Mensch überhaupt aus dem Stand inszenieren konnte. Jeder Politiker hätte vielleicht ein Vermögen gegeben für solch eine Präsentation. Und selbst Hollywood hätte auch mit dem größten Inszenierungsaufwand ein solch märchenhaftes Schauspiel nicht bieten können. Das jedenfalls glaubte Felix ganz fest.

Antje hatte ihn nicht loslassen wollen. Sie hatte ihn immer wieder gebeten, angefleht, angeweint. Sie wollte Felix um jeden Preis von dieser fixen Idee abbringen, sich wieder in seiner Schule zu melden. Aber Felix hatte gemeint, sich selbst diesen nochmaligen Versuch schuldig zu sein. Er würde sich sonst sein ganzes Leben hindurch Vorwürfe machen. Er könnte vor sich selbst nicht mehr bestehen, und all solche Dinge hatte er ihr erzählt. Und er hatte auch selbst daran geglaubt.

Antje hatte ohnehin in Schwerin etwas zu erledigen gehabt. Und so hatte sie es sich nicht nehmen lassen, ihn samt Amanda bis Schwerin zu begleiten. Sie hatten vereinbart, daß Antje Amanda nach seinem Auftritt wieder mit nach Hause nehmen würde. Felix würde auf jeden Fall zum Wochenende zu ihnen beiden kommen, und sie würden wieder ein schönes gemeinsames Wochenende in Ribnitz Damgarten haben. Amanda war für Antje so eine Art Pfand. Sie war die Garantie, an die sie sich

DDR-traditionell klammerte. Wenn sie Amanda bei sich behalten würde, würde Felix wiederkommen – ganz bestimmt – Geiselnahme à la DDR, nur einer aus der Familie darf in den Westen fahren. Antjes Leben hatte sich verändert seit Felix. Er hatte ihr geholfen, ihre Träume mit anderen Inhalten zu füllen, aus den früheren Mordszenarien mit übergroßen Katzen- und Raubtierköpfen berauschende Tanzerlebnisse auf festlichen Bällen mit beglückender Musik zu machen. Und trotzdem hatte sie Angst vor den kommenden Nächten, die sie wieder allein in ihrem Haus sein würde. So war man mit gemischten Gefühlen nach Schwerin gefahren.

Felix hatte sich die alte Post in der Mecklenburger Straße ausgesucht. Das war ein angemessener, stilvoll wilhelminischer Bau. Der würde eine gute Kulisse abgeben. Außerdem war es der ideale Punkt für Publikum gewesen. Da war das große Kaufhaus schräg gegenüber. Die Leute strömten vom Pfaffenteich zum Rathausplatz und umgekehrt. Hier waren Betrieb und Geschäftigkeit.

Felix hatte nicht sehr lange warten müssen. Die Menschen hatten ihn wiedererkannt. Was für ein massenwirksames Medium das Fernsehen doch war!

‚Das ist ja unser Mecklenburger Landsknecht vom Fernsehen. Nu wart ma ab. Der zieht wieder 'ne Schau ab', hörte er die Leute sagen. Und die Leute warteten ab.

Schnell hatte sich eine große Gruppe gebildet. Felix, der gewaltige Erzähler, der großartige Barde, der Zeitverwandlungskünstler hatte schnell Publikum angezogen, Publikum, das mitging, das sich mitreißen ließ, das sich freute, daß er hier war. Er, einer aus der Mecklenburger Regionalsendung, einer der ihren.

„Solche Originale gibt's eben nur noch bei uns im Osten", hörte er immer wieder.

„So eine Idee muß einer erst mal haben. Wahrscheinlich ein arbeitsloser Schauspieler. Und guck mal, dieses Wildschwein."

Aber Felix war nicht nur Schauspieler. Er war die Verkörperung von vielen Künsten zugleich. Er faszinierte die Menschen mit allem: mit Liedern – heiter, lustig, schadenfreudig, siegesfroh, schaurig, furchterregend, zornig, flötensüß zerschmelzend und von wohliger Traurigkeit.

Er erzählte Geschichten – wilde Bauernkriegsgeschichten, die so unfaßbar waren, daß sie nur wahr sein konnten. Dazwischen die unglaublichsten Zauberkünste. Er zog den Menschen Herz-Damen aus der Tasche, holte erstaunt Meerschweinchen unter ihrem Hut hervor, steckte sich einen brennenden Rapier in den Rachen hinunter und zog ihn mit Pik-As aufgespießt wieder heraus. Und immer wieder erzählte er von dem schrecklichen Hungerleben, von bitteren Nöten, die er und Amanda auszustehen hätten. Dazu Lautenklänge, Harmonien, fließende Töne, berauschende Texte, die das Unaussprechliche zu dem werden ließen, was sich jeder schon immer gedacht hatte. Die Menschen erstarrten in Faszination. Alltagskleinmütigkeit und Kümmernisse flossen dahin. Lebensfreude und Todesnähe, das wahre Landsknechtsleben, wurden zum wirklichen Leben, einem Leben, das das Herz öffnete, die Welt anders zu betrachten lehrte. Die Menschen drängten sich zum Gitarrenkasten, um ihren Beitrag, ihr Scherflein für Amanda zu opfern.

Auch Amanda war in höchster Form gewesen. Sie grunzte dankbar bei jedem Geldstück, achtete genau auf die Zahl der eingeworfenen Münzen. Kein Grunzen zu viel und keines zu wenig. Die Menschen amüsierten sich. Probierten aus, ob Amanda auch wirklich zählen konnte. Der Gitarrenkasten füllte sich mal wieder fast bis oben. Amanda achtete dienstbeflissen auf die Meerschweinchen, die Felix nach einem Zaubertrick auf den Boden gesetzt hatte. Und sie hielt die Menschen auf Distanz.

Felix hätte sich niemals vorstellen können, welche Wirkung das Fernsehen auf die Menschen haben konnte. Er war da immer mehr von einem bloßen Vorbeirauschen von Bildern überzeugt gewesen. Aber die Leute in Schwerin hatten sich sogar seine Lieder von Stralsund gemerkt. Sie meldeten ihre Wünsche an. Bitte nochmals ‚Weit laßt die Fahnen wehen‘ oder das ‚Jörg von Frundsberg–Lied‘, das ‚Ala mi presente‘, das ‚irische‘, und dann war da auch immer wieder der Ruf nach ‚Where have all the flowers gone?‘ gekommen.

Felix hatte sich spontan für eine neue Variante seines Auftritts entschlossen. Er bezog sein Publikum mehr als bisher mit ein. Da mal schnell ein Refrain vorgesprochen und vorgesungen. Da mal eine Strophe abgebrochen, so daß die Leute weitersingen mußten. Dann alle zusammen. Die ganze Fußgängerzone hallte. Männer schwangen ihre Hüte, Frauen winkten mit seidenen Halstüchern. Ein junger Mann war von der Show so ergriffen, daß er anfing, athletische Kunststücke darzubieten: Handstand, Kopfstand mit Beinegrätschen, Rad und Überschlag. Außenstehende mochten gedacht haben, daß da eine Demonstration früherer sozialistischer Prägung im Gange sei oder vielleicht ein Gottesdienst im Freien, womöglich eine Werbetour von Zirkus Sarasani. Alles wäre gleich exotisch gewesen in diesem Schwerin und in diesen Zeiten.

Die Leute sangen mit Hingabe, sie legten Seelen bloß, rührten Herzen. Manche schaukelten und schunkelten, klatschten im Takt, genossen Singsang und Herzensbefreiung.

Es wurde nach Autogrammen verlangt. Nach Kassetten und CDs wurde sich erkundigt. Man fragte nach dem Ort des nächsten Auftritts. Und immer wieder:

„Wir in Mecklenburg. So was gibt's nur bei uns, was!"

Antje war etwas abseits gestanden. Wenn es Felix mal gelungen war, sie zwischen den Menschen zu sehen, lächelte sie und schüttelte den Kopf. Unverständnis signalisierend. Doch das inspirierte Felix wieder zu seinen üblen Zweizeilern. Er zeigte auf Antje, machte das Publikum auf sie aufmerksam und meinte mit tiefem Baß in der Stimme:

„Als stolz erhabener Troubadour
sing ich für meine Antje nur!"

Antje war peinlich berührt, wäre am liebsten im Boden versunken. Das war Schwerin gewesen.

Sie hatten sich schließlich davongeschlichen. Es war nicht einfach gewesen. Felix hatte sich auf dem großen Parkplatz neben Kaisers unter freiem Himmel umgezogen. Antje hatte geweint, als Felix losgefahren war.

„Du mußt wiederkommen. Schon übermorgen. Bitte! Versprich es mir."

Natürlich hatte Felix versprochen. Ein Leben ohne Antje hätte er sich nicht mehr vorstellen können. Warum verstand Antje nicht, wie sehr er sie liebte. Aber Antjes Ängste waren vielleicht aus dem Gedanken an die Zukunft erwachsen.

Wie sollte denn das alles werden, wenn Felix tatsächlich wieder in

Plönstorf an der Schule – im Westen – sein würde und sie in Ribnitz Damgarten hinter dem Bankschalter – im Osten.

„Antje, es gibt keine Mauer mehr, keinen Stacheldraht. Das alles gibt es nicht mehr. Wir können uns immer sehen. Wir werden nicht lange getrennt sein. Vielleicht komme ich sogar schon morgen wieder. Wer weiß das?"

„Ja, bitte komm morgen. Oder – oder fahr doch erst gar nicht."

Aber Felix war gefahren, weil er mußte. Nun flimmerten alle diese Erinnerungen in seinem Kopf herum. Da war kein Gedanke an das, was vor ihm lag. Er war entschlossen, sich bei Schulrat Rapp zurückzumelden. Es würde sich dann schon finden, was er ihm sagen würde. Und so stop-and-gote er seinem Ziel entgegen, immer dicht hinter einem anderem Wagen, einem Vordermann oder einer Vorderfrau.

Felix wurde sofort zu Schulrat Rapp vorgelassen. Beim Betreten des Büros bemerkte er, daß Rapp sein gerade geführtes Telephongespräch abrupt beendete. Er stand auf, ging auf Felix zu, gab ihm die Hand, bot ihm einen Platz an, alles in ungewohnter Höflichkeit. Er bemühte sich übertrieben um Freundlichkeit.

„Niesner, ich weiß nicht, was ich sagen soll. Was machen Sie für Sachen. Verschwinden einfach sang- und klanglos. Nein – nicht sang- und klanglos, sangesfreudig, muß man ja sagen. Keiner weiß, wo Sie sind. Alle Welt macht sich Sorgen – schlimme Sorgen – bis man nach Wochen im Fernsehen sieht, wo Sie stecken."

Felix fühlte sich frei von jeder Form der Subordination. In früheren Zeiten hatte er immer eine Art von Beklommenheit gespürt, wenn er zu seinem Schulrat gehen mußte. Da hatte es immer, auch wenn man sich noch so sehr einredete, davon frei zu sein, ein Stückchen besonderen Respekt gegeben, eine ängstliche Reserviertheit, eine Art natürlicher Vorsicht und Abwehr. Aber davon gab es nichts mehr in Felix. Er strahlte Souveränität aus. Er fühlte sich als der Überlegene, der Unabhängige, als derjenige, der das Geschehen bestimmte.

„Ich war krank, Herr Rapp", erklärte er. „Jetzt bin ich wieder gesund."

Schulrat Rapp zuckte ein bißchen zusammen, innerlich. Er wußte, daß er vorsichtig sein mußte. Kein falsches Wort.

Dieser Niesner könnte vielleicht wieder unkalkulierbar werden.

„Krank, wieso? Sie sahen überhaupt nicht krank aus auf den Bildschirmen. Eher wie das blühende Leben. Man kann fast sagen: das aufblühende Leben. Aber das werden Sie mir ja jetzt alles erzählen. – Ich bin so froh, daß Sie wieder da sind."

„Wirklich?"

„Ja, Niesner, wirklich. Wir haben alle zusammen einiges durchgestanden. Warum haben Sie sich nicht krank gemeldet? Sie wissen doch ..."

Niesner fiel ihm unhöflich ins Wort.

„Natürlich weiß ich. Aber es gibt Arten von Kranksein, wo das Nichtkrankmelden Teil der Krankheit ist. So eine Art Symptom."

Schulrat Rapp blickte ratlos um sich. Er verstand nicht.

„Das verstehe ich nicht"

„Sehen Sie, es gibt Seelenzustände – krankhafte Seelenzustände vielleicht -, wo es zum Zustand der Krankheit gehört, daß man abtaucht, für niemanden erreichbar ist, sich in sich selbst zurückzieht, wo das innere seelische Immunsystem die Welt und ihren Firlefanz sozusagen abstößt."

„Abstößt? – Sozusagen?"

„Ja, glatt abstößt."

„Soso. Die Welt und ihren Firlefanz."

Schulrat Rapp blickte Felix ungläubig an.

„Niesner, ich will keine Geschichte draus machen. Ich will Ihnen keine Vorwürfe machen. Aber in Stralsund sahen Sie nicht unbedingt krank aus."

Felix wurde belehrend.

„Ich weiß nicht, ob Sie das verstehen können. Aber so eine Krankheit hatte ich. Mir war, als müßte ich von dieser Welt verschwinden. Verschwinden kann man ja nicht. Aber man kann in eine andere Rolle schlüpfen. Das ist auch so eine Art von Verschwinden. Plötzlich jemand anders sein und sich nicht mehr darum kümmern, wer man vorher war. Verstehen Sie das? – Abtauchen gewissermaßen."

Immer noch blickte Schulrat Rapp ziemlich ratlos in die Welt.

„Nein, Sie machen es uns allen sehr schwer."

Felix gab keine Antwort. Er ließ diesen Rapp an der Angel zappeln.

Er schwieg, um ihn hervorzulocken. Schulrat Rapp schien nervös.

„Niesner, vielleicht glauben Sie uns das gar nicht. Wir haben uns furchtbare Sorgen um Sie gemacht. Wir haben auch einiges riskiert, um Ihnen den Weg zurück in die Schule offen zu halten. Aber seit dieser Sendung aus Stralsund …

„Was war seit dieser Sendung denn anders?"

„Sehen Sie, dieses Wildschwein, diese Landsknechtstracht, dieses unglaubliche Repertoire an Landsknechtsliedern. Diese Perfektion in der Darbietung. Diese Geschichten: toll, toll, toll! Und das mit Pik-As, das müssen Sie mir mal zeigen. Das sah alles so verdammt geplant aus. Wo will denn jemand so ganz schnell ein dressiertes Wildschwein herbekommen?"

Felix mußte hellauf lachen.

„Da haben Sie recht. Woher?"

„Na also. Alles sah so verdammt geplant und vorbereitet aus!"

Felix sprach ruhig weiter:

„Nichts war geplant. Nach unserem letzten Gespräch war das Maß voll. Es hat einfach gereicht. Ich mußte weg. Ich wollte gar nicht, ich mußte – zwanghaft, verstehen Sie? Alles andere hat sich ergeben, zufällig, wirklich zufällig."

„Aber war denn unser letztes Gespräch so verletzend, daß Sie gleich so reagieren mußten?"

„Darüber habe ich mir viele Gedanken gemacht während der Zeit meiner Seelenheilung."

„Ach so nennt man das?"

„Ja, man muß die Dinge beim Namen nennen: Seelenheilung. Verstehen Sie? Wissen Sie, Herr Rapp, es war nicht nur unser letztes Gespräch. Das hat das Faß vielleicht nur zum Überlaufen gebracht."

„Wie?"

„Naja, wenn Sie einmal mein ganzes Berufsleben als Lehrer betrachten, Sie können das ja, denn Sie waren mein Schulleiter in Niewebüll und danach waren Sie mein Schulrat geworden. Sie kennen meinen ganzen Berufsweg. Und woraus bestand der denn? Ich übertreibe vielleicht, aber gehen wir mal zurück: Puppentheaterspielverbot, berufliche Abqualifizierung wegen meiner schriftstellerischen Tätigkeit, handfeste

Rückstufung in meiner dienstlichen Beurteilung, ich betone, ungerechtfertigt."

„Das war aber nicht ich. Das war Brunnhuber." Schulrat Rapp warf das ganz schnell dazwischen. Er meinte sich hier gleich von jeder Schuld freisprechen zu müssen.

„Ich mache Ihnen keine Vorwürfe. Das ist eben so der Apparat. Dann das Vogelhausbauverbot aus politischen Gründen. Man muß sich das mal vorstellen. So was gibt's glaube ich in ganz Europa nicht wieder. – Dann dieses Singverbot von Liedern zur Friedenserziehung – immerhin ein wichtiger Erziehungsauftrag der Schule. Singverbot im Englischunterricht. Wie gesagt, das Wort Verbot ist vielleicht da und dort zu stark. Aber letztlich lief es immer darauf hinaus. Herr Rapp, ich weiß, daß sie sich selbst gerne als sogenannten 68er sehen. Ich weiß nicht einmal so richtig, was das sein soll. Aber ich weiß, daß ihr mindestens ebenso viele Fehler gemacht habt wie die Generation, gegen die ihr so vehement angetreten seid."

„Niesner, wie reden Sie da?"

Die Antwort kam schnell. Felix brauchte nicht mehr zu überlegen. Er wußte, was er diesem Rapp zu sagen hatte, ohne Rücksichten, ohne Schonung. Eben wie einer, der geheilt war.

„Nun sagen Sie mir: Ist das wirklich Ihre Schule? Ist das der Lehrer, den *ihr* wollt. Was soll das denn sein? Jedes noch so kleine Ausscheren aus den Bahnen der Norm – sei es noch so notwendig, vernünftig, richtig -, jede kleine Lernzielumsetzung, wenn sie nur irgendwie politisch interpretiert werden kann, wird menschlich tragisch und folgenschwer geahndet, gerügt, bestraft, verboten. Was wollen Sie eigentlich für Lehrer haben? Da reden Sie von der Methodenfreiheit, vom verantwortungsbewußten Lehrer und seinem selbstverantworteten Unterricht. Sie reden von seiner souveränen und freien Persönlichkeit als Wissensvermittler und Erzieher. Das ist *alles* Gerede. Die Wahrheit ist der schienengebundene Scheuklappenlehrer, der sich wie ein Trambahnfahrer nur innerhalb der Normen *ihres* sinnlos aufgeblähten Apparates bewegen soll. Geht er mal selbstverantwortet andere Wege, wird er zurückgepfiffen – zurück in die ineffektive Mittelmäßigkeit, um es *mal* noch positiv auszudrücken."

Schulrat Rapp saß da und schrumpfte in sich zusammen. Man konnte zusehen, wie seine Schultern immer weiter noch vorne sackten. Er wurde immer weniger in seinem Stuhl. Seine Augen wurden müde und trüb. Er holte tief und sorgenvoll Luft, als Felix eine Pause machte.

„Niesner, ich bin tief betroffen. Ich weiß, daß man Ihnen viel Unrecht getan hat. Wir alle wissen das. Eine unglückliche Verkettung von Umständen."

Felix fiel ihm ins Wort.

„Absolut keine unglückliche Verkettung. Keine Zufälle. Glauben Sie nicht, daß ich mir nicht auch darüber meine Gedanken gemacht habe, daß all diese Dinge immer nur mir und einzelnen anderen Kollegen widerfahren sind und nie der großen Mehrheit der Kollegen. Die Antwort ist einfach. Wer immer nur auf euren Schienen bleibt, fällt nicht auf. Die Schule, die eigentlich früher mal als Institution der Menschlichkeit gedacht war – nicht ohne Grund nannte man früher manche Gymnasien auch humanistische Gymnasien – ist zu einem bürokratischen Apparat verkommen, zu einer Institution, die funktionieren soll wie ein Fließbandbetrieb. Als ob man bei Kindern Schrauben eindrehen könnte wie bei technischen Geräten, immer an der gleichen Stelle die gleiche Schraube, gleiche Stärke, gleiche Tiefe, gleiche Eindrehkraft und für alle im gleichen Zeitrahmen. Plantagenfichten produziert ihr, würde mein Freund Harald Moldenhauer sagen. Aber der ist längst ausgestiegen aus unserem Fabrikwarenmassenindividualismus."

Schulrat Rapp winkte aufgeregt. Er wollte unbedingt etwas einwenden. Aber Felix ließ ihn nicht zu Wort kommen.

„Wissen Sie, das Schicksal wollte es, daß ich keine Enkelkinder habe. Sie wissen das alles. Hätte ich welche, würde ich ihnen eine Schule wünschen, wie ich sie 1947 erlebt habe. Eure ganzen 68er Brutbatterien sind Brutstätten für alles mögliche, nur Schulen sind sie nicht. Wir haben damals gefroren! Glücklich waren wir, wenn es mal Sägemehl zum Heizen gab, unser Klassenzimmer war in einem ehemaligen HJ-Heim. An der gelb-verräucherten Wand sah man noch das weiße Rechteck, wo das Bild des Führers gehangen haben mußte. Unsere Lehrerin war eine im Schnellverfahren ausgebildete Flüchtlingsfrau aus dem Sudetenland, jung, unerfahren, vielleicht auch ein bißchen hilflos mit 52 Schülern in einer Klasse. Aber was sie gemacht hat, war Schule, Schule für Kinder: singen, spielen, lernen, forschen. Alles mit Ernst und Intensität. Was macht ihr heute? Quasseln, freudbetont, lernzielorientiert, schülerorientiert, fächerübergreifend, projekteingebunden, mediengesteuert, multimedial, kompetitiv und – nicht zu vergessen in Schulen, wo sich Kinder vorkommen müssen wie in Heringsschwärmen. Das ist euer Korsett. Da passe ich nicht rein. Wenn ich vor Schülern stehe und sehe, wie sie mich anschauen, sehe, welche Empfindungen und Erwartungen sie haben, welche Bedürfnisse, muß ich einfach andere – und wie ich meine – natürlichere Wege gehen. Das geht nicht immer so curricular geplant, nicht nach Normen, nicht im Buchhalterverfahren. Das geht nicht im Legebatteriebetrieb, mit Schülerolympiaden, Fremdsprachenwettbewerb, Umweltwettbewerb der örtlichen Sparkasse und Kreisentscheid im Weitsprung. Und es geht auch nicht, wenn man sich in einer Situation sieht, in der man Angst haben muß, sich durch ein Vogelhäuschen politisch verdächtig zu machen."

„Nun übertreiben Sie aber."

„Mag sein, daß ich übertreibe. Das ist auch mein Recht, nach all diesem Schwachsinn. Ich darf Sie belehren: Als Lehrer muß man vor allem die Zerbrechlichkeit der Herzen seiner Kinder sehen. Man muß seinen Kindern etwas geben können, Persönlichkeit ausstrahlen. Und das geht eben nur, wenn man den Rücken frei hat und nicht Angst haben muß, daß man mit jedem noch so harmlosen Liedchen den Staat gefährdet. Das sind hysterische Spinnereien von neurotischen Karriereidioten."

„Niesner!"

Felix begann leise zu singen: ‚Maikäfer fliegt ...'

„Nein, wie gefährlich und jugendverderbend dieses Lied doch ist!"

„Niesner!"

„Da kann man ja so manche staatsgefährdende Sache hineinlesen. Pommerland ist abgebrannt. Wir bedauern das. Wir wollen Pommerland wiederhaben, dieses schöne abgebrannte Pommerland. – Glatter Revanchismus ist das!"

„Niesner!"

„Man müßte dieses Lied in unseren Schulen verbieten!"

„Niesner!"

„Glatt verbieten! Darüber solltet ihr mal nachdenken. Aber was macht ihr? – Ganze Schülergenerationen gehen in manchen großstädtischen Regionen im Drogenrausch vor die Hunde, und ihr...“

Wieder summte Felix ,Maikäfer flieg ...‘

„Seit fünfundzwanzig Jahren habt ihr nur immer euer Gefasel von der Gleichheit der Bildungschancen – schon ein Blödsinn in sich – von der Verwerflichkeit des gegliederten Schulsystems, von der Reproduktion der herrschenden gesellschaftlichen Unrechtsverhältnisse, von der Überwindung bourgoiser Unrechtstraditionen im Schulsystem.“

Niesner, was soll das?“

„Haben Sie eigentlich schon mal einen ganz normalen Pädagogen erlebt? Oh ja, es gibt sie! Aber man tut sich schwer, sie zu finden. Und dort, wo sie sind, haben sie einen schweren Stand gegen euch. Wissen Sie, so einen, der sagt: ,So, da ist ein Kind mit ganz bodenständigen und vernünftigen Bedürfnissen, und ich als Lehrer muß jetzt ... Im Dummschwätzen, ja, da seid ihr groß. Vergessen habt ihr nur, daß es vor allem auf die Persönlichkeit des Lehrers ankommt. Verstehen Sie, die Persönlichkeit des Lehrers. Das System kann aussehen wie es will. Das ist doch vollkommen zweitrangig, wenn die anderen Bedingungen stimmen.‘“

„Niesner, ich habe Sie noch nie so reden gehört.“

„Leider, Herr Rapp, leider. Man muß erst durch tausend Höllen gehen, um so reden zu können. Zuerst ist man zu jung, um das alles zu verstehen und um es zu artikulieren. Und später ist man schon zu sehr in seinem schienengebundenen Trambahnfahrerdenken gefangen, regt sich nicht mehr auf, nimmt alles hin. Ich rede so, weil ich ein anderes Schicksal hatte. Das Maß war voll. Ich brauchte meine Phase des Besinnens, meine Seelenheilung, um überhaupt noch mal in eine Schule gehen zu können.“

Schulrat Rapp versuchte beschwichtigend – einlenkend – zu erwidern: „Niesner, nicht erst mit dem, was Sie da alles gesagt haben, haben Sie uns alle sehr nachdenklich gemacht. Ich glaube, daß wir in den letzten Wochen durch ihren Fall mehr gelernt haben als uns lieb war. Ich möchte Sie ganz persönlich für alles Unrecht, das man Ihnen angetan hat, um Verzeihung bitten.“

Schulrat Rapp hatte Tränen in den Augen.

Da begann Felix ganz unvermittelt und übergangslos von seinen Erlebnissen in Stralsund zu erzählen. Er berichtete von der Menschenmenge vor dem Rathaus. Wie begeistert die Menschen mit seiner Show mitgegangen waren, alle Geschichten, Lieder, Zaubereien aufmerksam wie kleine Kinder verfolgt hatten, wie sie geklatscht, geklopft, mitgesungen hatten, wie sie schließlich tief betroffen mit ihm zusammen die Sinnlosigkeit des Krieges besungen hatten.

Und er erzählte von dieser jungen Frau, die aus der Menge gekommen war, ihre Strophe in Russisch gesungen hatte und wieder verschwunden war.

„Ich habe das im Fernsehen gesehen. Selbst steril über das Fernsehen vermittelt hat es noch gerührt. Es hat mich tief betroffen gemacht, weil ich mit diesem Lied eine schlimme Erinnerung verbinde."

Felix überging diese Andeutung. Er erzählte von diesem jungen Mann, diesem fertigen Fixer, der seinen Stoff brauchte, dem alles egal war, der ihn bedroht hatte, sich dann über diesen Haufen Münzgeld hergemacht hatte und in vielleicht weniger als einer Minute zwei Menschen umgebracht hatte, den einen erstochen, den anderen mit einem Morgenstern mit langen Dornen so in die Halsschlagader getroffen, daß Blut in heftigen Stößen über den Berg von Münzen hinunterquoll. Und dann holte er tief Luft.

„Wissen Sie, Herr Rapp, ich kann es nicht in einer logischen Argumentationskette erklären – das war ja immer mehr eure Sache, den anderen klarzumachen, daß ein Kind eine Lese-Rechtschreibschwäche haben mußte, weil es den Vietnamkrieg gab – ich kann kein schlüssiges Gedankengebäude errichten, aber ich spüre es in mir, daß eure Schule und dieser schlimme Vorfall irgendwie zusammenhängen. Das eine hat mit dem anderen zu tun. Eine Schule, die den Ansprüchen unserer Gefühlswelt nicht gerecht wird, die das Kultivieren der Seele nicht mehr zuläßt, ihre Schüler nur mit akademischem Gesäusele zuduselt, versündigt sich an der jungen Generation und ist an diesem gesellschaftlichen Output mitbeteiligt. Genauso sehe ich auch diese Sache mit der Katzenhinrichtung."

„Welche Katzenhinrichtung? Davon haben Sie nichts erzählt."

Felix überlegte. Er wollte schon loslegen. Dann mußte er sich das alles nochmals kurz überlegt haben.

„Naja, lassen wir das mal."

Schulrat Rapp schaute auf die Uhr. Er hatte sich bemüht, dies unauffällig zu tun. Aber Felix verstand. Sie schwiegen vor sich hin. Schulrat Rapp wirkte bedrückt.

Kurze Nachdenklichkeit bei beiden.

„Ich weiß, Herr Rapp", begann Felix nochmal, „Sie haben wenig Zeit. Der Apparat, natürlich. Aber lassen Sie mich noch eines sagen."

„Reden Sie ruhig, Niesner."

„Euer Protest und eure Ziele mögen ganz berechtigt gewesen sein. Sie waren es bestimmt. Da gibt es viele Dinge, die jeder mittragen kann. Erschreckend aber ist eure Unfähigkeit zur Selbstkritik, eure Unfähigkeit, euch selbst auch in Frage zu stellen. Vermutlich habt ihr 68er euch noch nie die Frage gestellt, wie sich ein kleines Kind mit zehn Jahren fühlt, das jeden Tag in eine Schule gehen muß, in die noch achthundert oder tausend andere Schüler gehen. Es fehlt euch schlicht und einfach die Phantasie, sich das auszumalen, wie ein Kind durch eine solche Masse von Menschen buchstäblich physisch und psychisch zermalmt wird."

„Wieso? Gerade diese Schule bietet einem Schüler ein Optimum an Möglichkeiten: optimale Wahlmöglichkeiten von Fächern, Fachräume für alles, optimale Ausstattung an Medien, Materialien für jedes nur denkbare Experiment! Computersysteme, alles, einfach alles. Noch nie hatten Schüler größere Möglichkeiten."

„Und noch nie so intensiv das Gefühl hilflosester, desperater Anonymität. Man stelle sich das nur mal vor: tausend Mitschüler. In diesen Schulen treiben sie unsere Kinder in eine so verzweifelte Orientierungslosigkeit, in ein Meer von hemmungsloser Einsamkeit und Unsicherheit, daß sie sie geradezu dazu zwingen, sich Orientierung, Leitbilder, Bohnenstangen, an denen sie hochwachsen können, zu suchen. Und diese Orientierungsverheißer liefert ihr ganz unbeabsichtigt, aber konsequent gleich mit. Sie erwachsen ihnen schnell in Drogendealern, Bandenführern, Erpressern, Zuhältern, eben denen, die die Starken spielen, die angeblich wissen, wo's langgeht. Und da sehe ich nun einen engeren kausalen Zusammenhang als den zwischen Legasthenie und Vietnamkrieg und so ein Quatsch. Eure Mammutschulen sind herzlose Apparate, wo Schüler und Lehrer nur noch standardisiert funktionieren sollen. Das habt ihr davon: Gewalt, Drogenkriminalität – Jagd nach Stoff und Katzenhinrichtungen als Mutprobe und Bewährung in der Gruppe und viele andere Dinge. Sie wissen das."

„Niesner!"

„Ja, ebenso schlimm ist es, daß in diesen Massenapparaten auch die Lehrer selbst zu funktionierenden Rädchen verkommen müssen. Sie haben gar keine Möglichkeiten mehr, ihre individuellen pädagogischen Fähigkeiten zur Entfaltung zu bringen. Wo sie es tun, muß zurückgepfiffen werden. Der Apparat verträgt keinen Sand im Getriebe. Der Apparat verträgt nur Angepaßtheit und Mittelmäßigkeit."

„Niesner!"

„Und sehen Sie, da liegt euer Versagen. Eure Ziele waren ganz nobel und ehrenwert. Die Umsetzung dilettantisch. Man muß eigentlich gar nicht studiert haben, um zu wissen, daß der Mensch – schon gar nicht der junge Mensch – eine solche Plantagenfichtenmentalität nicht verträgt. Was habt ihr gemacht? Ihr habt nur Massen konzentriert: Schulzentren, Verwaltungszentren, Zentralkliniken, Sportleistungszentren, Einkaufszentren, Pfarrzentren, Altenheimzentren und so weiter. Friedhofszentren fehlen noch. Aber das sind unsere Friedhöfe ja ohnehin. Zentren, Zentren, Zentren. Ihr habt der Bauwirtschaft bestens in die Hände gearbeitet. Das war alles."

„Niesner, das waren nicht unsere Ziele, und Sie wissen das."

„Gewiß, das waren nicht eure Ziele. Aber was habt ihr mit eurer Besserwisserei und eurer Klugscheißerei getan, um diese Entwicklung zu verhindern? Nichts, ich wiederhole und betone, nichts". Nachdenkliche Pause.

„Und, Niesner, sollen wir jetzt etwa wieder kleine Schulen bauen?"

Schulleiter Rapp stellte diese Frage mit einem überlegenen, spöttischen Lächeln.

„Wieder der Bauwirtschaft in die Hände arbeiten?"

„Ihr werdet nicht darum herumkommen, wenn ihr nicht englische Verhältnisse haben wollt."

„Wie englische Verhältnisse?"

„Immerhin haben sich in England in vielen Regionen bis zu vierzig Prozent der Schüler vom öffentlichen Schulsystem verabschiedet. Glatt verabschiedet. Es gibt eben noch Eltern, denen man nicht jeden Schwachsinn staatlich verordnen kann."

Schulrat Rapp wurde nachdenklich.

„Also wieder der Bauwirtschaft in die Hände arbeiten, kleine Schulen bauen. – Wissen Sie, Niesner, ich will das, was Sie da sagen, nicht herunterspielen. Aber zu alldem gäbe es natürlich auch andere Argumente. Außerdem bedeutet unser Argument der Chancengleichheit nicht automatisch auch Mammutschulen."

„Theoretisch nicht. Aber in der Praxis. Die Tatsache, daß ganze Generationen von Pädagogen die Entwicklung zu Mammutschulen mitgetragen haben, ohne den leisesten Hinweis auf ihre Verderblichkeit, ist für mich die größte und folgenschwerste Fehlleistung der modernen Pädagogik."

„Niesner. Sie lehnen sich weit aus dem Fenster."

„Selbstverständlich."

„Alles natürlich sehr subjektiv, Niesner."

„Selbstverständlich! Unsere Gesellschaft besteht ja auch aus Subjekten. Sollte sie wenigstens. Ihr seid zwar dabei, sie wegzuvermassen."

„Nana, Niesner."

Schulrat Rapp hatte sich wieder erholt. Er blickte wieder ein bißchen mit Überlegenheit und Arroganz auf Felix herab. Auf Felix machte das allerdings keinen Eindruck. Schulrat Rapp wollte das Gespräch beenden.

„Aber wir müssen ja nun zu einem konkreten Ergebnis kommen", meinte er schließlich.

„Selbstverständlich."

„Darf ich denn damit rechnen, daß Sie morgen wieder als bei mir gesund gemeldet in Ihrer Schule anfangen?"

„Ja, ich möchte es versuchen." Felix machte eine Pause. „Ich denke, daß ich es meinen Schülern und auch mir selbst schuldig bin."

„Das ist ein Wort. Ich freue mich, daß wir wieder zusammenarbeiten. Ich wünsche Ihnen alles Gute und viel Erfolg. Ich muß es noch einmal sagen, die ganze Sache hat auch uns, Herrn Niebergall und mir, in vielen

Dingen die Augen geöffnet. Ah – vielleicht sollte ich dafür sorgen, daß es unter den Kollegen kein großes Gerede gibt."

„Ich halte meine schienengebundenen Kollegen durchaus sehr in Ehren. Sie sind mir lieb und teuer. Aber in dieser Sache sind sie für mich unwichtig. Sie brauchen sich hier wirklich nicht zu bemühen."

„Daß die ganze Sache ohne Probleme von oben ablaufen wird, kann ich Ihnen natürlich nicht versprechen. Wir haben uns sehr bemüht, die Sache nach oben hin zu vertuschen. Aber man weiß nie."

„Natürlich, man weiß nie."

Schulrat Rapp bemerkte sehr wohl, daß er diesem neuen Felix keinen Gefallen mehr tun konnte. Der war ganz offensichtlich durch zu lange Nachdenklichkeiten gegangen. Der war geformt, in sich geschlossen, gefestigt, klar. Der wußte, was er wollte. Schulrat Rapp wechselte wieder das Thema.

„Aber jetzt beantworten Sie mir doch bitte noch eine Frage: dieses Wildschwein. Wo haben Sie es her? Wo haben Sie es jetzt? Wie konnten Sie es so abrichten?"

Felix schmunzelte. Sein Gesicht strahlte allen Kummer weg.

„Meine süße Amanda! Nun, Sie werden es nicht für möglich halten, sie ist mir zugelaufen, hat sich in mein Leben gedrängt, hat sich nicht mehr abwimmeln lassen, ist wie ein Hündchen. Ich habe sie nicht abgerichtet. Das ging vielleicht eher umgekehrt. Sie ist jetzt bei der Seele, die ich in Mecklenburg gefunden habe und die ich heiraten werde."

Nun strahlte Schulrat Rapp wieder.

„Das müssen Sie mir erzählen. Später."

Schulrat Rapp war sichtlich erleichtert, als das Gespräch beendet war.

29.

Die Lehrerkonferenz der Realschule Plönstorf war überraschend und in aller Eile angesetzt worden. Das Kollegium sollte sich unmittelbar nach Unterrichtsschluß im Lehrerzimmer versammeln. Auf dem Anschlag am schwarzen Brett im Lehrerzimmer war die Lehrerversammlung unter Hinweis auf besondere Paragraphen der Schulordnung als außerordentliche Konferenz bezeichnet worden. Und ungewöhnlich war auch, daß nicht der Schulleiter, Herr Niebergall, und auch nicht sein Stellvertreter die Einladung unterschrieben hatten. Sie war vom Kollegen Klüger unterschrieben worden. Und um allen Kollegen verständlich zu machen, daß es sich bei dieser Einladung nicht um eine womöglich persönliche Initiative eines Kollegen handelte, sondern um eine höchst offizielle Angelegenheit, hatte er noch hinzugefügt: ‚Die Lehrerkonferenz wird dienstlich angeordnet.'

Herr Niebergall war an diesem Tag bisher noch von niemandem im Schulhaus gesehen worden. Alles war sehr sonderbar. Kollegen standen zusammen und tuschelten. Überall wurde spekuliert. Wilde Gerüchte waren im Nu entstanden. Keiner wußte Bescheid.

Auch Felix verstand die Situation nicht. Er hatte seit zwei Tagen seinen Dienst wieder angetreten und war noch sehr mit sich selbst beschäftigt. Seine Kollegen kümmerten ihn wenig. Sie hatten keine Fragen gestellt. Er hatte keine Antworten gegeben. Er lebte in gespaltener Stimmung. Einerseits hatte er das Gefühl, daß das Leben an der Schule so weiterlief, wie es eben immer war. Die Schüler scharten sich wie üblich um ihn, stellten Fragen, nicht zu viele und ganz vorsichtig. Andererseits hatte sich sein Leben verändert. Da gab es Antje, die ihm fehlte. Er fieberte dem Wochenende entgegen. Schon am Freitag wollte er gleich nach Dienstschluß losfahren. Jeden Abend telephonierten sie, tauschten ihre Tageserlebnisse aus, erklärten sich gegenseitig ihre Liebe.

Amanda war beunruhigend teilnahmslos, fraß fast nichts, lag nur immer in ihrer Ecke auf einem weichgepolsterten Strohhaufen, ließ sich auch von Antje nicht aufheitern. Antje berichtete, daß sie sich weigerte, sich streicheln zu lassen und daß sie ihr das sonst übliche aufmerksame

Zuhören versagte. Felix war beunruhigt. Beide, Antje und Amanda, waren ihm, jede auf ihre Weise, ans Herz gewachsen, er brauchte sie.

Auch Felix fragte sich, was es denn heute in der Lehrerkonferenz so Wichtiges und Unaufschiebbares – eben Außerordentliches – geben könnte. Aber er blickte der Konferenz ohne große Neugierde entgegen. Man würde eben wieder tagen. Vielleicht würde es um die Beteiligung der Schule am Stadtfest gehen: sportliche Wettkämpfe, Stafettenläufe, Eierläufe für die Kleinen, Tauziehen mit Siegerehrung, Wettbewerbe, Wettbewerbe …

Das Lehrerzimmer hatte sich nach Schulschluß schnell gefüllt. Die Kolleginnen und Kollegen waren viel hastiger und diensteifriger, als man das sonst erlebte, zur Konferenz geeilt, sicherlich aus Neugierde und gewiß auch mit der Absicht, die Dinge nicht unnötig in die Länge zu ziehen. Man wollte nach Hause. Schulleiter Niebergall fehlte immer noch.

Noch kaum einer der Kollegen hatte schon Platz genommen, als der Kollege Klüger eifrig und ungewöhnlich amtlich tuend in die Runde rief: „Liebe Kolleginnen und Kollegen, ich darf Sie bitten, gleich Platz zu nehmen, wir wollen anfangen. Die Konferenz wird von mir geleitet. Ich werde Ihnen gleich alles erklären."

Die lauten Unterhaltungen verstummten sofort. Alle blickten neugierig und überrascht drein, suchten sich schnell und ausnahmsweise ohne darauf zu bestehen, daß sie neben einem bestimmten Kollegen sitzen konnten, einen Platz, blickten erwartungsvoll auf Klüger. Der schaute finster und konzentriert in seine Papiere, wartete, bis es absolut still war und er sich der Aufmerksamkeit aller sicher sein konnte. Dann räusperte er sich hoch amtlich, blickte kurz von seinen Papieren auf, schickte die Sekretärin hinaus.

„Liebe Kolleginnen und Kollegen, Sie wundern sich natürlich, warum ich Sie heute zu dieser außerordentlichen Konferenz eingeladen habe. Ich bemühe mich, Ihnen die Dinge so zu erklären, wie sie mir selbst bisher bekannt sind. Ich möchte Sie bitten, über das, was ich Ihnen jetzt zu sagen habe, kein großes Aufhebens in der Öffentlichkeit zu machen. Außerdem möchte ich Sie bitten, vorläufig auch keine weitergehenden Fragen zu stellen. Ich könnte sie Ihnen ohnehin nicht beantworten."

Alle blickten sich in der Runde um. Raunen, Flüstern, Brummen gingen durch den Raum. Fast alle spürten, daß da etwas sehr Ernstes zu verhandeln war. Also doch nicht das Stadtfest, dachte Felix. Vielleicht ein tragischer Unfall, eine plötzliche Krankheit, ein schrecklicher Schicksalsschlag, vielleicht so eine Sache wie damals, als die ‚Herald of Free Enterprise' in wenigen Sekunden Hunderte von Menschen in den Tod gerissen hatte. Aber warum dann Klüger als Leiter der Konferenz? Warum ausgerechnet dieser Untere-Mittelmäßigkeitsklüger?

„Ich möchte sie hiermit amtlich davon in Kenntnis setzen, daß unser Schulleiter, Herr Niebergall", Klüger sprach langsam und bedächtig. Er sprach jedes Wort für sich, so als würden die Worte gar nicht als Teile eines Satzes zu verstehen sein, als würden sie schon für sich allein einen Sinn ergeben, „und der für uns zuständige Schulrat, Herr Rapp, ohne nähere Angaben von Gründen von der Schulabteilung der Regierung ihres Dienstes enthoben wurden. Ich kann Ihnen nicht sagen, ob es sich um eine vorläufige oder dauernde Suspendierung vom Dienst handelt. Auch kann ich Ihnen keine Gründe nennen. Also nochmals: es ist nutzlos zu fragen. Ich werde Sie in allen Dingen, die Sie wissen müssen, auf dem Laufenden halten."

Gemurmel der Überraschung in der Runde, Entrüstung. Da und dort halblaute Kommentare hauptsächlich von Kolleginnen, stellenweise Worte des Bedauerns. Klüger mußte sich wieder Gehör verschaffen.

„Die Regierung hat mich vorläufig mit der Wahrnehmung der Aufgaben des Schulleiters für unsere Schule beauftragt. Vorläufig – wie es hieß –, allerdings mit der Inaussichtstellung der unbefristeten Übertragung der Aufgaben nach einem entsprechenden Bewerbungsverfahren."

Vorsichtiges Schweigen. Nur von der Türseite hörte man ein viel zu lautes ‚Na, gute Nacht!' Kurzes schüchternes Grinsen überall und helle Blicke auf Felix. Ihm aber war seine Kommentierung offensichtlich nicht peinlich. Klüger überging sie.

„Ich verspreche Ihnen, daß ich immer um gute kollegiale Zusammenarbeit bemüht sein werde. Stundenplanänderungen, die sich durch die neue Situation ergeben, werde ich Ihnen persönlich mitteilen. Haben Sie irgendwelche Fragen?"

Alle Kolleginnen und Kollegen bemühten sich, unauffällig zu sein.

Sie blickten betreten vor sich hin. Allgemeine Betroffenheit, stilles Rätselraten. Es wurden keine Fragen gestellt.

„Wenn Sie keine weiteren Fragen haben, dann möchte ich Sie nochmals bitten, das Gerede, das nun sicherlich überall entstehen wird, nicht noch zusätzlich anzuheizen. Ich bedanke mich für Ihre Aufmerksamkeit. Die Konferenz ist beendet."

Der Kollege Klüger stand auf und verließ den Raum. Nun verwandelte sich das Lehrerzimmer in ein Tollhaus. Wilde Spekulationen entstanden aus dem Stand. Was mochten diese beiden Herren ausgefressen haben. Ob es überhaupt einen Zusammenhang zwischen den beiden Amtsenthebungen gab? Da mußte ja eine schlimme Sache ausgekartet worden sein. Schnell gingen die Spekulationen in die üblichen Richtungen: Unterschlagungen, nur wo und wie; sexuelle Geschichten, aber doch nicht die beiden; politische Machenschaften, konnte nicht sein, da sie immer sehr gegensätzliche Meinungen vertreten hatten: Rapp artikulierter 68er, Niebergall eher bürokratisch. Dienstliches Versagen, ausgeschlossen bei beiden. Vielleicht ein schwerer Unfall bei einer gemeinsamen Dienstfahrt?

Bald schon konzentrierten sich die Kommentare nicht auf Schulrat Rapp und Schulleiter Niebergall, sondern auf die neue Situation an der Schule. Wieso dieser Klüger? Und dann gleich die Aussicht auf einen Dauerposten. Dieser Trottel! Dieser Parteiheini. Da sieht man wieder. Besser einer, den wir kennen, als ein unbekannter Neuer. Immer die gleiche Beförderungslogik! Einer von den Kollegen von der Fensterreihe erläuterte seinen näheren Freunden das sogenannte Peterprinzip:

„Das ist so im Staatsdienst: Jeder wird so lange befördert, bis er auf einem Posten sitzt, auf dem er versagt. Und auf dem bleibt er dann sitzen."

„Kann bei Klüger aber nicht stimmen", frotzelte ein anderer, "der hat schon vorher versagt."

Allgemeines lautes Lachen. Hier Heiterkeit, dort Bedrücktheit, dort Fassungslosigkeit. Selten irgendwo mutig vorgetragenes Bedauern. Keine Parteinahme bei den meisten. Hätte ja sein können, daß man zu voreilig für eine falsche Seite Partei ergriff. Dabei hatte nach Felix' Meinung Niebergall seine Sache immer gut gemacht, wenn man mal von dieser Sportprofilierung absah. Naja, gelegentlich war er zu vorauseilend gehorsam, und verständlicherweise hatte er meistens zu sehr seine Haushaltsinteressen vor anderen Dingen gesehen. Aber hier war man schnell – zu schnell – dabei, über ihm den Stab zu brechen, ohne die Sachlage überhaupt zu kennen. Felix mußte unwillkürlich an den Satz denken, den er im Studium in seiner ersten Psychologievorlesung gehört hatte: Frustrationen erzeugen Aggressionen, und Aggressionen richten sich gegen exponierte Ziele. Niebergall als Schulleiter war immer so ein exponiertes Ziel der Lehrerschaft gewesen, der Blitzableiter für alles – für alle Frustrationen.

Felix hatte noch nicht die innere Sammlung gefunden, über Rapp und Niebergall nachzudenken. Er stand beiden sehr nahe, hatte ihnen persönlich nie die Differenzen, die sich aus sachlichen Gründen oft ergeben hatten, so nachgetragen, daß er sie als Menschen nicht geachtet hätte. Felix hatte immer zwischen den Personen und den Sachzwängen des bildungsindustriellen Schulapparates getrennt.

Er stand für sich allein im Lehrerzimmer, beobachtete die aufgeregten Gespräche. Seine Gedanken waren bei Antje und Amanda. Warum immer auch bei Amanda? Warum ging ihm ein Wildschwein in Mecklenburg nicht aus dem Kopf? – Amanda war mehr als ein Wildschwein. Das begriff er langsam. Amanda war sein zweites Ich. Amanda war seine Seele. Amanda drückte immer das aus, was ein unbewußtes Ich in ihm zu sagen hatte. Das fühlte Felix. Darum zog es ihn zu ihr, zu seinem inneren Ich.

Felix war erstaunt, wie lange man mit so vielen Menschen in einem Raum sein konnte, ohne angesprochen zu werden. Oder lag das an ihm? Hatte seine Abwesenheit über Wochen schon soviel Distanz geschaffen? Natürlich. Die Zeit war schnellebig. Fire-and-forget war die moderne Lebenseinstellung. Und Felix war ein bißchen älter als die meisten. Sie mochten es als normal empfunden haben, daß er sich nicht mehr so im Spekulieren übte wie sie.

Immer mehr drängten sich Felix die Gedanken an Niebergall und Rapp auf. Was war los? Warum? Und warum die beiden? Was hatten sie miteinander zu schaffen? Er konnte sich nichts erklären, nichts zusammenreimen. Er hatte keine Theorien oder Spekulationen.

Felix ging aus dem Lehrerzimmer. Es hatte keinen Sinn gehabt, sich von den Kollegen zu verabschieden. Alle waren sie zu sehr damit beschäftigt, sich ihre Schule mit dem neuen Chef auszumalen. Felix ging die Treppen in die Pausenhalle hinunter. Da begegnete ihm der neue vorläufige und vielleicht auch endgültige Chef.

„Herr Niesner, gut, daß ich Sie sehe. Hätten Sie einen Moment Zeit. Ich wollte doch gerne eine Sache gleich mit Ihnen besprechen."

Sie gingen in das Schulleiterzimmer. Felix bemerkte, daß sich Klüger dort schon heimisch fühlte, obwohl er doch erst seit einigen Stunden in seinem neuen Amt war. Ganz in Chefmanier bot er Felix einen Platz an.

„Na, Sie rauchen ja nicht. Stört es Sie?"

„Nein, nein."

Klüger zündete sich genüßlich eine Zigarette an, blies den Rauch langsam und ein bißchen von Felix abgewandt durch die Nase.

Felix wartete geduldig. Er hatte ja Dinge, mit denen er in Gedanken jede freie Sekunde seines Lebens ausfüllen konnte: Antje und Amanda.

„Wissen Sie, Herr Niesner, ich war neulich auf einem bildungspolitischen Kongreß."

Felix mußte mehr als nur erstaunt aufgehorcht haben.

„Naja, man muß was tun, wenn man auf der Höhe der pädagogischen Diskussion bleiben möchte."

„Natürlich." Felix' Antwort war eher ein Ausdruck von Teilnahmslosigkeit. Aber schon donnerte Klüger wieder los.

„Thema waren die erschreckend wachsenden Disziplinprobleme an unseren Schulen. Schwerwiegende Konzentrationsstörungen, Autismus, Gewalt, Brutalität von bisher kaum vorstellbaren Ausmaßen, Eigentumsdelikte, Erpressung von Mitschülern, natürlich auch Drogenprobleme, Kinderprostitution. Die ganze Palette eben. Wir alle können davon ja auch hinreichend erzählen. Der Kongreß beschäftigte sich weniger mit den Ursachen. Man war der Meinung, daß die ja wohl alle bekannt seien. Man suchte nach Wegen, nach neuen Wegen der Schulpädagogik."

Felix schmunzelte.

„Nach neuen Sackgassen vielleicht?"

„Nein, nein, nach wirklich bahnbrechenden neuen Wegen. Und das, was ich da gehört habe, war überzeugend für mich. Absolut! Der neue Weg heißt künstlerische Aktivitäten in möglichst wettbewerbsfreier Atmosphäre. Verstehen Sie: Singen, Tanzen, Theaterspielen – einfach eine emotionale Auseinandersetzung mit der Welt. Nicht nur in den eigens dafür vorhandenen Fächern wie Musik, Kunst, Musik und Bewegung. Nein, der neue Weg heißt musisch aktiv sein in allen Bereichen des schulischen Alltags, Hinführung zu einem gänzlich musisch durchdrungenen Leben. Da kann auch mal im Fremdsprachenunterricht oder im Geschichtsunterricht oder einfach – ja sogar im Sport – gesungen, getanzt, musiziert werden. Ich weiß nicht, ob ich mich da richtig ausdrükken kann. Aber das hat mich sehr angesprochen dieser neue Weg der Schule."

„So? "

„Ja, ‚Die Wiederentdeckung des Liedes', ja, genauso hieß der Titel eines Referates der Veranstaltung. Hat mich sehr überzeugt, sehr angesprochen. Der Professor – wie hieß er doch gleich wieder? – hat sogar was vorgeführt. Hat mit uns gesungen. – Naja, er wollte, aber er konnte das gar nicht so richtig. Ich mußte gleich an Sie denken. Sie, Herr Niesner, Sie wären doch der richtige Mann für unsere Schule. Sie haben das doch drauf. Wissen Sie, diese ganze Geschichte mit dieser Sportprofilierung – naja, Sie haben das nicht mitbekommen – war ja nichts anderes als ein Versuch der Eigenprofilierung unserer sportbegeisterten Lehrer."

Felix schwieg hartnäckig. Er konnte nicht sagen, was im Augenblick in ihm vorging. Dachte er überhaupt an etwas? Er fühlte sich innerlich leer, starrte nur vor sich hin. Es wurde ihm warm, und er hatte das dringende Bedürfnis, nun schnellstens zur Toilette zu müssen. Die Toilette, das war immer die Lösung in peinlicher Verlegenheit.

„Ich will Sie nicht lange aufhalten, Herr Niesner, denken Sie darüber nach. Vielleicht können wir ja ein gemeinsames Konzept entwerfen, Vorschläge für die praktische Umsetzung dieser neuen pädagogischen Richtung ausarbeiten. Das würde natürlich einige Pluspunkte bringen für uns und unsere Schule – oben, meine ich."

Felix konnte nicht mehr. Gemeinsames Konzept, Pluspunkte für uns, Pluspunkte oben. Wo waren die Pluspunkte für die Schüler? Existierten die Schüler überhaupt in diesen Köpfen? Felix war zum Heulen zumute. Er fühlte sich am Ende, gestrandet als Lehrer, gestrandet für alle Zeiten.

„Herr Klüger, Sie haben doch nichts dagegen, wenn ich jetzt gehe. Ich muß dringend zur Toilette."

„Nein, nein, natürlich nicht. Gehen Sie nur. Wir sind ja auch fertig. Denken Sie mal nach über unser Konzept."

„Ja, ja natürlich."

Felix ging rasch aus dem Zimmer.

Zu Hause fand er einen Brief der Schulabteilung der Regierung. ‚Was denn noch alles‘, dachte er, als er hastig den Umschlag aufriß. Er überflog die Zeilen, bis er nach einem kurzen Intro aus Formalien zur Substanz des Briefes vorgedrungen war:

‚... Die Regierung sieht in Ihrem unentschuldigten Fernbleiben vom Dienst über einen nicht unerheblichen Zeitraum hinweg einen schwerwiegenden Verstoß gegen Ihre Dienstpflichten. Dieser kann wegen des Ausmaßes der Störung eines geregelten Schulbetriebes und auch im Hinblick auf den finanziellen Ausfall nicht mehr nur mit einer Rüge oder einem Dienstlichen Verweis abgetan werden. Die Regierung kann diesen ungewöhnlichen Tatbestand auch im Blick auf mögliche Wiederholungen nicht ohne entsprechende disziplinarische Maßnahmen hinnehmen und sieht sich veranlaßt, gegen Sie ein Dienststrafverfahren zu beantragen ...‘

Felix überflog hastig die weiteren Zeilen. Der Apparat funktionierte. Der Apparat waltete, schaltete, gestaltete. Schule brauchte ihre Ordnung, ihre Verwaltung, ihre Reglements, ihre Trambahnschienen. Das war leicht einzusehen. Felix stellte sich vor, wie phantastisch sie wohl ohne Schüler funktionieren würde.

Felix gingen plötzlich die Augen auf. Nun wußte er, warum Schulrat Rapp und Schulleiter Niebergall vom Dienst suspendiert worden waren. Er begriff. Sie waren Opfer ihrer unverzeihlichen Menschlichkeit geworden. Vielleicht hatten auch sie – so wie Felix – im tiefsten Innern ihrer Seelen geglaubt, daß die Schule für die Herzen der Schüler da sei und nicht für einen alles standardisierenden, gerne auch mal zu Verboten greifenden Apparat.

In Ribnitz Damgarten begann ein verzagendes Wildschwein plötzlich wieder genußvoll zerstampfte Kartoffeln zu fressen, ließ sich wieder streicheln von einer in den Wolken schwebenden Antje. Felix hatte angerufen und mitgeteilt, daß er kommen würde – sofort und unbedingt. Er würde gleich losfahren, hatte er gesagt.

In Plönstorf war Jahre später einmal in der Schülerzeitung ein Artikel erschienen mit der eigenartigen Überschrift ‚Where have all the Niesners gone?', in dem sich die Schüler breit und sehnsuchtsvoll über die seltsamen und zu Herzen gehenden Methoden der Lehrer von früher ausließen.

Sonst aber lief an der Schule alles – wie immer – ganz normal.

Dieter Wehnert

Das Geheimnis der „Orient Star"

Roman

288 Seiten
DM/sFr. 19,80
öS 145,00
ISBN 3-8280-0314-1

Als Zweiter Offizier fährt Harald Moldenhauer um die halbe Welt. Nach einem Schiffsunglück treibt er zusammen mit anderen Besatzungsmitgliedern in einem kleinen Boot auf dem Atlantik. Nur knapp entrinnt er dem Tod. Als er das Containerschiff „Orient Star" übernimmt, soll er im geheimen Auftrag eines Instituts „submarine Forschungsstationen" im Ozean versenken. Der Verdacht wächst, daß es sich in Wirklichkeit um ganz andere geheime Aufgaben handelt. Wird Harald von einer imaginären Umweltmafia verfolgt? Die Liebe zu Korinna gibt ihm die Kraft, das Unternehmen „Orient Star" schadlos zu überstehen.

Der spannende, aktionsreiche Roman ist Seefahrts- und Liebesgeschichte zugleich. Er öffnet die Augen für manches Problem, das die komplizierten Strukturen der modernen Konsumgesellschaft aufwerfen.